IMPASSES DA ALMA, DESAFIOS DO CORPO

CONSELHO EDITORIAL

André Luiz V. da Costa e Silva

Cecilia Consolo

Dijon De Moraes

Jarbas Vargas Nascimento

Luís Augusto Barbosa Cortez

Marco Aurélio Cremasco

Rogerio Lerner

Blucher

IMPASSES DA ALMA, DESAFIOS DO CORPO

Figuras da hipocondria

Rubens M. Volich

4ª edição revista e ampliada

Impasses da alma, desafios do corpo. Figuras da hipocondria
© 2024 Rubens M. Volich
2002, 1ª edição – Casa do Psicólogo
2008, 2ª edição – Casa do Psicólogo
2015, 3ª edição – Casa do Psicólogo/Pearson
2024, 4ª edição – Revista e ampliada – Blucher
Edgard Blücher Ltda.

Publisher Edgard Blücher
Editores Eduardo Blücher e Jonatas Eliakim
Coordenação editorial Andressa Lira
Produção editorial Mariana Naime
Preparação do texto Sérgio Nascimento
Diagramação Thaís Pereira
Revisão de texto Maurício Katayama
Capa Laércio Flenic
Imagem da capa Freepik.com

Blucher

Rua Pedroso Alvarenga, 1245, 4º andar
04531-934 – São Paulo – SP – Brasil
Tel.: 55 11 3078-5366
contato@blucher.com.br
www.blucher.com.br

Segundo o Novo Acordo Ortográfico, conforme
6. ed. do *Vocabulário Ortográfico da Língua
Portuguesa*, Academia Brasileira de Letras,
julho de 2021.

É proibida a reprodução total ou parcial por
quaisquer meios sem autorização escrita da
editora.

Todos os direitos reservados pela Editora Edgard
Blücher Ltda.

Dados Internacionais de Catalogação na Publicação (CIP)
Angélica Ilacqua CRB-8/7057

Volich, Rubens M.

Impasses da alma, desafios do corpo. Figuras
da hipocondria / Rubens M. Volich. – 4. ed. – São
Paulo : Blucher, 2024.

400 p.

Bibliografia

ISBN 978-85-212-2058-9

1. Hipocondria I. Título

23-6377   CDD 616.8525

Índices para catálogo sistemático:
1. Hipocondria

Às crianças,
que me ensinaram a ouvir histórias.

A Gabriel e a André,
que me ensinaram a contá-las.

Conteúdo

Algumas palavras...   11
   Vera Iaconelli

Prólogo à quarta edição   15

Introdução   25

1. Imagens de uma história   31

    A hipocondria na Antiguidade: da epilepsia à melancolia 35

       Hipócrates e os humores   36

       A herança de Galeno   40

    A Idade Média, a possessão demoníaca e o Renascimento 43

    A hipocondria, entre a paixão e a razão   46

    A positivação da doença e o afastamento da melancolia 50

    Hipocondria e histeria, estranhas familiares?   54

       Impasses da nosografia   54

       A fluidez das qualidades   61

Da simpatia às doenças dos nervos	63
Simpatia, vapores e doenças dos nervos	64
O temperamento nervoso	70
A hipocondria, entre o desatino e o corpo	73
A psiquiatria, a psicopatologia e a hipocondria	79
Doença imaginária, doença da imaginação	85
Do inconsciente ao corpo imaginário	90
2. Visões freudianas	95
A hipocondria e a primeira nosografia psicanalítica	99
Da neurologia à psicanálise	99
As psiconeuroses e as neuroses atuais	101
O questionamento da neurastenia	105
A histeria, a hipocondria e as neuroses de angústia	107
Hipocondria, culpa e neurose obsessiva	116
A função da dúvida e da ambivalência	121
Projeção, paranoia e hipocondria	125
Schreber: corpo transmutado, alma perseguida	130
Narcisismo e hipocondria	137
A hipocondria, as neuroses narcísicas e de transferência	143
A hipocondria, "grão de areia" do sintoma	150
A função econômica da hipocondria	153
Hipocondria e funcionamento onírico	156
O corpo, fonte e objeto do sonho	156
O sonho, observatório privilegiado do corpo	181

A hipocondria e a constituição do psiquismo 189

    A alucinação, do corpo à pulsão 189

    O inconsciente, do corpo à palavra 192

    O ego, superfície corporal 195

3. O corpo, outro em si 199

    Hipocondria, patoneurose, neurose de órgão 202

    O corpo, das sensações à imagem 208

        Hipocondria, despersonalização, neurastenia e dor 210

    A hipocondria entre os objetos externos e internos 214

        As angústias primitivas e a experiência hipocondríaca 217

        Angústias hipocondríacas: da paranoia à depressão 221

    Hipocondria, defesas e impasses terapêuticos 225

        Transferência e hipocondria 230

4. O corpo entre o trauma e os ideais 235

    Mal-estar no corpo 238

    Corpos sãos? 247

    O corpo entre a organização e as desorganizações 251

    As marcas dos ideais 254

    As galés voluntárias 257

5. Horizontes médicos 263

    "Calma" 265

    Sentir 268

    Compreender 271

    Lembrar 272

Classificar	276
Analisar	282
Conhecer	285
Transtornos somatoformes	285
Refletir	298
Fragmentar ou indiscriminar?	300
Confinar?	308
Clinicar?	311
Simular?	313
6. Desafios	319
Gritos, sussurros e silêncios	324
A perda e suas representações	325
Função materna e experiência hipocondríaca	327
Hipocondria, entre o silêncio e a cacofonia do corpo	332
O trabalho da hipocondria	334
Os estados hipocondríacos e suas nuances	340
A clínica à escuta do corpo	344
Corpo a corpo	345
O paradigma hipocondríaco da clínica	354
Razões e despedidas	359
Referências	363

Algumas palavras...

Vera Iaconelli[1]

A obra de Freud, junto com a profícua correspondência com Fliess e com outros colegas, permite-nos seguir o passo a passo da construção da psicanálise. Suas questões clínicas e epistemológicas, que se afetam mutuamente, revelaram ao mundo a ética de um autor que insistia em retificar suas interpretações sempre que os fatos se impunham.

Ser um herdeiro de Freud é, portanto, assumir integralmente a revisão constante de nossas próprias formulações para delas extrair o máximo. Não por uma vaidade qualquer, mas para responder àquilo para o qual a psicanálise foi construída: aliviar o sofrimento dos que nos procuram para tratamento, mas também, para trazer alento a um mundo cada vez mais empobrecido de reflexão.

---

1 Psicanalista, Doutora pela USP, membro da Escola do Fórum do Campo Lacaniano e diretora do Instituto Gerar de Psicanálise. Colunista da Folha de São Paulo e autora de *Manifesto antimaternalista: psicanálise e políticas da reprodução* (Zahar, 2023), *O mal-estar na maternidade: do infanticídio à função materna* (Zagodoni, 2020) e *Criar filhos no século XXI* (Contexto, 2019) entre outras obras.

12 ALGUMAS PALAVRAS...

Rubens Volich faz parte dessa tradição de autores que demonstra que o psicanalista se revela a partir de uma ética e não por qualquer título que se possa acumular. Autor de sucesso, cujas obras são conhecidas por toda uma geração, ele não teme voltar a seus trabalhos mais célebres, pondo a prova o vigor e a atualidade de sua produção. Em *Impasses da alma, desafios do corpo. Figuras da hipocondria*, nem mesmo o título escapa ao escrutínio de um autor que renova seu ofício permanentemente.

De um conhecimento impressionante, sem espaços para o floreio desnecessário, o escritor faz um levantamento rigoroso não apenas do percurso através do qual foram formuladas diferentes representações da hipocondria, mas também dos caminhos pelos quais estas foram progressivamente descartadas pela linguagem médica contemporânea.

Ao lermos o minucioso relato desse processo, vemos expostas as disputas discursivas das quais somos a culminância e um panorama elucidativo das interpretações hegemônicas a que chegamos. A crítica de Volich aos DSMs que se sucedem, eliminando cada vez mais a subjetividade do fenômeno humano – cujo ápice foi a tentativa de erradicá-la no DSM-5 – abre uma nova perspectiva de leitura psicopatológica.

Não é de hoje que os psicanalistas denunciam a pretensão de assepsia daqueles restos que a psicanálise sustenta como sendo necessários para a compreensão dos casos clínicos e na sua classificação. Volich, com sua escrita precisa – necessária e rigorosa – propicia ao leitor uma experiência crítica dessa pretensão.

Ao fazer um levantamento histórico de interpretações que, ao longo dos séculos, tateavam os quadros psicopatológicos mas que, mesmo quando equivocadas, permitiam novas descobertas, o autor aponta como o DSM-5, concebido segundo uma linhagem de pesquisa na qual a negação da divisão do sujeito é o ponto de partida inabalável, leva a um beco sem saída. Em diálogo constante com seus colegas autores, Volich propõe uma interpretação da hipocondria, e de outras soluções sintomáticas, que tem efeitos imediatos na escuta clínica psicanalítica.

Se para as formulações teóricas das doenças mentais podíamos argumentar que Freud ainda não tinha feito sua contribuição decisiva para o campo dos estudos das relações entre o corpo e a alma, agora temos que admitir que se trata de uma negação ostensiva que atende a outros interesses. A mão invisível do mercado está aí para premiar cada molécula nova que possa ser comercializada com a promessa de aliviar o fardo do demasiado humano que pesa sobre cada um de nós.

Não há perdão "para os que sabem o que fazem", e teremos todos que responder pelos efeitos colaterais de nossas escolhas, inclusive nós psicanalistas. Negar a mensagem embutida na garrafa do sintoma é obrigar o paciente a dobrar a aposta em sua manifestação do desencontro entre a experiência no mundo e sua capacidade de sustentá-la simbolicamente sem padecer demais. Negar as formas próprias de construção de uma relação com um corpo que não cessa de pulsar é deslegitimar o que foi possível fazer com a precariedade constitutiva.

O viajante, como se autodenomina Volich ao falar lindamente sobre o momento no qual seu tema de pesquisa foi formulado, segue seu caminho fazendo jus àqueles de quem somos herdeiros. Além de sua instigante interpretação e manejo dos quadros de hipocondria, o autor reconhece a dignidade das saídas do sujeito diante do inexorável do sexual e da morte.

Com a generosidade e a genialidade que lhe são próprias, Volich é um dos grandes transmissores da psicanálise em todas as formas que se apresentam necessárias nesse ofício: como escritor, como professor, como supervisor e como clínico. Essa combinação profissional rara, mas imprescindível, transparece em seu texto pela forma como ele se apropria da teoria: no lugar de viajante. Alguém que não se aferra a uma só posição, que se deixa afetar pelo estrangeiro, que revê seus diários de bordo.

A nós, seus leitores, seus alunos, seus colegas, seus pacientes e seus amigos, resta a gratidão por nos fazer testemunhas de sua viagem.

Prólogo à quarta edição

Folheando as páginas deste livro para reeditá-lo, aos poucos, fui percebendo a estranha sensação de revisitar-me. Reconhecia minhas palavras, minhas ideias, as imagens que criei para representá-las, porém, ao mesmo tempo, estranhava-me e me redescobria. Mudei...

Nem sempre nos é fácil reconhecer mudanças. Apesar de marcados pelo tempo, pelas transformações de nossos corpos e daqueles com quem convivemos, por conquistas, decepções, encontros e separações, tendemos a ignorá-las. Porém, ao reconhecê-las, podemos perceber quem somos, a partir do que já fomos e do que ainda desejamos ser. São também as mudanças que nos provocam a olhar para o caminho que já percorremos, permitindo assim compreender onde nos encontramos e para onde ainda queremos seguir.

Este livro é também um testemunho de minhas transformações.

Desde seu lançamento, há vinte e um anos, seu título original revelou-se controverso. Com *Hipocondria, impasses da alma, desafios do corpo* eu convidava à reflexão sobre a função das *dinâmicas hipocondríacas* na articulação entre corpo e mente. Apesar disso, muitos reagiam a esse título oscilando entre a incompreensão e a desconfiança quanto ao tema da hipocondria, até hoje bastante desconhecido e, algumas vezes, desvirtuado e depreciado.

Procurado algumas vezes para entrevistas sobre o tema, percebia que era difícil para meus interlocutores reconhecerem nas cenas que eu descrevia os clichês da hipocondria que eles queriam encontrar. Mais de uma vez, desistiram de publicá-las.

Ao mesmo tempo, cada vez mais colegas, amigos e alunos aceitaram meu convite, formulado desde a primeira edição. Passamos a percorrer juntos os incertos e muitas vezes difíceis territórios das diferentes formas de vivência do corpo e suas manifestações. Graças a essa interlocução gratificante, ampliamos o entendimento da principal ideia que inspirou este livro: aquela que evidencia a função e o potencial clínico das dinâmicas hipocondríacas como um *recurso limite*, entre o corpo, a representação e a palavra, para lidar com os riscos de desintegração subjetiva e de desorganizações maiores da economia psicossomática.

Por esse caminho, chegamos juntos a esta quarta edição, revisada, ampliada e... ressignificada por uma nova nomeação.

Além da revisão do texto e do desejo de ampliar o conteúdo original do livro, decidi modificar seu título de modo a enfatizar a função econômica e clínica das dinâmicas hipocondríacas como articuladoras das relações entre o psíquico e o somático.

Surge, assim, *Impasses da alma, desafios do corpo. Figuras da hipocondria*.

Nesta nova versão, em *Imagens de uma história*, retomo e amplio o panorama histórico sobre esse tema. Desde as mais antigas formulações hipocráticas, as hipóteses sobre a hipocondria foram reveladoras de intuições clínicas sobre as relações entre o corpo e a mente, tendo contribuído para a construção de diferentes concepções da doença orgânica, da medicina e especialmente do conhecimento psicopatológico.

Em *Visões freudianas*, apresento as diferentes leituras das manifestações da hipocondria que acompanharam as concepções teóricas, metapsicologias e clínicas de Freud, ao mesmo tempo que participaram das reformulações dessas concepções. Revelando a presença das dinâmicas hipocondríacas em diversos quadros clínicos, Freud evidenciou a função dessas dinâmicas nas articulações entre as neuroses obsessivas, a culpa e a ambivalência, entre a paranoia e a projeção, entre a esquizofrenia e vivências fragmentadas do corpo. Ele apontou também para a dimensão hipocondríaca do sonho, que amplifica e promove a representação de vivências internas do corpo, e ainda para a participação dessa dimensão na mediação das experiências corporais que constituem o psiquismo, suas instâncias e o narcisismo.

Em um capítulo específico, *O corpo, outro em si*, discuto como tais construções freudianas até hoje continuam inspirando vários outros psicanalistas desde os pioneiros Ferenczi e Schilder, passando por M. Klein, H. Rosenfeld, A. Green, P. Aulagnier, P. Marty, M. Aisenstein, J. McDougall, B. Rosemberg, entre muitos outros. Cada um deles a sua maneira destacou o papel das dinâmicas hipocondríacas na estruturação da experiência do corpo, nos processos de subjetivação e na instauração das relações com o outro e com o mundo. Apesar de sua dimensão narcísica, essas dinâmicas se constituem como experiências que implicam o outro. É sobre o paradigma da relação entre dois corpos, o da mãe e o do bebê, que se organiza o desenvolvimento da criança e seu funcionamento psicossomático.

Desde a primeira edição deste livro, dediquei um capítulo, *Horizontes médicos*, à reflexão sobre a compreensão médica do fenômeno hipocondríaco e suas implicações clínicas. Nele constatamos,

18 PRÓLOGO À QUARTA EDIÇÃO

principalmente a partir da segunda metade do século XX, a progressiva desconsideração do fenômeno hipocondríaco em diferentes âmbitos da clínica médica, na anamnese, no processo diagnóstico, no raciocínio clínico e nosológico. Discutindo as consequências desse movimento, apontei como o empobrecimento da representação pelo médico da natureza da experiência hipocondríaca é um dos principais responsáveis pela dificuldade de compreensão da queixa do paciente, pela distorção da comunicação entre médico e paciente e por perturbações dessa relação e dos procedimentos terapêuticos.

Em um novo capítulo, *O corpo, entre os traumas e os ideais*, acrescentado nesta edição, analiso as consequências desse empobrecimento, não apenas do ponto de vista da medicina, mas também no contexto de suas representações sociais e culturais. Em nossos dias, por um lado, encontramos o corpo amplamente exibido socialmente como objeto de culto, de manipulações e modelagens estéticas, idealizado e prometido como um infinito horizonte de mistérios, de descobertas e de prazeres. Por outro, em íntima relação com essas possibilidades mirabolantes, constatamos na clínica as desorganizações subjetivas e de vivências corporais, estados melancólicos, depressivos e experiências de vazio. Essas experiências paradoxais são frequentemente fruto da impossibilidade de escuta e de representação da experiência hipocondríaca pela medicina e pela cultura, e da limitação dos recursos do corpo erógeno e da fantasia do sujeito para lidar com seu sofrimento. Elas se constituem como desafios que reiteradamente perturbam e, algumas vezes, inviabilizam o trabalho do clínico e das equipes terapêuticas.

As diferentes perspectivas que desenvolvo neste livro revelam que, muito mais do que uma categoria diagnóstica ou um quadro psicopatológico, as dinâmicas hipocondríacas se constituem como balizadores clínicos fundamentais para apreender situações limites entre o universo representativo, as atuações e as manifestações corporais nos limites do aparelho psíquico, do recalcamento e da interpretação verbal.

Um capítulo clínico, *Desafios*, permite compreender melhor a função dessas dinâmicas, bem como suas transformações ao longo do processo terapêutico. Ele é construído a partir da análise de Jean, um dos primeiros entre os muitos pacientes que, sem saber, me desafiaram e ainda desafiam a pensar o apelo angustiante que dirigem a meu corpo, a nossos corpos de analistas, de médicos e outros terapeutas na área da saúde, nos momentos em que o desamparo, a intensidade de seus sofrimentos e a desorganização os emudecem, convocando seus próprios corpos ao resgate desesperado de palavras algumas vezes impossíveis. Nesse capítulo, observamos algumas das expressões transferenciais e contratransferenciais dos fenômenos hipocondríacos, constatando a necessidade de ampliação da observação e da escuta clínicas para considerar e compreender as atuações pelo comportamento e as manifestações corporais de modo a viabilizar sua elaboração.

A preparação desta quarta edição de *Impasses da alma, desafios do corpo. Figuras da hipocondria* permitiu-me relembrar e reviver encontros com mestres, colegas e amigos significativos que contribuíram para muitas das ideias que nele desenvolvo. Em diferentes passagens, surpreendi-me descobrindo elementos que não havia percebido quando das primeiras edições. Pude ressignificar e desenvolver muitos deles, ampliando-os com novas hipóteses, referências e autores, tanto no texto como em notas de rodapé. Espero que elas aticem a curiosidade do leitor para que reconheça, em várias delas, o convite para novas investigações, desenvolvimentos e descobertas.

Além do novo capítulo, diversos outros acréscimos foram feitos a esta nova edição. Reescrevi a maior parte do texto original de modo a refletir não apenas a evolução de minhas ideias, mas também minha maneira de expressá-las. Ampliei a contextualização histórica de diversos autores e também de conceitos, principalmente os relativos aos primórdios das hipóteses freudianas, incluindo novas informações e citações oriundas tanto da própria obra de Freud como de sua correspondência com Fliess. Desenvolvi um pouco mais a discussão de alguns elementos do sonho da injeção feita a Irma e do caso Schreber, e ainda o tema das neuroses mistas.

Ademais, atualizei dados epidemiológicos e estatísticas apresentadas nas edições anteriores do livro e acrescentei novas reflexões sobre as implicações da eliminação da categoria diagnóstica de hipocondria das novas versões do DSM-5 e da revisão que deu origem ao DSM-5-TR. Apontando como essas versões diluíram ainda mais a compreensão psicodinâmica e promoveram o afastamento das fontes clínicas e epistemológicas da psicopatologia, coloquei em perspectiva os efeitos clínicos e epidemiológicos daquela decisão, como a redução significativa dos diagnósticos de hipocondria e o grande aumento do distúrbio de ansiedade de doença, bem como o esvaziamento ainda maior da compreensão médica desses fenômenos.

Desde sua concepção, este livro surgiu do desejo de aprofundar a discussão de muitas das ideias que desenvolvi em *Psicossomática, de Hipócrates à psicanálise*. A ampliação recente daquela obra[1] serviu-me de inspiração para realizar um trabalho semelhante nesta, permitindo-me também reconhecer melhor e desenvolver inúmeros temas comuns aos dois livros. Eles foram aqui assinalados em notas de rodapé, para os que se interessarem por essa referência cruzada entre eles.

Ao longo de três edições, *Impasses da alma, desafios do corpo. Figuras da hipocondria* fez parte da coleção Clínica Psicanalítica,

---

1 R. M. Volich (2000/2022). *Psicossomática, de Hipócrates à psicanálise.*

criada e dirigida por Flávio C. Ferraz, amigo e parceiro querido de inúmeras realizações. Agradeço a ele e à editora Casa do Psicólogo/Pearson o convívio e a sintonia durante todo esse tempo.

Uma nova etapa se inicia nesta quarta edição, agora acolhida pela Editora Blucher com a mesma atenção, apoio e cuidado editorial que já pude experimentar quando da publicação de outros títulos de minha autoria. Agradeço uma vez mais a toda a equipe da editora e, em especial, a Jonatas Eliakim, pela receptividade e abertura que sempre dispensaram a minhas ideias e a meu trabalho.

Ao publicar esta nova edição, só posso constatar a generosidade do tempo, dos amigos e das experiências que me permitiram satisfazer, ao menos em parte, um desejo, que me pareceu impossível quando do lançamento deste livro. Em duas publicações recentes,[2] pude nomear e relatar com mais vagar circunstâncias e detalhes da participação de antigos e novos colegas, amigos e companheiros de inúmeros horizontes e diferentes instituições, que, aceitando convites como o que manifestei na Introdução,[3] aos poucos, passaram a fazer parte de minhas aventuras, de meu trabalho e de minha vida. Renovo aqui meu agradecimento a todos eles. Destaco especialmente entre eles aqueles com quem, a partir de nossa Especialização em Psicossomática Psicanalítica, construímos juntos o *Projeto Clínico e de Pesquisa em Psicossomática* e o *Departamento de Psicossomática Psicanalítica* no Instituto Sedes Sapientiae.

Antes de concluir, cabe ainda um agradecimento especial a Renata Cromberg e a Vera Iaconelli, por suas palavras generosas que me fazem companhia nesta quarta edição. Sinto-me irmanado a cada uma delas não apenas em construções que compartilhamos, mas,

---

2 R. M. Volich (2021). *Tempos de encontro: escrita, escuta, psicanálise.*
 R. M. Volich (2000/2022). *Psicossomática, de Hipócrates à psicanálise.*
3 Cf. a *Introdução*, a seguir.

sobretudo, na luta incansável pelo resgate da memória individual e coletiva, no enfrentamento da violência, do preconceito e das desigualdades de toda ordem, de gênero, de raça e sociais.

Após vinte e um anos, sinto-me feliz ao poder reiterar minha gratidão à grande maioria daqueles que faziam parte de minha vida quando da primeira escrita deste livro, nela mencionados, e aos novos companheiros de jornada. Nesse tempo, infelizmente, alguns mestres, analistas e amigos não estão mais presentes para recebê-la. Ainda assim, a todos expresso meu reconhecimento pela fidelidade e companheirismo de todos esses anos, por tantas outras realizações que empreendemos desde então e também minha esperança pelas muitas que ainda estão por vir.

São Paulo, 18 de junho de 2023.

Quando acabo de cortar as unhas ou lavar a cabeça,
ou, simplesmente, agora que, enquanto escrevo,
ouço um borbulhar no meu estômago.

Tenho a sensação de que meu corpo
ficou para trás de mim...
e que o corpo começa a ir mal; que
nos falta ou nos sobra.

... Até dói pensar que estamos adiante deste corpo,
mas que a dianteira já é um erro e um
estorvo e uma provável inutilidade...,

quero dizer outra coisa, quase inacessível:
que a alma (o meu não-unhas) é a alma
de um corpo que não existe.

A alma talvez tenha empurrado o homem
para além de sua evolução corporal,
mas está cansada de empurrar e, agora,
segue, sozinha, para a frente.
Apenas dá dois passos e a alma se quebra, ai,
porque seu verdadeiro corpo não existe e a deixa cair,
plaf.
Julio Cortázar, *O jogo da amarelinha*

Introdução[1]

Nunca sentira tanto frio.

A névoa ofuscava o caminho entre a estação Saint-Marcel e o pórtico de entrada do hospital da Salpêtrière. A distância parecia interminável, com o vento calmo, mas persistente, fazendo a cada passo se contraírem os lábios, os dedos, todo o corpo. A luz amarelada da praça transportava o viajante a outros tempos. Ao atravessar pela primeira vez o arco imponente do portão, era impossível não pensar naqueles que há mais de cem anos pisaram naquelas mesmas pedras: Pinel, Esquirol, Charcot, Freud e tantos outros.

Naquele lugar, Charcot celebrizara suas pacientes histéricas em gravuras, moldes, croquis, fotografias e tantos outros palcos, destacando-as dos demais ocupantes anônimos daquele hospício. No mesmo lugar, naquele ano de 1986, Pierre Fédida ministrava seu seminário.

---

[1] Por seu significado, mantenho aqui inalterada a versão original da *Introdução* da primeira edição.

No *Prólogo* desta quarta edição, apresento mais detalhadamente o livro, descrevendo seu desenvolvimento e as ampliações realizadas ao longo do tempo.

26 INTRODUÇÃO

Era uma noite gélida de janeiro. Num longo pátio, ressoavam no silêncio impressionante alguns passos solitários. A porta externa do anfiteatro oferecia, em vão, sua oposição ao frio, mas também àqueles que, mais tímidos, não percebiam a necessidade do movimento vigoroso para abri-la. A segunda porta, mais dócil, rendia-se facilmente à curiosidade daqueles que, escolados pela primeira, faziam que ela se escancarasse ruidosamente ao menor movimento.

O viajante foi então tragado por outra bruma – quente, forte, acre – dos cigarros Gauloises que, sobrepondo-se a todas as demais sensações, impunham sua presença. Liberto da captura olfativa, ele discriminou alguns vultos. Sentados no hemiciclo, em pares, em trios, alguns murmuravam coisas inaudíveis que a seriedade de seus rostos fazia parecer extremamente importantes. As novidades de tantos estímulos e o longo caminho percorrido, a idealização daquele encontro aceleravam o coração do viajante, contrastando com o ar entediado daqueles para quem aquele ritual de espera parecia não prenunciar nenhuma surpresa.

Com sua cabeleira grisalha e desgrenhada, uma cigarrilha pendendo entre os dedos amarelados, cercado por alguns estudantes que lhe formulavam questões que ele respondia por monossílabos, Pierre Fédida chegou, pontual, às 20:30. Sentou-se, fazendo ouvir um longo silêncio. Após uma tragada prolongada, seu olhar voltou-se para o teto, talvez procurando ali a frase que o colocaria em movimento... "A consideração da natureza hipocondríaca do sonho é uma condição essencial para uma compreensão psicanalítica do corpo", enunciou, finalmente.

Os minutos, as horas, os meses e os anos que se seguiram transformaram-se, para o viajante, em um longo desdobramento dessa intrigante frase inaugural.

A poucos quilômetros dali, do outro lado do Sena, no Hospital Saint-Louis, o viajante também escutava. Durante a semana, ele ouvia aquelas que ali, no Serviço de Oncologia e de Mastologia, realizavam suas consultas. Ao lado do médico, junto com a equipe, na intimidade do consultório, durante anos ele viu desfilar diante de si angústias, depressões, prazeres, dores e medos, frequentemente mascarados por nódulos, quistos, tumores e toda uma variedade de outras manifestações corporais. Do terror à apatia, da tristeza à excitação, do envolvimento à indiferença, toda a fina gama de emoções humanas insistia em apresentar-se travestida por manifestações do corpo que convocavam, urgentes, e muitas vezes apenas, o saber, as mãos e os instrumentos dos médicos, sem conseguir animá-los a ouvir. Os gritos dos sintomas na carne calavam os sofrimentos estrondosos de almas silenciadas.

Nesse oceano turbulento, em meio a gritos e silêncios, entre palavras e gestos, atravessada tanto pela frenética atividade do médico como por sua impotência, perfilava-se a sombra incompreendida e desafiadora da hipocondria.

Ao longo dos anos, percorreu o viajante mares, estradas e paragens virgens, plenas de corpos em busca de uma escuta para seu sofrimento. Paisagens algumas vezes tenebrosas, de vozes emudecidas pela indiferença, sem acesso a qualquer palavra, do outro e de si mesmo. Com o tempo, mudaram as latitudes, mudou o clima, mas o cenário dos corpos insistia em permanecer o mesmo.

Nessas paisagens, muitas vezes desérticas, frequentemente revelava-se a experiência da hipocondria, ora como miragem, ora como única e real esperança de fazer ouvir o pedido de socorro de uma existência ameaçada. Entre o corpo e a palavra, entre a dor e a angústia, entre o prazer e a demissão, perfilava-se a hipocondria como uma imagem que implorava um salvador, muitas vezes sem saber como aceitar o amparo que lhe era oferecido.

Em sua longa jornada, diversas vezes ressoou no viajante aquela primeira frase ouvida no anfiteatro da Salpêtrière. A cada etapa, a

28   INTRODUÇÃO

cada encontro, uma nova entonação passava a acompanhá-la, uma nova luz iluminava recantos ainda obscuros, ressignificando-a e inaugurando novas dimensões de sua escuta.

Reverberando através dos anos, a mesma frase gestou palavras, inspirou escritos, revelou passagens, às vezes estreitas, imperceptíveis e, antes, intransponíveis, que lhe permitiram circular entre manifestações neuróticas, perversas, psicóticas, psicossomáticas e orgânicas. Muitas vezes, aquela frase o orientou pelos sinais emudecidos ou incompreensíveis dos corpos e por suas próprias e inexplicáveis sensações corporais. Descobriu, então, que para tornar audível o corpo do outro a *experiência hipocondríaca* solicitava seu próprio corpo.

Pelos caminhos que percorreu, encontrou frequentemente o viajante alguns companheiros que compartilharam com ele suas dúvidas, a curiosidade da investigação, o prazer das descobertas e da amizade. Ele gostaria de aqui poder mencionar sua gratidão nominalmente a cada um que contribuiu, participou e marcou os passos e as linhas deste relato de sua jornada.

Diante da dimensão de tal desejo, ele pede apenas a compreensão de todos para a impossibilidade de realizá-lo completamente.[2]

Ele espera que cada um desses companheiros se sinta plenamente e muito bem representado pelos amigos e colegas da *Especialização em Psicossomática Psicanalítica do Instituto Sedes Sapientiae* de São Paulo e do *Laboratório de Psicopatologia Fundamental da PUC-SP*, que acompanharam de perto muitas das etapas de sua jornada e, à época, a gestação destas páginas. Que cada um se sinta agradecido, como ele é grato a Flávio Carvalho Ferraz, Maria Helena Fernandes, Ivanise Fontes e Sidnei Cazeto pelo incentivo, pelas parcerias de todos esses anos e por terem enriquecido e tornado as ideias do viajante mais

---

2 No *Prólogo* desta quarta edição comento esse desejo e descrevo seus desdobramentos.

precisas. Que cada um se perceba reconhecido como os professores, analistas, pacientes e alunos do viajante, que, mesmo nos momentos mais difíceis, sempre o instigaram a prosseguir, apontando para a importância das travessias. Que se sinta querido como os amigos, que sempre o acolheram nos momentos turbulentos.

O viajante segue seu caminho.

Aqui, ele relata apenas uma etapa de sua jornada. Ele espera que essa história anime alguns a juntar-se a ele em sua aventura. Ele deseja que muitos possam ir além das paragens que ele mesmo alcançou.

Recife, 24 de março de 2002

1. Imagens de uma história

E fez-se a luz. Por meio dessa imagem, cristalizou-se o mito de nossas origens. Imagem primordial, representação ancestral da emergência do Universo, do surgimento da vida. Imagem que traduz a experiência do homem, suas sensações, seus afetos, na passagem da escuridão para a claridade, do desconhecido para o conhecido, do invisível para o visível, do medo para o alívio. Desse movimento derivaram ainda outras figuras, reveladoras do drama do humano. Vir à luz, no nascimento, apagar-se na morte, iluminar-se na alegria, obscurecer-se na aflição.

Imagens como essas traduziram, desde sempre, nossas sensações e experiências do mundo e de nossos semelhantes. Imagens sensoriais, tentativas de materializar o etéreo, de controlá-lo, de compartilhá-lo com aqueles que nos rodeiam. O tato, o odor, o sabor, o som, a luz são as primeiras notícias que nos chegam do mundo. Mesmo com o desenvolvimento do pensamento e da linguagem, é àquelas primeiras formas de conhecimento que somos remetidos quando diante do desconhecido.

É também graças a essas experiências que apreendemos nosso corpo. Mediada pela presença e pelo corpo de nossos semelhantes, descobrimos e construímos a representação de nosso próprio corpo. Nessa relação, sentimos o calor da pele, os cheiros, os sabores, as superfícies inicialmente indistintas de dois corpos. Ouvimos seus ruídos, percebemos suas formas. Passamos a diferenciá-las. Construímos assim uma história, marcada por sensações, movimentos, por memórias do encontro com o desconhecido no outro, com nosso próprio desconhecido.

O corpo é nosso primeiro Universo. Nele somos concebidos, abrigados. A partir dele existimos. Nele se gestam os enigmas e nele buscamos as respostas. Interrogar os mistérios do corpo é tão antigo quanto investigar o mundo que nos cerca. Desde os tempos mais remotos dedica-se o homem a decifrar tais mistérios, inspirado por imagens oriundas de seu corpo.

É a essa perspectiva que nos convida a experiência da hipocondria, atravessada por impasses, dilemas e desafios...

Ela é geralmente caracterizada como uma preocupação exagerada da pessoa com seu estado de saúde. Uma preocupação que se manifesta por meio de crenças, rituais e atitudes aparentemente irracionais com relação a seu corpo, como o medo constante de adoecer, de contaminar-se, de desenvolver uma doença grave. Apesar das queixas insistentes dos pacientes, significativamente, os médicos encontram uma grande dificuldade de tratá-los, sobretudo em função da convicção do paciente na realidade de seu estado.[1,2] Ela começa a ser identificada na adolescência, passando a ser mais frequente a

---

1 Para facilitar a leitura e o acesso aos trabalhos citados, eles aparecem em nota de rodapé com o nome do autor, data da primeira publicação original, título e, para as citações, número da página. As referências bibliográficas completas figuram no final do livro.

2 J. Postel (Ed.) (1993). *Dictionnaire de Psychiatrie et de Psychopathologie Clinique*, p. 264.

partir da quarta ou quinta década de vida. Os indivíduos com mais de 60 anos de idade são particularmente afetados.

No início dos anos 2000, estudos epidemiológicos baseados nos critérios do DSM-IV[3] apontavam que a hipocondria se manifestava em 3% a 4% de todos os pacientes, com uma leve predominância da incidência entre os homens. Com o advento do DSM-5, o termo *hipocondria* deixou de ser utilizado, tendo sido dividido em duas categorias, o distúrbio de ansiedade da doença, e o distúrbio do sintoma somático (englobados, no DSM-5, na seção "Sintomas Somáticos e Distúrbios Relacionados").[4] Segundo E. Hedman e colegas, estudos sugerem que por volta de 75% das pessoas que, segundo o DSM-IV, cumpriam critérios de diagnóstico, para hipocondria, pelos critérios do DSM-5, vêm sendo consideradas com o diagnóstico de distúrbio de ansiedade da doença.[5]

Para além de referências clássicas e da perspectiva epidemiológica, é possível também perceber que, mais do que qualquer outra manifestação do humano, a hipocondria sempre se prestou, e se presta ainda, como uma preciosa fonte de imagens que buscam dar forma e representar os enigmas de um corpo oscilante entre o prazer e o sofrimento, entre as fontes de vida e as forças que podem destruí-la. Muitas vezes, a dor, a cor, o calor, a umidade, os ruídos e as tensões do corpo se apresentam como tentativas de descrever sensações e experiências do sujeito diante de si mesmo e

---

3 American Psychiatric Association (1994). *Diagnostic and statistical manual of mental disorders – DSM-IV*.

4 American Psychiatric Association (2013). *Diagnostic and statistical manual of mental disorders*, 5th edition: DSM-5.
Cf. a discussão dos motivos e implicações dessas mudanças no Capítulo 5, *Horizontes médicos*.

5 E. Hedman, E. Axelsson, E. Andersson, M. Lekander & B. Liótsson (2016). *Exposure-based cognitive-behavioural therapy via the internet and as bibliotherapy for somatic symptom disorder and illness anxiety disorder*.

34 IMAGENS DE UMA HISTÓRIA

da realidade, cujo entendimento parecia inexpugnável ao seu saber e aos conhecimentos de sua época.

As diferentes concepções da hipocondria ao longo da história revelam o caminho do ser humano em busca da compreensão de seu corpo e de seu sofrimento. Por meio delas, podemos também vislumbrar a evolução das representações que resultaram nas visões atuais da doença orgânica e da medicina, bem como a articulação destas com a constituição do conhecimento psicopatológico.

Tais concepções foram impregnadas pela experiência dos médicos em seu contato com o corpo humano, seus mistérios e suas doenças. Graças a elas, é possível reconstituir diferentes momentos de uma prática clínica ainda pouco marcada pela visão da medicina de nossos dias. Uma prática que propiciava uma observação e uma escuta mais próximas da experiência do paciente.

Concordo com Sidnei Cazeto quando ele alerta para o risco que corremos ao observar fenômenos clínicos ocorridos em outras realidades históricas e culturais a partir de teorias e práticas que, afinal, são fruto dos tempos em que vivemos.[6] Porém, atentos a esse risco, acredito que as diferentes representações da hipocondria no decorrer da história, talvez ingênuas aos nossos olhos, podem ajudar-nos a melhor compreender as transformações da função da queixa corporal de nossos pacientes, principalmente daqueles para os quais o corpo se constitui como uma via estreita e quase exclusiva de expressão de seu sofrimento.

Arrisquemos, pois, a adentrar o labirinto da hipocondria. Através de seus corredores tortuosos e de suas armadilhas veremos emergir imagens que nos auxiliarão a entender o caráter errante dessa manifestação, assim como sua livre circulação não apenas entre os

---

6 S. J. Cazeto (2001). *A constituição do inconsciente em práticas clínicas na França do século XIX.*

diferentes quadros das doenças mentais, mas também na produção sintomatológica de qualquer doença orgânica. Mais do que isso, graças a essas imagens, poderemos também compreender o caráter indissociável do psíquico e do somático, ponto de encontro entre a expressão psicopatológica e orgânica dos conflitos do sujeito.

A hipocondria na Antiguidade: da epilepsia à melancolia

A existência humana foi, desde sempre, marcada pelo prazer, pela dor, pela doença e pela morte. Na Antiguidade, por muito tempo essas manifestações foram atribuídas à ação de forças sobrenaturais, de espíritos, deuses e demônios.

No Antigo Egito, na Mesopotâmia e, posteriormente, na Grécia, gradualmente foi sendo admitida a ideia de que tais manifestações pudessem ter sua origem em causas naturais, ligadas ao ambiente, aos hábitos e às próprias condições do organismo do indivíduo. Na Grécia, em particular, a partir do século VII a.C., novas condições sociais, culturais, políticas e filosóficas passaram a valorizar o indivíduo e seu lugar no Universo, contribuindo para a desvinculação progressiva da doença do pensamento religioso. Foi nesse contexto que foram gestadas as primeiras noções da hipocondria.

No século VI a.C., os filósofos pré-socráticos, compreendendo o corpo e suas manifestações dentro da trama mais ampla do Universo, já sugeriam que toda doença comportava uma essência natural e não apenas religiosa.[7] Mais tarde, como nunca antes na História, Sócrates, Platão e Aristóteles promoveram uma reflexão sobre o

---

7 Essa visão acentuou-se principalmente a partir da consolidação da democracia ateniense sob o governo de Péricles (480 a.C.), quando ocorreu um grande desenvolvimento do pensamento filosófico e da especulação sobre o homem e sobre a natureza.

Homem e suas relações com os fenômenos do Universo. Inspirado pelas mesmas inquietações, Hipócrates buscou compreender esses fenômenos e, em particular, o corpo humano, seu bem-estar, sua saúde e suas doenças.[8]

Hipócrates e os humores

A partir de sua teoria sobre os humores, Hipócrates esboçou as primeiras noções sobre a hipocondria no contexto de suas reflexões sobre a epilepsia e sobre a histeria. Segundo ele, a natureza do corpo seria composta por quatro humores – o sangue, a fleuma, a bílis amarela e a bílis negra –, aos quais podem corresponder quatro propriedades fundamentais: o quente, o úmido, o seco e o frio. O equilíbrio quantitativo e qualitativo entre esses fatores determinaria a saúde, enquanto a doença resultaria da deficiência ou excesso de um deles. Hipócrates considerava impossível separar alma e corpo. O humor seria não apenas uma substância material, mas um princípio vital, determinante da vida, da doença e da morte. Por meio dos humores o corpo seria capaz de modificar a atividade do espírito.[9] Muitos dos

---

8 Nascido por volta de 460 a.C. na ilha de Cos, Hipócrates sustentava que a observação dos fenômenos da Natureza se opõe a uma concepção sobrenatural das doenças. A partir dessa concepção, desenvolveu um método clínico e terapêutico que lhe permitiu fundar um corpo de conhecimentos baseado em uma medicina naturalista, com uma doutrina, metodologia e deontologia específicas. Os 153 escritos do *Corpus Hipocraticum* descrevem muitas das concepções filosóficas, etiológicas e terapêuticas que marcaram toda a evolução da medicina ao longo da história, até os nossos tempos.

L. Ayache (1992). *Hippocrate*, pp. 5 e 11.

9 Da teoria hipocrática dos humores e de seus desenvolvimentos por Galeno deriva uma tipologia de atitudes e comportamentos caracterizados por quatro temperamentos: sanguíneo (sangue), fleumático (linfa ou fleuma), colérico (bílis) e melancólico (astrabílis ou bílis negra). Segundo ela, o tipo *sanguíneo* é alegre, comunicativo e despreocupado, sente emoções momentâneas de maneira intensa,

tratamentos que ele preconizava para as doenças eram marcados por elementos que, hoje, poderíamos considerar psicoterapêuticos.

Em seu escrito *Doença Sagrada*, Hipócrates propõe uma explicação natural da epilepsia segundo um paradigma que ele também utiliza para a compreensão da histeria e da hipocondria. Segundo ele, nenhuma doença, nem mesmo aquela denominada "sagrada", como era considerada a epilepsia, possui sentido mágico ou religioso. Predominante nos indivíduos fleumáticos, o ataque epiléptico resultaria do desequilíbrio dos humores, que poderia ter sua origem em fatores constitucionais, no modo de vida, ou ainda na impossibilidade de eliminação dos excessos humorais. Circulando pelo organismo, tais excessos produziriam modificações nas regiões do corpo que atravessavam gerando os sintomas das doenças.

Na epilepsia, ao atingir o cérebro, o excesso de fleuma provocaria uma série circular de eventos caracterizada por um "fluxo interno que interrompe o curso do ar nas veias, asfixiando os órgãos e os membros", levando à perda da consciência e às convulsões. Na histeria, o próprio útero (hysteros) "deslocar-se-ia" através do corpo. A falta de relações sexuais provocaria o ressecamento desse órgão, que iria "buscar a umidade que lhe falta em outras partes do corpo", entrando em contato com outros órgãos, provocando também, em seu trajeto, "asfixias" que determinariam seus efeitos pelo corpo.[10]

---

reage rápido às situações e não costuma guardar rancores. O *fleumático* é controlado, equilibrado e passivo, sente emoções de forma fraca, é lento para reagir às situações e não guarda rancores. O tipo *colérico* é dominador, impetuoso e líder, sente emoções de modo intenso, reage rápido às situações e costuma guardar rancores. Por fim, o *melancólico* é reflexivo, criativo e pessimista, sente emoções de forma intensa, é lento para reagir às situações e costuma remoer mágoas.
L. Ayache (1992). *Hippocrate.*

10 L. Ayache (1992). *Hippocrate*, pp. 33 e 36.

38 IMAGENS DE UMA HISTÓRIA

A ideia de uma circulação de humores ou mesmo de órgãos inteiros produzindo efeitos a distância ou por contato sugeria que mesmo doenças localizadas deveriam ser compreendidas dentro de uma concepção global de saúde da pessoa. A hipótese de um "sufocamento" de órgãos por fluidos, vapores ou mesmo por outros órgãos marcou durante muitos séculos a compreensão etiológica das doenças. Nessa concepção hipocrática, é possível perceber a função da representação imaginária do corpo humano na busca do entendimento de seus mistérios e de seu funcionamento.

No pensamento hipocrático, a histeria e a hipocondria articulavam-se também com inúmeros quadros que, mais tarde, foram caracterizados como doenças mentais e, mais especificamente, como doenças nervosas. O *Corpus Hipocraticum* descreve a *frenite*, a *mania* e a *melancolia* a partir de concepções semelhantes àquelas utilizadas para a epilepsia e a histeria, também considerando-as como frutos do desequilíbrio humoral e de suas qualidades secas ou úmidas, frias ou quentes.[11] É importante ressaltar que essas qualidades correspondiam não apenas aos sinais corporais do paciente (temperatura, coloração e umidade da pele, existência de secreções), mas também representavam a percepção do médico quanto ao modo de vida do paciente, suas relações familiares e sociais, seu discurso e suas produções pessoais.

Nos escritos hipocráticos, a hipocondria era também frequentemente associada à melancolia. Esta última seria caracterizada pela

---

11 A *frenite* correspondia à loucura aguda, um delírio com febre intensa, enquanto a *mania* era descrita como uma afecção crônica, caracterizando-se por um delírio sem febre, contínuo, acompanhado de agitação e que pode aparecer isoladamente ou como manifestação de outra doença. Por sua vez, a *melancolia* era caracterizada por sua qualidade fria, pela persistência de um estado de medo e de tristeza, resultantes da presença da bílis negra, humor secretado pelo baço, "responsável pelas paixões tristes".
M. Collée & C. Quétel (1994). *Histoire des maladies mentales.*

"tristeza e pelo medo persistentes", em alguns casos, acompanhados pela sensação física de "um espinho cravado nas vísceras", característica da dor aguda da hipocondria. Descrevendo um caso de "hipocondria melancólica", Hipócrates relata:

> *Tensão de espírito, doença difícil: o doente parece ter em suas vísceras um espinho encravado; a náusea o atormenta; ele foge da luz e dos homens, ele ama as trevas; ele é tomado pelo medo; a caixa frênica é saltada para o exterior; sente dores quando tocado; ele tem medo; tem visões aterradoras, sonhos terríveis, e às vezes vê os mortos. Normalmente a doença ataca na primavera.*[12]

Como vemos nessa e em outras descrições, a região diafragmática e a abdominal são pontos de convergência, metabolização e distribuição das correntes humorais, que determinavam diferentes manifestações da patologia.[13] Na concepção de Hipócrates, na região subdiafragmática situava-se o hipocôndrio, que reveste a cavidade gástrica abrigando os intestinos, o estômago e o baço, e, pouco abaixo dele, o útero nas mulheres. Segundo ele, as origens da melancolia, da histeria e da hipocondria podiam ser atribuídas à ação dos humores nesses centros.

Ainda no século IV a.C., Dioclésio de Caristo também relacionava a hipocondria com a melancolia, porém as considerava essencialmente fruto de distúrbios digestivos, como uma modalidade

---

12 Hipócrates, Doenças II, citado por C. Guedeney & C. Weisbrodt (1995). *Histoire de l'hypocondrie*, p. 34.

13 A denominação *frenite*, por exemplo, derivou de uma suposta inflamação da região frênica, ou seja, do músculo do diafragma, sendo que a mesma raiz *frenos* referia-se também à alma, à inteligência e ao espírito. Por muitos séculos a *frenopatia* foi uma denominação corrente para as doenças mentais.

da gastrite, sem levar em conta um sofrimento anímico subjacente a tais manifestações.

Durante muitos séculos, a proximidade anatômica e etiológica marcou a compreensão dessas duas afecções. A melancolia resultaria do excesso de bile negra no baço ou de uma maceração e putrefação do humor atabiliar no intestino. A hipocondria seria uma variante dessas manifestações melancólicas, cuja principal característica seria a expressão predominantemente corporal das queixas sintomáticas.[14]

A herança de Galeno

Coube, porém, a Galeno (131-201 d.C.)[15] caracterizar a categoria de *doença hipocondríaca* propriamente dita.[16] Para ele, as *doenças da alma* seriam lesões da inteligência provocadas por uma afecção primitiva do cérebro ou por simpatia de um outro órgão. O *pneuma*,[17] espírito, seria a fonte da vida, e a doença era compreendida como resultante do desequilíbrio de um sistema de causas complexas determinadas pela combinação de quatro humores elementares: o *sanguíneo*, o *fleumático*, o *bilioso* e o *melancólico*. As manifestações hoje descritas como *doenças mentais* não se constituíam como uma categoria à parte, sendo consideradas como disfunções do

---

14 J. Postel (1993). *Dictionnaire de Psychiatrie et de Psychopathologie Clinique*, p. 264.

15 Galeno, um eclético que estudou e praticou a medicina em toda a região mediterrânea, antes de se instalar em Roma, resgatou a teoria humoral de Hipócrates, enriquecendo-a com o pensamento de Platão, Epicuro e Zenão.

16 J. Oury (1998). *Hypocondrie*, p. 207.

17 O *pneuma* era considerado como uma essência espiritual invisível e intangível. Admitia-se que se formasse com base no ar, ou com auxílio deste. Para os pneumatistas seria o espírito vital e a ele era atribuída a natureza de calor inato, funções respiratórias, circulatórias e nutricionais. O conceito *pneuma* combinava noções religiosas, filosóficas e científicas.
A. Buarque de Holanda Ferreira (1999). *Dicionário Aurélio Século XXI*.

funcionamento orgânico resultante das *paixões*, perturbações do equilíbrio dos humores.

Inspirado principalmente por Hipócrates, Galeno afirmava existir na hipocondria distúrbios das funções sexuais que provocavam no homem uma "melancolia análoga aos distúrbios histéricos na mulher".[18] Segundo ele, existiria também uma íntima relação entre a hipocondria e a melancolia. Segundo H. Beauchesne, para os antigos, a melancolia seria, por excelência, a doença da articulação entre corpo e alma, caracterizada pelo medo, pela tristeza, pelo desgosto de viver, pelo ódio de si e do outro, condicionados pelo humor da bile negra.[19] No século I a.C., Célio Aureliano, amigo de Cícero, ressaltava que nos indivíduos melancólicos observavam-se manifestações psíquicas que podiam evoluir para uma doença orgânica, ou mesmo a morte. Essas pessoas seriam "plenas de ansiedade e de mal-estar, acompanhados de tristeza, mutismo e ódio pelos próximos. O doente pode tanto querer viver como morrer, podendo suspeitar de que maquinações são urdidas contra ele".[20] Numa leitura atual, poderíamos considerar nessa descrição a ideia de que um fundo depressivo, de agressividade e uma dimensão persecutória estariam implicados nessas manifestações, bem como uma hipótese sobre uma possível relação funcional e genética entre tais afetos e o processo do adoecimento.

A influência de Galeno e, por meio dele, da medicina hipocrática persistiu até a Idade Média, tanto no mundo cristão (principalmente em Bizâncio e, mais tarde, no Ocidente) como no muçulmano, e, com ela, a ideia de uma associação entre a melancolia e a hipocondria.

Avicena (980-1037), herdeiro de Galeno, compreendia a melancolia como uma doença mental "propriamente dita", relacionando-a

---

18 C. Guedeney & C. Weisbrodt (1995). *Histoire de l'hypocondrie*, p. 34.
19 H. Beauchesne (1989). *História da psicopatologia*.
20 M. Collée & C. Quétel (1994). *Histoire des maladies mentales*.

42 IMAGENS DE UMA HISTÓRIA

a uma forma simples do frenesi,[21] mas também destacando algumas manifestações corporais dessa doença, como a presença de "apostemas (abscessos) quentes e febre". No século X, em Bagdá, o médico Ishaq ibn Amran[22] escreveu um tratado específico sobre a melancolia, descrevendo-a de uma forma próxima às atuais. Entre os sintomas da doença ele assinalava a morosidade, o mutismo, a imobilidade, a sensação de desânimo, a preocupação, a ansiedade, o medo, a tristeza, o risco de suicídio e também os distúrbios de sono, a anorexia, a "agitação silenciosa", entre outros sinais somáticos.

Por muito tempo, as descrições da melancolia e da hipocondria tiveram em comum as queixas somáticas, a desvitalização, o humor sombrio e a ansiedade. Fruto da leitura hipocrático-galênica, essa semelhança na apresentação sintomática também se manifestava na compreensão etiológica: ambas seriam decorrentes de concentrações humorais na região gastroesplênica. O diagnóstico diferencial entre elas era estabelecido pela predominância dos sintomas digestivos, na hipocondria, ou da sintomatologia psíquica, na melancolia.[23]

A partir de uma compreensão contemporânea dessas manifestações, cabe levantar a hipótese se a percepção da proximidade entre elas não corresponderia também a uma intuição dos médicos daqueles tempos de que haveria em cada uma delas modos específicos de relação dos doentes com seu ambiente, com as outras pessoas, com seu corpo e consigo mesmos. De certa forma, a preocupação, a tristeza e a lentidão, vividas em cada um desses modos de relação, poderiam também corresponder a experiências de desinvestimento

---

21 Durante muitos séculos o *frenesi* foi descrito como um "delírio contínuo ou depravação das funções cerebrais causada por uma inflamação nos vasos dessa víscera" sempre acompanhada de febre. O frenesi podia se transformar em mania, melancolia ou letargia.

22 Também influenciado por Hipócrates, Asclepíades, Arteu de Capadócia e Galeno.

23 C. Guedeney & C. Weisbrodt (1995). *Histoire de l'hypocondrie*, p. 33.

e de retraimento narcísico[24] que indisponibilizaria esses doentes para o mundo e para o outro, transformando seus corpos no centro de seu Universo.

A Idade Média, a possessão demoníaca e o Renascimento

Principalmente na Europa, a Idade Média caracterizou-se por uma forte influência do pensamento religioso, que organizava a compreensão do mundo, dos fenômenos da natureza e a vida social. Visto como fruto de obra divina, o corpo humano era considerado sagrado e inviolável, o que proibia a dissecação de cadáveres como forma de conhecê-lo. Saúde e doença eram então essencialmente compreendidas a partir de concepções de virtude e de pecado, definidos segundo os dogmas da Igreja. O corpo e a alma humanos eram entendidos como palcos privilegiados da batalha entre o Bem e o Mal, entre o sagrado e o demoníaco. Essas ideias marcaram por cerca de dez séculos a prática da medicina.

Publicado em 1486 na Alemanha por Jacob Sprenger e Heinrich Kramer, um tratado de feitiçaria considerava toda doença desconhecida como obra do diabo. Essa obra teve uma grande repercussão em diversos países europeus até 1669 e era frequentemente consultada ao lado dos tratados clássicos de medicina. Em 1597, um outro livro, *Demonology*, chamava a atenção não tanto pelo tema, que povoava o imaginário da população britânica naqueles tempos, mas sobretudo por ter como autor ninguém menos do que James I, rei da Inglaterra.

Em 1602, um grupo de especialistas do *Royal College of Physicians* foi convidado a depor no processo de uma mulher acusada de feitiçaria. Perante o tribunal, Edward Jorden e um colega, membros do

---

24 Cf. *Narcisismo e hipocondria*, no Capítulo 2.

44 IMAGENS DE UMA HISTÓRIA

College, sustentaram que a acusada não era uma feiticeira, mas apenas uma mulher doente. Os argumentos de Jorden foram rejeitados, o que o levou a publicar, em 1603, *Briefe Discourse of a Disease called Suffocation of the Mother*, em que criticava "aqueles que atribuíam tudo aquilo que não compreendiam a causas sobrenaturais", acrescentando que "inúmeros sintomas geralmente considerados como efeito de feitiçaria podiam encontrar suas causas naturais no corpo".[25]

Inspirado pelas ideias do Renascimento, que só tardiamente chegaram à Inglaterra, Jorden defendia uma outra maneira de compreender as doenças atribuídas à possessão demoníaca resgatando algumas posições hipocráticas, como a que considerava a histeria como fruto de uma perturbação uterina. Em seu tratado, ele descrevia três formas específicas segundo as quais distúrbios em um órgão podiam resultar em palpitações, dispneia, desmaios, sensação de sufocamento, tremores e muitos outros: "1. por contato direto ou vizinhança [com outras partes do corpo], 2. pela difusão de vapores ou humores perturbadores, e 3. por similitude de substância ou função". Inspirado por Hipócrates, Jorden afirmava que a hipocondria resultava da influência dos órgãos abdominais e de tais dinâmicas sobre diferentes partes do corpo.

---

25 E. Hare (1991). The history of 'nervous disorders' from 1600 to 1840, and a comparison with modern views.

O livro de Jorden é considerado o primeiro tratado inglês sobre a histeria. Porém, antes dele, em 1570, na Bélgica, Jean Wier denunciava a "impostura da diabolização", sugerindo que as "feiticeiras" fossem entregues a cuidados médicos, e que antes de qualquer processo de feitiçaria fosse solicitado um parecer médico. Segundo Wier, "numerosas e infelizes jovens jamais prevaricaram e devem ser consideradas criaturas melancólicas ou ainda epilépticas; a maior parte das ações dessas desafortunadas parece ser imaginária, e elas confessam apenas culpas que lhes são conhecidas em sonhos". No século XVII, também a partir de sua experiência em tribunais religiosos, Zachas defendeu o tratamento médico para os acusados de possessão, assim como Gazoni, na Itália, sustentou a necessidade de tratamento médico para os "doentes mentais". Cf. H. Beauchesne (1989). *História da psicopatologia*, p. 16.

O pensamento religioso sobre a compreensão do adoecer passou a ser questionado em muitos países. Até o século XVI, a crença na possessão demoníaca buscava dominar a ignorância e o medo do desconhecido. A partir de então, gradualmente, foi se delineando uma distinção entre as doenças "clássicas", cujas causas orgânicas passaram a ser descritas e reconhecidas, e aquelas cuja etiologia desconhecida havia sido atribuída à possessão, muitas das quais constituíram um novo grupo de doenças, as doenças mentais.

Apesar de James I ter mais tarde abandonado sua crença apaixonada na feitiçaria, as ideias e os temores de possessão demoníaca mantiveram-se firmemente arraigados na Inglaterra ao longo dos séculos XVII e XVIII. Ao mesmo tempo, durante esse período, médicos e fisiologistas debruçaram-se sobre as hipóteses de Jorden para explicar a etiologia dos já então denominados "distúrbios nervosos", como a histeria, a hipocondria e a dispepsia, doenças de causas desconhecidas, para as quais parecia inexistir qualquer tratamento "racional". Nessa época de grandes progressos da medicina, impulsionados pelo Renascimento, pelo protestantismo e pelo Iluminismo, o "sistema nervoso" era a grande *terra incognitae* onde ainda pareciam se ocultar os mistérios do humano.

Apesar disso, por muito tempo, as doenças mentais permaneceram marcadas por resquícios das crenças sobrenaturais que as haviam caracterizado. Assim, em 1583, na Basileia, Félix Pater (1536-1614) descreveu os sintomas da melancolia e estabeleceu uma classificação para as doenças mentais (*mentis imbecilitas, mentis alienato, mentis defigatio, mentis consternatio*) que ainda sustentava a origem sobrenatural delas. Na Inglaterra, Robert Burton, dedicou todo um tratado (*The Anatomy of Melancholy,* 1621) ao estudo das causas, prognósticos e métodos de tratamento da melancolia, destacando seus aspectos autodestrutivos. Porém suas concepções eram

46 IMAGENS DE UMA HISTÓRIA

igualmente marcadas pelos mitos e pelas superstições referentes a essa doença na Idade Média.[26]

Assim, oscilando entre fluidos e vapores, entre a histeria e a melancolia, entre a superstição e a racionalidade, entre nervos e humores, a hipocondria colocava-se, no limiar da era moderna, como um enigma desafiador das teorias que interrogavam as relações entre corpo e alma. Dessa forma, ela se prestava como uma manifestação articuladora da representação do corpo humano e de seu sofrimento e também da passagem das crenças em sua natureza sobrenatural para a angustiante necessidade do ser humano de interrogar-se a respeito da essência de sua existência e de sua experiência corporal.

A *hipocondria, entre a paixão e a razão*

O debate sobre essas questões foi efervescente nos séculos XVII e XVIII. Ao publicar seu *Discurso sobre o método* em 1637, René Descartes (1596-1650) ressaltou o papel das *paixões* nas relações entre corpo e alma, provocando uma importante mudança na reflexão sobre essa questão.[27] Porém, por um longo tempo, as novas ideias cartesianas coabitaram com a grande influência dos clássicos gregos e romanos e com as teorias dos humores. Outras teorias, como a de Baruch Spinoza (1632-1677), refutaram o dualismo de Descartes, defendendo uma teoria monista e a necessidade de descrever as ideias, as emoções e os desejos em termos objetivos, sugerindo

---

26 M. Collée & C. Quétel (1994). *Histoire des maladies mentales*, p. 44.

27 A partir de uma perspectiva histórica, apresento um panorama mais detalhado sobre as relações corpo e alma em R. M. Volich (2000/2022). *Psicossomática, de Hipócrates à psicanálise.*

compreendê-las no contexto da ordem imutável da Natureza, de modo a libertar a alma "da servidão das paixões".[28]

Libertando-se das amarras das explicações sobrenaturais, Descartes propôs, em 1649, no *Tratado sobre as paixões da alma*, um modelo "neurofisiológico" que considerava a glândula pineal[29] a "sede da alma", atribuindo a ela um papel de organizador das relações entre corpo e alma, e de mediador destes com os "espíritos animais". Resgatando essa noção introduzida por Galeno, o estudo das paixões propunha não apenas a investigação das relações entre as emoções e a razão, mas também a ideia da paixão como essência da experiência psicopatológica, uma vertente atual da psicopatologia.[30]

Como aponta Michel Foucault:

> *Mesmo antes de Descartes e bem depois de sua influência como filósofo e fisiologista ter desaparecido, a paixão [era considerada] a superfície de contato entre corpo e alma, o ponto onde se encontram a atividade e a passividade desta e daquele, [sendo] ao mesmo tempo o limite que ambos se impõem reciprocamente e o lugar de comunicação entre si.*[31]

---

28 Citado por M. Collée & C. Quétel (1994). *Histoire des maladies mentales*, p. 52.

29 R. Descartes (1649). *As paixões da alma*.
   A glândula pineal corresponde à epífise, glândula endócrina de formato oval situada no epitálamo, sulco existente entre os corpos quadrigêmeos superiores do cérebro.

30 P. Fédida (1992). *D'une psychopathologie générale à une psychopathologie fondamentale*.
   M. Berlinck (2000). *Psicopatologia fundamental*.
   M. E. C. Pereira (1998). Formulando uma psicopatologia fundamental.

31 M. Foucault (1972). *História da loucura*, p. 226.

48   IMAGENS DE UMA HISTÓRIA

Além disso, existiria também nessas relações uma reciprocidade na influência entre as paixões e os humores.

A partir do século XVIII observou-se um interesse crescente pelas teorias das paixões e a consolidação da associação entre paixão e psicopatologia.[32] Na *Encyclopédie*, organizada por Diderot em 1765, as *Paixões* eram explicitamente definidas como "as doenças da alma". Através desse prisma foi relançada a questão das relações entre a hipocondria e as demais doenças.

A proximidade entre a hipocondria e a melancolia, descrita na *Encyclopédie,* era ainda bastante marcada pela teoria dos humores. Ali, a melancolia é caracterizada como um "delírio particular... multiforme, ausência de febre e de furor (o que a distingue da mania e do frenesi), acompanhados por uma "tristeza insuperável, um humor sombrio, misantropia e tendência à solidão". Nas mulheres essas manifestações eram associadas às "paixões histéricas", ao passo que nos homens elas encontrariam sua expressão por meio das "paixões hipocondríacas". Em ambos os casos, a origem da doença era compreendida por meio da teoria dos vapores

> [*Vapores*] *que se elevam das partes inferiores do abdômen (da 'matriz' nas mulheres, e do hipocôndrio nos homens) dirigindo-se para o cérebro para perturbá-lo... a irritação das fibras nervosas das vísceras afeta por simpatia*

---

32 M. Collée & C. Quétel (1994). *Histoire des maladies mentales*, p. 53.
  Esse interesse crescente suscitou o resgate de autores clássicos, principalmente de Sêneca e Cícero. Este último sustentava, por exemplo, que entre emoção, paixão, vício e loucura existia apenas uma diferença de grau, e não de natureza. Para os estoicos, cada um é responsável tanto por sua loucura como por suas paixões. Cureau de la Chambre apontava, em *Les Charactères des Passions* (1640), o interesse de médicos e de filósofos em privilegiar as paixões para se situarem ao mesmo tempo como moralistas (visando ao arrependimento e à educação) e como psicólogos (visando ao tratamento).

o cérebro... Atormentando o espírito, a doença acaba implicando o corpo... seja pela imaginação, seja pela realidade, o corpo acaba realmente afetado.[33]

Por sua vez, a descrição das doenças mentais no dicionário de Furetière (1684) referia-se às teorias das simpatias, dos humores e dos ventos. A hipocondria era ainda apresentada como uma vertente das manifestações melancólicas, provocadas *"algumas vezes por vícios próprios do cérebro, outras pela simpatia de todo o corpo, sendo que neste caso, ela é denominada hipocondria, tendo também sua origem nos ventos..."*[34]

Foucault apontava que a tentativa de compreensão racionalista inaugurada por Descartes levou ao desenvolvimento de uma medicina dos sólidos e dos fluidos, e de suas qualidades na qual corpo e alma são representados e se comunicam por meio de valores simbólicos e de qualidades comuns:

> *Tensões e relaxamentos, dureza e moleza, rigidez ou secura são estados qualitativos que pertencem tanto à alma quanto ao corpo, e remetem, em última instância, a uma espécie de situação passional indistinta e mista que impõe suas formas comuns ao encadeamento das ideias, ao curso dos sentimentos, ao estado das fibras, à circulação dos fluidos.*[35]

Ao longo do tempo, a condição passional deixou de ser exclusivamente considerada como a essência da loucura para ser compreendida

---

33 Citado por M. Collée & C. Quétel (1994). *Histoire des maladies mentales*, p. 59.

34 A. Furetiere (1690). *Dictionnaire Universel*. Citado por M. Collée & C. Quétel (1994). *Histoire des maladies mentales*, p. 45.

35 M. Foucault (1972). *História da loucura*, p. 227.

50 IMAGENS DE UMA HISTÓRIA

como uma condição própria da existência humana, da saúde como da doença, da alma como do corpo. Revelando um sofrimento que não encontra sua fonte apenas no real do organismo, a hipocondria apresenta-se à experiência do médico como manifestação privilegiada dessa experiência passional. Porém, na busca pela descoberta concreta de mecanismos anatômicos, fisiológicos e patológicos do organismo, ofuscado pelas promessas e pela fascinação exercida pelo desenvolvimento da medicina, aos poucos, o médico foi perdendo a capacidade de utilizar a dimensão hipocondríaca da paixão como fonte de empatia e compreensão de seu paciente e de seu semelhante.

A *positivação da doença e o afastamento da melancolia*

A evolução das teorias etiológicas sobre as doenças mentais permite observar o movimento de racionalização progressiva que caracterizou toda a medicina a partir do século XVII. Gradativamente, as teorias humorais foram cedendo lugar a hipóteses mais concretas e mecânicas. Cada vez mais, elementos sólidos, visíveis e palpáveis substituíram os humores, os ventos e os vapores e, ao mesmo tempo, as intuições dos médicos, neles implicadas. Nervos, vasos e fibras e elementos anatômicos passaram a tentar explicar tanto as doenças "orgânicas" como os estados da alma, em um processo denominado por Foucault de *positivação das doenças mentais*. Muito além delas, esse movimento imprimiu uma mudança significativa tanto na compreensão das doenças como na própria prática médica.

Na Inglaterra, Thomas Willis (1622-1673) esboçou a primeira tentativa de construir uma teoria "racionalista" das doenças mentais.[36] Clínico e anatomista do sistema nervoso, ele refutava tanto

---

36 T. Willis (1667). *Pathologiae cerebri, et nervosi generis*. Amstelodami
   Citado por M. Collée & C. Quétel (1994). *Histoire des maladies mentales*, p. 44.

as tentativas de explicá-la como fruto de forças demoníacos, como as clássicas teorias humorais. Em *Pathologia cerebri* (1667), Willis propôs uma visão funcionalista do ser humano, repudiando as visões metafísicas da alma e da razão, como a de Descartes. Ele defendia a especificidade da doença mental, cujas causas deveriam ser buscadas na constituição sanguínea (iatroquimismo), considerando a razão não mais como uma faculdade, mas sim uma *função*.

Desde então, foram ganhando espaço teorias organicistas como as de Lancisi, Hecquet, Morgani (1682-1771) e Bordeu (1722-1776), que, partindo da anatomia e da fisiologia, sustentavam que distúrbios do funcionamento de alguns órgãos estariam na origem das doenças mentais.[37] Durante muitas décadas, antigas concepções misturavam-se com as novas descobertas anatomofisiológicas. Algumas teorias, como as de Van Haller, Cullen e Brown, eram construídas em torno das noções de *irritabilidade* e de *nervosismo*, enquanto outras, menos materialistas, como a de Stahl (1660-1734), Barthez e F. Hoffman, defendiam o vitalismo. Um outro grupo de teorias, como as da escola de H. Boerhaave (1668-1738), continuou a insistir na importância dos humores.

Apesar de sua intenção "racionalista", a teoria de Willis ainda deixava transparecer a influência da teoria dos humores. Também interessado pela etiologia, ele investigou o curso natural das doenças, ressaltando a importância do estudo comparativo entre elas. A partir dessa perspectiva, Willis descreveu a melancolia de maneira particularmente detalhada. Apontando para sua natureza comum com a mania, ele foi o primeiro a detalhar a alternância dos ciclos mania-melancolia.

Ele também se dedicou ao estudo específico da histeria e da hipocondria. Constatando que a histeria era um diagnóstico frequentemente atribuído às doenças de causas desconhecidas nas

---

37 H. Beauchesne (1989). *História da psicopatologia*, p. 18.

mulheres, Willis afirmava que, contrariamente a crenças que atravessaram muitos séculos, na maior parte das vezes, o útero não exercia nenhum papel na história da doença.[38] Ele não descartava a existência de um substrato orgânico para a histeria ou mesmo para a hipocondria, explicitando apenas que a histeria e, num grau menor, a hipocondria eram suportes privilegiados para os "fantasmas, não daquele que é ou se crê doente, mas do médico ignorante que faz de conta que conhece a situação".[39] Tanto na histeria como na hipocondria, o cérebro seria uma espécie de "difusor" de um mal de origem visceral. Para Willis, a convulsão histérica seria fruto do superaquecimento dos espíritos que, submetidos a impulsos recíprocos, parecem conduzir a uma explosão, resultando nos movimentos irregulares observados nas crises. Na hipocondria, denominada *passio colica,* os espíritos seriam irritados por uma matéria que lhes é hostil e mal adequada, provocando perturbações e irritações nas fibras sensíveis. Willis alertava para uma enganosa semelhança dos sintomas dessas duas manifestações, que poderia sugerir tratar-se de uma mesma doença. Segundo ele, seria errôneo considerar que as convulsões e o movimento violento da histeria seriam a causa do sofrimento na hipocondria.[40]

---

38 T. Willis (1681). *Opera omnia.*

39 Essa intuição de Willis, ainda no século XVII, é particularmente interessante, pois aproxima das observações de P. Marty que apontou para as "dificuldades narcísicas do observador" diante das manifestações psicossomáticas. Segundo ele, as projeções e fantasias dos médicos diante dos desafios e dificuldades encontradas ao lidar com os movimentos de desorganização subjacentes aos processos patológicos, particularmente presentes em doenças graves e em pacientes terminais, dificultam o contato com o paciente e a compreensão do que ocorre com ele.

P. Marty (1952). Les difficultés narcissiques de l'observateur devant le problème psychosomatique.

40 T. Willis (1670). *Affectionum quæ dicuntur hystericæ et hypochondriacæ pathologia spasmodica vindicata.*

Desde então, e até os nossos dias, foi crescendo a importância da descrição comparativa, do diagnóstico diferencial e da nosografia. As descrições sistemáticas das manifestações da demência, da loucura (*folie*), das doenças convulsivas, da melancolia, da mania e da histeria delinearam o campo das doenças mentais. Nele, a hipocondria continuou a oscilar entre elas, ao sabor das épocas e dos autores, sendo reconhecida ora em associação com uma, ora com outra, ou ainda com várias dessas categorias.

Em meio a essas oscilações, uma leve tendência de afastamento da compreensão da hipocondria do paradigma melancólico e uma aproximação com o das dinâmicas histéricas acabou por prevalecer. Willis e vários autores que o sucederam passaram cada vez mais a distinguir dois grupos de manifestações, um constituído pelo par melancolia-mania, e outro, pelo par histeria-hipocondria. Em certa medida, essa tendência foi também influenciada pelo crescente interesse em encontrar no real do organismo as causas dessas doenças. As queixas e sintomas maníacos e melancólicos teriam em comum uma certa homogeneidade de manifestações, centradas no espírito, ao passo que elementos orgânicos e corporais caracterizariam as queixas e sintomas histéricos e hipocondríacos.

Essas concepções encontram-se também na raiz de um vigoroso debate iniciado no século XVII: seriam a histeria e a hipocondria duas *doenças* distintas ou duas *manifestações* diferentes de uma mesma doença? De certa forma, essa questão e o afastamento do paradigma melancólico contribuíram para a progressiva negligência da natureza do sofrimento e das dinâmicas psíquicas subjacentes à hipocondria e para a consequente diminuição da escuta dessa dimensão da experiência do sujeito.

T. Willis (1681). *Opera omnia.*

Citados por M. Foucault (1972). História da loucura, p. 278.

54 IMAGENS DE UMA HISTÓRIA

Hipocondria e histeria, estranhas familiares?

Impasses da nosografia

Ainda no século XVII, Thomas Sydenham (1624-1689) sugeriu a criação de um sistema de classificação sistemática das doenças. Essa iniciativa viu-se reforçada no século seguinte, quando a influência de Carl von Linné (1707-1778), Georges Cuvier (1769-1832) e de Jean-Baptiste Lamarck (1744-1829) transcendeu o campo da zoologia e da botânica, imprimindo uma tendência crescente de desenvolvimento de sistemas classificatórios no estudo de todas as espécies vivas e organismos individuais. Na medicina, esse movimento culminou com a criação dos primeiros sistemas nosográficos.

Assim como Charles Lepois (1618) e Thomas Willis (1681), em 1749, Thomas Sydenham refutou a clássica teoria uterina da histeria, compreendendo sua origem "cerebral". Ele afirmava existir uma dinâmica comum entre a histeria e a hipocondria e considerava esta última como uma manifestação nos homens de dinâmicas que, nas mulheres, eram consideradas como histeria, admitindo, porém, que essas manifestações poderiam não ser exclusivas a um sexo específico.[41] Entretanto, essas posições encontraram enormes resistências. Sydenham, Blackmore e Browne sustentavam a semelhança entre a

---

41 M. Collée & C. Quétel (1994). *Histoire des maladies mentales*, p. 90.
C. Lepois (1618). *Selectiorum observationum.*
T. Willis (1681). *The anatomy of the brain.*
T. Sydenham (1749). *The entire works of Dr. Thomas Sydenham, newly made into English from the originals.*
Citados por E. Hare (1991). *The history of "nervous disorders" from 1600 to 1840, and a comparison with modern views*, p. 40.
J. Postel (Ed.) (1993). *Dictionnaire de Psychiatrie et de Psychopathologie Clinique*, p. 264.

histeria e a hipocondria, enquanto outros, como Hoffman, Whytt, de Sauvages e Cullen, afirmavam serem elas entidades distintas.[42]

Em 1776, W. Cullen desenvolveu um sistema de classificação das doenças mentais, no qual defendia a distinção entre a histeria e a hipocondria.[43] Os distúrbios das funções mentais, denominados *vesânias*, eram divididos em três grupos: mania, melancolia e demência. Distinta desses três, a hipocondria era situada entre as *adinamias*, doenças caracterizadas pela fraqueza ou pela perda de movimento nas funções vitais. Por sua vez, a histeria, junto com o tétano e a epilepsia, fazia parte das *afecções espasmódicas* das funções naturais.[44] A hipocondria era descrita como uma manifestação crônica, um estado duradouro observado principalmente em pessoas com mais de 45 anos, enquanto a histeria era essencialmente descrita como

---

42 T. Sydenham (1749). *The entire works of Dr. Thomas Sydenham, newly made into English from the originals.*

R. Blackmore (1725). A treatise of the spleen and vapours or, hypochondriacal and hysterical affections. with three discourses on the nature and cure of the cholick, melancholy, and palsies.

R. Browne (1729). *Medicina Musica: or, a mechanical essay on the effects of singing, musick, and dancing, on human bodies. revis'd and corrected. to which is annex'd a new essay on the nature and cure of the spleen and vapours.*

R. Whytt (1767). Observations on the nature, causes, and cure of those disorders which have been commonly called nervous, hypochrondiac, or hysteric.

de Sauvages F. B. (1763). *Nosologia methodica sistens morburum classes*

W. Cullen (1776). *First lines of the practice of physic.*

Citados por E. Hare (1991). *The history of "nervous disorders" from 1600 to 1840, and a comparison with modern views*, p. 40.

43 W. Cullen (1776). *First lines of the practice of physic.* Em 1769, Cullen foi o criador, do termo *neurose*, depois celebrizado, que designava as doenças mentais não acompanhadas de febre ou de lesões localizadas.

44 W. Cullen (1785). *Institutions de médecine pratique.* Citado por M. Foucault (1972). *História da loucura*, p. 277.

56 IMAGENS DE UMA HISTÓRIA

uma série de acessos convulsivos episódicos e isolados, que ocorriam principalmente em pessoas com menos de 35 anos.

Em 1763, François Boissier de Sauvages já defendera que a hipocondria seria uma *vesânia*, pertencente ao mesmo grupo que o sonambulismo e a vertigem. Na descrição da hipocondria, ele destacava dois fatores até hoje presentes na definição desse quadro. Como parte do grupo das alucinações, a hipocondria seria fruto do "vício de um órgão exterior ao cérebro do qual provém o erro de imaginação".[45] Por sua vez, a histeria pertenceria à classe dos espasmos, e era considerada uma forma de convulsão. Linné fazia uma distinção semelhante, considerando a hipocondria uma doença "imaginária". Mais tarde, essas duas noções, *vício* e *ilusão*, passaram a caracterizar a descrição da maior parte das doenças mentais, e suas explicações etiológicas.

Em 1770, J. F. Dufour se propôs a desenvolver "uma fisiologia patológica do entendimento humano, reunindo visões filosóficas e médicas sobre a loucura".[46] Após uma longa análise das funções da razão, ele dedicou todo um capítulo ao exame da *déraison*, descrevendo a demência, a melancolia, a mania e a hipocondria, que teriam como causa o "vício dos sentidos internos". Elas teriam como característica comum os "erros de entendimento", como o delírio, cuja origem não deveria ser buscada no cérebro (a menos que "ele tenha sido afetado por simpatia"), mas sim em perturbações no baixo-ventre, não apenas no caso da hipocondria, mas em todas "as doenças que perturbam as operações do espírito". Dessa forma, ele

---

45 F. B. de Sauvages (1763). *Nosologia Methodica sistens morburum classes,* citado por M. Collée & C. Quétel (1994). *Histoire des maladies mentales,* p. 54.

46 J. F. Dufur (1770). *Essai sur les opérations de l'entendement humain et sur les maladies qui les dérangent,* citado por M. Collée & C. Quétel (1994). *Histoire des maladies mentales,* pp. 55-56.

resgatou o clássico modelo etiológico da hipocondria e da histeria, transformando-o em paradigma causal de todas as doenças mentais.

No século XVIII, a ideia de uma fonte visceral provocando ilusões e delírios não apenas era aceita como também suscitava investigações anatômicas. Em 1755, M. Le Cat publicou um relato de autópsia de um indivíduo falecido após inúmeros episódios delirantes não febris, no qual apontava para a proximidade entre as "perturbações da razão" e a clássica descrição da hipocondria:

> *Pela abertura de seu cadáver... não encontrei nada de extraordinário em seu cérebro. Mas em seu baixo-ventre, eu observei que por toda a superfície externa e interna do cólon espalhavam-se manchas violetas-negras como de uma forte equimose... Esta observação junta-se a inúmeras outras que provam que o delírio tem frequentemente como localização, não a cabeça, como se crê, mas as vísceras do baixo-ventre: que a loucura, que é uma espécie de delírio sem febre, tem frequentemente o mesmo princípio: e que o epíteto de hipocondríacos nossos pais atribuíram àqueles que são atacados de vapores e que se aproximam bastante dos delírios precedentes é uma prova de que eles já haviam reconhecido que essas perturbações da razão tinham seus princípios nos órgãos nervosos situados abaixo do tórax.*[47]

Entre os muitos autores que consideravam a histeria e a hipocondria como duas variedades de uma única afecção, é perceptível

---

47 M. Le Cat, citado por M. Collée & C. Quétel (1994). *Histoire des maladies mentales*, pp. 57-58, sublinhado por mim.

a forte influência das teorias dos humores e da simpatia. Georg Ernst Stahl, por exemplo, analisava, em 1708, a natureza comum da histeria e da hipocondria por meio da comparação entre o fluxo menstrual e as hemorroidas. A partir da observação de espasmos e convulsões, ele caracterizava a histeria como uma "dor bastante violenta acompanhada por tensão e compressão... principalmente sob os hipocôndrios". Nos homens, essas manifestações eram denominadas *mal hipocondríaco*, e eram compreendidas como "um esforço da natureza para libertar-se do excesso de sangue através de vômitos ou das hemorroidas". Nas mulheres, eram descritas como *mal histérico*, resultante do "curso das regras, diferente do que deveria ser".[48]

Assim, segundo essas concepções, a fonte tanto da hipocondria como da histeria deveria ser buscada na cavidade abdominal.

Também apontando para a comunidade entre essas afecções, em 1733, Hoffmann afirmava que a causa da histeria estaria no "afrouxamento ou enfraquecimento da matriz", mas que a sede do mal deveria ser procurada, como na hipocondria, no estômago e nos intestinos, "onde estagnam o sangue e os humores vitais". A partir do estômago, órgão de ligação e centro do organismo, distribuir-se-iam os males que provêm das cavidades interiores do corpo. Com o tempo, Hoffmann passou a atribuir aos "nervos" um lugar importante na compreensão etiológica dessas doenças.[49]

Muitos outros também se posicionaram nessa discussão. Em 1725, Richard Blackmore descreveu a hipocondria e a histeria como fruto de uma constituição mórbida dos espíritos, que tenderiam a sair

---

48 G. E. Stahl (1708). *Theoria medica Vera, de malo hypochondriaco.*
49 F. Hoffman (1733). *Medicina rationalis systematica.*

de seus reservatórios naturais e a consumir-se.[50] Ele sustentava ainda a proximidade entre a melancolia e a hipocondria, compreendendo que o baço seria um órgão importante para a compreensão dessas manifestações, razão pela qual muitos autores denominavam o estado de espírito descrito como *spleen* de melancolia hipocondríaca.[51]

Partindo de um modelo de classificação próximo ao de Cullen, na França, em 1798, Philippe Pinel inicialmente reuniu no grupo das *vesânias* a histeria, a hipocondria, a mania e a melancolia, considerando-as, portanto, um tipo de loucura. Porém, em 1803, ele modificou suas concepções, mantendo a hipocondria no grupo das vesânias e associando a histeria ao grupo dos *espasmos*, ao lado da tetania. Uma nova mudança ocorreu em 1807, quando a histeria passou a fazer parte das *neuroses de geração*, um subgrupo das neuroses genitais das mulheres. Essa dificuldade em compreender a natureza dessas manifestações e as relações entre elas persistia ainda em 1892, quando Savage apontou que, em alguns casos, a histeria poderia transformar-se em mania, da mesma forma que a hipocondria poderia se transformar em melancolia.[52]

Essas oscilações dos critérios de classificação e a dificuldade em compreender a história natural de tais quadros derivavam em grande parte da própria dificuldade em discriminar e reconhecer

---

50 R. Whytt (1726). *Treatise of spleen and vapours, or hypochondriacal and hysterical affections*, citado por M. Foucault (1972). *História da loucura*, p. 278.

51 Em inglês, o termo *spleen* denomina o baço. A relação entre esse órgão e a melancolia remonta à teoria dos humores e às ideias de Galeno. Em alemão, *spleen* se refere ao humor irritadiço de uma pessoa. Em francês, o termo foi celebrizado por Charles Baudelaire, principalmente em seus poemas *As flores do mal*, descrevendo um estado de tristeza reflexiva e a condição melancólica. Ver também a seguir na seção *Simpatia, vapores e doenças dos nervos*.

52 G. H. Savage (1892). *Hypochondriasis*, citado por E. Hare (1991). *The history of "nervous disorders" from 1600 to 1840, and a comparison with modern views*, p. 41.

60 IMAGENS DE UMA HISTÓRIA

a especificidade de sintomas que permitissem estabelecer mais claramente um diagnóstico diferencial. Assim, por exemplo, ao sustentar a proximidade da histeria com a hipocondria, R. Whytt descreveu seus sintomas da seguinte forma:

> *Sentimentos extraordinários de frio e calor, dores em diferentes partes do corpo; síncopes e convulsões vaporosas; catalepsia e tétano, ventos no estômago e nos intestinos; apetite insaciável para os alimentos; vômitos de matéria negra; fluxo súbito e abundante de urina pálida, límpida, marasmo ou atrofia nervosa; asma nervosa e espasmódica; tosse nervosa; palpitações do coração; variações do pulso, males e dores de cabeça periódicos; vertigens e tonturas, diminuição e enfraquecimento da visão; desencorajamento, abatimento, melancolia ou mesmo loucura; pesadelo ou incubo.*[53]

Nessa descrição, é evidente a diversidade e o caráter inespecífico de todos esses sintomas, que se manifestam em praticamente todos os sistemas do corpo humano (respiratório, circulatório, digestório, cutâneo, motor, sensorial). Uma ampla gama de queixas do paciente poderia ser relacionada a essa descrição, sem formalmente constituir um quadro clínico. No início do século XIX, o caráter vago e inespecífico dessas queixas passou a caracterizar as *doenças dos nervos*, e, mais tarde, o quadro da *neurastenia*, descrito por Beard em 1884. Foi justamente a amplitude excessiva da sintomatologia por ele descrita que levou Freud, no ano seguinte, a criticar a categoria da neurastenia, propondo critérios diferenciais que permitiram

---

53 R. Blackmore (1797). *Traité des maladies des nerfs*, citado por M. Foucault (1972). *História da loucura*, p. 278.

caracterizar as neuroses de angústia e identificar as neuroses atuais, com importantes desdobramentos para a nosografia e para as técnicas terapêuticas de todas essas manifestações.[54-55]

A fluidez das qualidades

A falta de consistência das primeiras descrições semiológicas também dificultava a diferenciação entre a natureza da histeria e a da hipocondria. Como aponta Foucault, as tentativas dos médicos da época clássica de encontrar em cada uma qualidades próprias que permitissem discriminar essas manifestações foram malsucedidas. Segundo ele, as descrições desses dois quadros nunca alcançaram a coerência e a coesão qualitativa que marcou os relatos da mania e da melancolia.[56]

Assim, alguns autores descreviam as qualidades "quentes" da histeria, cuja maior expressão seriam as convulsões e os espasmos.[57] Ferrand afirmava que os vapores dos hipocondríacos eram úmidos, ao passo que T. A. Murillo os caracterizava como "quentes e secos". Por sua vez, M. Flemyng sustentava que nenhum calor era perceptível nem na hipocondria nem na histeria, sendo que as características dessas doenças seriam a "languidez e a umidade fria dos vapores

---

54 S. Freud (1895d). Sobre os fundamentos para destacar da neurastenia uma síndrome específica intitulada de "neurose de angústia", *E.S.B.*, III.
Para evitar notas excessivamente longas, a referência à *Edição Standard Brasileira das Obras Psicológicas Completas de Sigmund Freud* é aqui abreviada como *E.S.B.* (Edição Standard Brasileira), seguida do número do volume da coleção.

55 Ver capítulo 2, a seguir, *O questionamento da neurastenia*.

56 M. Foucault (1972). *História da loucura*.

57 J. Ferrand (1623). *De la maladie d'amour ou mélancolie érotique*.
N. Chesnau (1672). *Observationum medicarum libre quinque*.
Citados por M. Foucault (1972). *História da loucura*, p. 280.

62 IMAGENS DE UMA HISTÓRIA

estagnados", como consequência da "frouxidão, flacidez e falta de elasticidade das fibras do cérebro e dos nervos".[58]

Segundo Foucault, tampouco a "medicina do movimento" revelou-se suficiente para a descrição desses quadros. Enquanto parecia claro que a mania caracterizava-se por um excesso e a melancolia por uma diminuição de mobilidade, várias discrepâncias surgiam entre as tentativas de caracterização da histeria e da hipocondria segundo esse parâmetro. Alguns autores, como Stahl, afirmavam que ambas seriam marcadas por "uma tendência à estagnação e à acumulação". Outros, como Boerhaave, defendiam que a histeria caracterizava-se pela mobilidade. Ambiguidades e inconsistências como essas fariam ainda Van Swieten afirmar que a paixão histérica e a doença hipocondríaca, "ditas sem matéria, dependem das disposições ou do estado particular das fibras".[59]

As imagens e analogias químicas refletiam contradições semelhantes. Baseado na teoria dos vapores, Viridet afirmava que os sintomas da hipocondria e da histeria seriam o resultado de uma dialética de álcalis e de ácidos. Alguns autores, como Lange, afirmavam ser a histeria produto de fermentações, outros que ela seria de natureza alcalina, ao passo que um terceiro grupo defendia a natureza ácida dos ataques histéricos.[60]

Analisando todas essas contradições, Foucault sugere que "a paisagem imaginária das qualidades, decisiva para a constituição [e clara discriminação] do par mania-melancolia", viu-se esvaziada

---

58 T. A. Murillo (1672). *Novissima hypochondriacae melancolía curatio.*
   M. Flemyng (1741). *Neuropathia sive de morbis hypochodriacis et hystericis.*
   Citados por M. Foucault (1972). *História da loucura*, p. 280.
59 G. E. Stahl (1708). *Theoria medica Vera, de malo hypochondriaco.*
   Van Swieten (1752). *Commentaria in Aphorismos Boerhavii.*
   Citados por M. Foucault (1972). *História da loucura*, p. 280.
60 Viridet (1689). *Dissertation sur les vapeurs*, citado por M. Foucault (1972). *História da loucura*, p. 280.

nas tentativas de deciframento da hipocondria e da histeria. Essa dimensão imaginária teria permanecido em um plano secundário, contribuindo para que o percurso da histeria e da hipocondria não se constituísse, "através das obscuras qualidades do mundo refletidas numa imaginação médica". Segundo ele, a histeria e, por extensão, a hipocondria afirmaram-se para os médicos através "do corpo, na coerência de seus valores orgânicos e de seus valores morais", diferentemente do que ocorreu com a mania e com a melancolia.[61]

Portanto, por meio das manifestações e queixas corporais, a histeria e a hipocondria capturaram o observador no espetáculo intrigante oferecido por um espaço real do corpo que parecia prometer a revelação iminente de seus segredos e das razões de seu sofrer. Porém, a espera dessa revelação pelo sensorial, pela motricidade, pela química, pela materialidade do corpo foi decepcionante. Enredado em contradições e incoerências, o observador continuou e, muitas vezes, ainda hoje continua, prisioneiro das miragens desses quadros.

Mais tarde, com as revelações da psicanálise, o sonho, a fantasia e mesmo o discurso permitiram o reconhecimento da dimensão erógena e imaginária da existência humana, oferecendo ao observador, ao clínico e ao paciente uma possibilidade de libertar-se daquelas armadilhas. A partir dessa nova perspectiva, também a compreensão da histeria e da hipocondria pode libertar-se das amarras do corpo onde se manifestavam. Dessa forma, elas foram resgatadas da incerta categoria das doenças dos nervos, passando também a serem reconhecidas no campo das doenças mentais.

Da simpatia às doenças dos nervos

No século XIX, descortinou-se um novo horizonte.

---

61 M. Foucault (1972). *História da loucura*, p. 283.

Ao mesmo tempo que se questionava a consistência da etiologia orgânica da histeria e da hipocondria, um novo elemento da anatomia, a fibra nervosa, suscitava a curiosidade e a expectativa dos investigadores. Os nervos, órgãos da sensibilidade, passaram a oferecer novas possibilidades para a compreensão das relações entre as funções corporais, os espíritos e os humores. Nos mistérios da fibra nervosa passaram a ser depositadas as esperanças de elucidação dos enigmas de várias doenças cujas causas, evoluções e tratamentos permaneciam desconhecidos.

Como vimos, as concepções da histeria e da hipocondria evoluíram em torno do século XVIII, principalmente segundo duas vertentes. A primeira convergia para a formação de um novo conceito comum, a *doença dos nervos*. A segunda, deslocando a preocupação etiológica dos suportes corporais, orientava-se para a integração dessas doenças ao campo das doenças do espírito, ao lado da mania e da melancolia, sem ainda considerarem, no entanto, as qualidades primitivas reconhecidas destas últimas, "percebidas e sonhadas em seus valores imaginários".[62]

Simpatia, vapores e doenças dos nervos

A hipótese de um sistema de interligação entre diferentes órgãos e partes do corpo é herdeira das *teorias das simpatias*. Com os progressos da anatomia, intensificou-se a busca das vias de comunicação materializadas no corpo, por meio das quais fluiriam humores, vapores e outros elementos vitais, o que explicaria a "ação a distância" de um órgão sobre outro. Inicialmente, o aparelho circulatório, descrito por William Harvey em 1628, parecia cumprir essa função. Só mais tarde, a rede de fibras nervosas, ligada às sensações corporais, passou a ser considerada.

---

62 M. Foucault (1972). *História da loucura*, p. 279.

A doutrina da simpatia já fora enunciada por Galeno, para sustentar sua explicação da histeria e da hipocondria, além de outras doenças. Ao circular pelo corpo, os humores afetariam os órgãos pelos quais passavam, produzindo sintomas. Segundo essa leitura, que persistiu até o século XVI, a simpatia e a ação a distância permitiam tanto compreender a etiologia como estabelecer formas de tratamento para as doenças.

A concepção dos vapores era bastante próxima da dos humores. Ela persistiu no século XVII aparentemente por poder ser identificada com elementos materiais como os "ventos" que, considerava-se, emanavam do interior do corpo em função de excessos nos distúrbios digestivos. Nos séculos XVII e XVIII, la Boe e Purcell atribuíam a causa da histeria aos vapores do trato digestivo e à pressão que eles exerciam sobre o estômago, os intestinos e os nervos daquela região.[63]

Mesmo após seu abandono pelas teorias médicas, na linguagem popular, ideias como essas continuaram sendo relacionadas às doenças dos nervos. O dicionário de Samuel Johnson descrevia os "vapores" como "doenças causadas por flatulências ou por nervos doentes", enquanto, ainda em 1892, no *Dictionary of Psychological Medicine* de Tuke, o verbete vapores designava um "termo popular para hipocondria e histeria".[64]

Por volta de 1600, foi sugerida a ideia de uma via orgânica de comunicação por meio da qual a simpatia e os vapores exerceriam seus efeitos. Nessa época, Laurentius afirmou que "a relação de simpatia entre o útero e a mama", observada durante a gravidez, poderia ser atribuída a uma comunicação entre esses órgãos através

---

63 Purcell (1707). Treatise of vapours, citado por E. Hare (1991). *The history of "nervous disorders" from 1600 to 1840, and a comparison with modern views.*

64 Citados por E. Hare (1991). *The history of "nervous disorders" from 1600 to 1840, and a comparison with modern views*, p. 39.

66 IMAGENS DE UMA HISTÓRIA

da veia ázigo[65] e dos músculos intercostais. Ainda em 1725, a falta de evidências da existência de canais anatômicos que permitissem a migração dos vapores do baço para as partes superiores do corpo fez R. Blackmore questionar as clássicas teorias da hipocondria.[66]

Porém, em 1733, Hoffmann apontava que:

> *As afecções espasmódicas sentidas pelos hipocondríacos e pelos histéricos têm sua sede nas partes nervosas, e, sobretudo, nas membranas do estômago e dos intestinos, de onde são comunicadas, através do nervo intercostal, para a cabeça, peito, rins, fígado e para todos os órgãos principais do corpo.*[67]

Por sua vez, considerando que os órgãos abdominais seriam a sede da histeria e da hipocondria, Willis sustentou que a transmissão da simpatia entre esses órgãos e outras partes do corpo deveria ser realizada pelos nervos abdominais.[68]

A partir da metade do século XVII, essas teorias foram encontrando cada vez mais adeptos. Diante da falta de evidências de disfunções no útero, no baço, no hipocôndrio ou no estômago, passou-se a acreditar que a fonte da histeria e da hipocondria não estaria em

---

65 Veia que conecta os sistemas de veia cava superior e veia cava inferior.

66 R. Blackmore (1725). A *treatise of spleen and vapours*, citado por E. Hare (1991). *The history of "nervous disorders" from 1600 to 1840, and a comparison with modern views*, p. 39.

67 F. Hoffman (1733). *Medicina rationalis systematica*.

68 E. Hare (1991). *The history of "nervous disorders" from 1600 to 1840, and a comparison with modern views*, p. 38.
Esses nervos, mais tarde denominados intercostais, foram finalmente consagrados com a denominação de *grandes nervos simpáticos*, uma referência às primeiras teorias que tentaram descrever suas funções.

distúrbios dos órgãos propriamente ditos, mas em perturbações das cadeias nervosas que estabeleciam a comunicação entre eles.

Na Inglaterra, atribuía-se ao baço (*spleen*) uma importante função nas queixas hipocondríacas, depressivas e nervosas. Em 1723, William Stuckley afirmou que esse órgão seria o responsável pela purificação da bile negra oriunda dos intestinos, que chegava a ele pela veia esplênica, razão pela qual os estados de ânimo acompanhados por aquelas queixas passaram a ser denominados *spleen*. Em 1729, Robinson descreveu os sintomas dessa condição: "perda de apetite, tristeza, arrotos, regurgitações, murmúrios intestinais, fraqueza e tremores nas pernas, sensação de pancadas no interior da cabeça, sudorese, medo de morrer, perda de memória, episódios de desespero e perturbações do sono". Bem além do século XVIII, o termo *spleen* persistiu no uso coloquial com uma acepção ainda mais ampla, descrevendo também acessos de raiva e de tristeza, inclusive melancólicos. Em seu dicionário, Johnson descrevia o *spleen* como a manifestação de vapores melancólicos e hipocondríacos e também como doença do humor, acesso de raiva e de profunda tristeza. Nele, o baço era também descrito como a sede da raiva, da melancolia e mesmo do bom humor. Ainda em 1971, o *Oxford English Dictionary* propunha definições similares a essas.[69]

Por volta de 1730, ficou evidente para os médicos ingleses que os termos *spleen* e vapores descreviam, na verdade, sintomas desde sempre atribuídos à histeria e à hipocondria. Persistia, porém, a discussão sobre as diferenças entre essas manifestações, em função

---

69 W. Stukeley (1723). *Of the spleen: its description and history, particulary the vapors.*
N. Robinson (1729). *A new system of spleen, vapours, and hypochondriac melancholy wherein of the decays of the nerves and lowness of spirits are mechanically accounted for*, citados por E. Hare (1991). *The history of "nervous disorders" from 1600 to 1840, and a comparison with modern views*, pp. 39 e 40.

68   IMAGENS DE UMA HISTÓRIA

da dificuldade de distinguir sintomas característicos de cada uma dessas entidades. Eram ou não categorias nosográficas distintas?

Aos poucos, foi se configurando um terceiro conjunto de sintomas, caracterizado principalmente por perturbações das funções digestivas. Constituiu-se, assim, um subgrupo específico das doenças dos nervos, que passou a ser reconhecido pelo termo *dispepsia*. Apesar de ter sido introduzido na medicina inglesa apenas em 1657, ele retomava a ideia do lugar central dos problemas digestivos entre os sintomas da hipocondria, conhecida desde os tempos hipocráticos e resgatada pelo médico bizantino Paulo de Égina, no século VII.

Essa hipótese generalizou-se no século XVIII. Em 1704, G. Baglivi afirmava que os distúrbios mentais relacionavam-se às doenças do estômago, uma opinião também defendida por Mandeville, que assim compreendia especificamente a origem da hipocondria e da histeria. Em 1770, Cullen descreveu a hipocondria como indigestão acompanhada de languidez (abatimento, desalento, prostração), tristeza e medo de causas desconhecidas. Em 1827, Johnson ainda atribuía aos problemas estomacais a principal causa do nervosismo e da hipocondria.[70]

Nessa mesma época, na Inglaterra, a associação causal e sintomática entre dispepsia, hipocondria e histeria bem como a constatação da inexistência de uma diferença essencial entre *spleen* e vapores e a crença em uma suposta causalidade nos nervos passaram a caracterizar um grupo de manifestações muito frequentes porém

---

70 G. Baglivi (1704). *The practice of physick.*
B. Mandeville (1730). *Treatise of the hypochondriac and hysteric diseases.*
W. Cullen (1810). *First lines of the practice of physick.* Citados por E. Hare (1991). *The history of "nervous disorders" from 1600 to 1840, and a comparison with modern views,* p. 40.

enigmáticas para os médicos, constituindo a categoria das *doenças dos nervos*.[71]

G. Cheyne consagrou esse termo em 1733 para descrever sintomas não relacionados a uma doença classicamente descrita, até então denominados como *spleen* ou vapores. As formas mais frequentes desses sintomas compreendiam, entre outras, "sensações de peso no peito [angústia?], murmúrios na barriga, vômitos e arrotos com sabor de humores amargos dificuldade para respirar, palidez, convulsões, gritos".[72]

Desde então, o termo "doenças dos nervos" passou a designar manifestações em que não era possível identificar nenhuma anormalidade patológica nos órgãos referidos na queixa dos pacientes, cuja causa passou a ser atribuída ao sistema nervoso. Porém, a identidade clínica dessa entidade permaneceu confusa, levando alguns autores, como o próprio Cheyne, a afirmarem que as doenças nervosas eram uma espécie de "saco de gatos" onde eram incluídas todas as doenças para as quais não se encontravam outros diagnósticos. Assim, desde o início, essa nova categoria desencadeou diversas polêmicas e questionamentos relacionados à etiologia, ao diagnóstico, à incidência e ao tratamento dessas doenças, como veremos, até hoje presentes na prática clínica.

A criação da categoria de doenças dos nervos, reunindo diferentes entidades nosográficas, antes separadas, criou a impressão de um aumento significativo da incidência dessas manifestações. Sydenham considerava que as doenças "histéricas" (incluindo a hipocondria) correspondiam a cerca de um sexto das doenças às quais estaria

---

71 E. Hare (1991). *The history of "nervous disorders" from 1600 to 1840, and a comparison with modern views*, p. 41.

72 G. Chayne (1733). *The English Malady; or a treatise of nervous diseases of all kinds as spleen, vapours, lowness of spirits, hypochondrial and hysterical distempers etc.*, citado por E. Hare (1991). *The history of "nervous disorders" from 1600 to 1840, and a comparison with modern views*, p. 41.

70 IMAGENS DE UMA HISTÓRIA

predisposta a humanidade, enquanto Cheyne apontava que cerca de um terço das queixas dos pacientes ingleses correspondia às doenças dos nervos. Mais radical, Trotter estimava, em 1807, que a "sociedade civilizada" condenava dois terços de seus membros a sofrerem de doenças nervosas, já atribuindo à vida urbana, à luxúria, ao ócio, à corrupção e à decadência moral um papel importante nessa grande incidência.[73]

O temperamento nervoso

Segundo Hare, a descoberta da natureza elétrica dos estímulos nervosos levou ao abandono das tentativas de encontrar uma causa específica e localizada das doenças dos nervos.[74] Assim, no século XIX, elas passaram a ser explicadas em termos mais gerais, como de constituição e de temperamento. Aumentou, dessa forma, o interesse pela influência de fatores hereditários, constitucionais e ambientais na etiologia dessas doenças. Passaram também a ser mais especificamente considerados o lugar e a função de tais manifestações na história e na vida do sujeito, e a ideia de uma constelação específica de cada pessoa que participaria dessa etiologia, uma visão precursora da noção de personalidade.

Muitos médicos, como Sydenham (1749), Baglivi (1696) e Blackmore (1725), já haviam evocado a constituição ou o temperamento como fatores de predisposição às doenças dos nervos.[75] Whytt

---

73 T. Trotter (1807). *A view of nervous temperament*, citado por E. Hare (1991). *The history of "nervous disorders" from 1600 to 1840, and a comparison with modern views*, p. 41.

74 E. Hare (1991). *The history of "nervous disorders" from 1600 to 1840, and a comparison with modern views*, p. 42.

75 T. Sydenham (1749). *The entire works of Dr. Thomas Sydenham, newly made into English from the originals*.
G. Baglivi (1696). *De praxi medica ad priscam observandi rationem revocanda libri dvo*.

(1767)[76] afirmara que essas doenças eram principalmente causadas por uma "constituição fraca ou não natural dos nervos", sendo que esta condição poderia ser fruto de "uma constituição defeituosa, de uma doença dos nervos propriamente dita ou ainda de modos de vida irregulares que fragilizam todo o corpo e os nervos em particular".[77]

Buscando melhor compreender as manifestações patológicas das doenças dos nervos, intrigantes e confusas para os médicos, T. Trotter[78] descartou as causas orgânicas e atribuiu sua etiologia a um *temperamento nervoso*. Esse temperamento poderia ser herdado de pais que apresentassem tais doenças ou adquirido a partir de desnutrição na infância, febres, golpes na cabeça, modo de vida inadequado, e utilização indiscriminada de remédios ou mesmo de venenos.[79]

Trotter apontou que a principal dificuldade para a compreensão dessas doenças era a delimitação de seu quadro sintomático, em função da inconsistência e da diversidade de descrições clínicas. Um quadro que podia variar de um indivíduo a outro e, mesmo, em diferentes momentos, numa mesma pessoa. A imprecisão dos sintomas e a dificuldade de discriminar entre eles impedia o consenso dos médicos e a realização do diagnóstico diferencial, evidenciando

---

R. Blackmore (1725). A treatise of the spleen and vapours or, hypochondriacal and hysterical affections: with three discourses on the nature and cure of the cholick, melancholy, and palsies.

Citados por E. Hare (1991). *The history of "nervous disorders" from 1600 to 1840, and a comparison with modern views.*

76 R. Whytt (1767). Observations on the nature, causes, and cure of those disorders which have commonly been called nervous, hypochondriacal or hysterical.

77 E. Hare (1991). *The history of "nervous disorders" from 1600 to 1840, and a comparison with modern views*, p. 44.

78 T. Trotter (1807). *A view of nervous temperament*, citado por E. Hare (1991). *The history of "nervous disorders" from 1600 to 1840, and a comparison with modern views*

79 T. Trotter (1807). *A view of nervous temperament*, citado por E. Hare (1991). *The history of "nervous disorders" from 1600 to 1840, and a comparison with modern views*, p. 42.

72 IMAGENS DE UMA HISTÓRIA

o desafio para compreender o quadro sintomático e a natureza das queixas dos pacientes.

Era problemático discernir entre "autênticas" doenças dos nervos e doenças do temperamento, principalmente quando os médicos eram confrontados com a questão da existência ou não de disfunções orgânicas "reais" que necessitassem de tratamento. Já em 1729, Robinson discutira a questão da materialidade ou não do *spleen* e dos vapores, apontando para os perigos de negligenciar disfunções orgânicas reais. Em 1802, Heberden afirmara que as doenças dos nervos tinham como causas fatores reais "como em qualquer outra doença",[80] porém, na época, todas as tentativas de encontrar uma lesão para justificar tal afirmação acabaram fracassando.

Até os nossos dias, a hipocondria e diversos outros quadros descritos, como as doenças funcionais, idiopáticas, psicossomáticas, somatizações, entre outros, carregam consigo as marcas desses dilemas diagnósticos.[81]

Segundo Hare, a dificuldade em demonstrar as causas orgânicas das doenças dos nervos teve ainda duas outras consequências. A primeira foi a intensificação da discussão histórica sobre as ambiguidades das articulações entre os aspectos físicos e mentais da vivência humana. Mesmo após o abandono das teorias dos espíritos, demoníacos ou animais, a questão das relações etiológicas entre corpo e mente naquelas doenças não foi esclarecida. A segunda, resultante da impossibilidade de identificar e localizar disfunções corporais, foi a predominância da concepção das doenças nervosas como distúrbios da alma, privilegiando as hipóteses etiológicas

---

80 W. Heberden (1802). *Commentaries on the history and cure of diseases*, citado por E. Hare (1991). *The history of "nervous disorders" from 1600 to 1840, and a comparison with modern views*, p. 42.

81 Cf. Horizontes médicos. In R. M. Volich (2000/2022). *Psicossomática, de Hipócrates à psicanálise*.

puramente psicológicas, com a consequente negligência do tratamento dos sintomas físicos dos pacientes.

As dificuldades etiológicas, semiológicas e diagnósticas das doenças dos nervos resultaram, evidentemente, na dificuldade em desenvolver um método terapêutico eficiente para tratá-las. Em função disso, os médicos que se dedicavam ao tratamento de tais doenças eram objeto de desconfiança, chegando a ser denominados "médicos hipotéticos".[82] A cultura, e a literatura em particular, contribuíram para a cristalização desse estereótipo, caricaturando, e mesmo ridicularizando, tanto a atitude dos pacientes e suas doenças "imaginárias" como os médicos que os tratavam.[83] No século XIX, esse legado também provocou a desconfiança que marcou o surgimento dos novos campos da neurologia e da psiquiatria, disciplinas que passaram a se dedicar à investigação e ao tratamento das doenças dos nervos. Ainda hoje, essa descrença é bastante presente em representações e atitudes individuais e coletivas relacionadas aos profissionais de saúde mental, e também em preconceitos que, muitas vezes, acompanham as práticas que reconhecem a importância dos aspectos psíquicos, emocionais e relacionais para a compreensão de toda a doença e de seu tratamento.

A hipocondria, entre o desatino e o corpo

Dos humores à superstição, dos vapores aos nervos, dos órgãos ao espírito. Esse movimento pendular acompanhou através dos séculos as tentativas da medicina de compreender a saúde e o adoecer humanos. Buscando a construção de um saber sobre a patologia, as

---

82 E. Hare (1991). *The history of "nervous disorders" from 1600 to 1840, and a comparison with modern views*, p. 43.

83 O doente imaginário de Molière é o exemplo mais célebre desse tipo de abordagem.

Molière (1673). *O doente imaginário*.

74 IMAGENS DE UMA HISTÓRIA

diferentes teorias que surgiram nesse percurso também revelaram a perplexidade do ser humano diante da Natureza, de si mesmo e do outro. Por meio delas, evidenciou-se também sua necessidade de criar representações como forma de alcançar um sentido para a experiência da doença e da morte, como tentativa de controlá-las, dominá-las, em última instância, buscando elaborar seu desamparo diante delas.

Como aponta Foucault, as diferentes perspectivas etiológicas da medicina desenvolvidas ao longo da história são reveladoras das transformações das representações do corpo humano e de seu funcionamento. As diferentes compreensões da histeria e da hipocondria sempre se prestaram de modo exemplar a essa função.

No limiar da era moderna, a experiência da loucura, da doença dita "mental", passou a ser primordialmente caracterizada pelo desatino, experiência de negatividade com relação a uma realidade considerada cada vez mais imperativa e incontornável. Como aponta Foucault, naquela época, o delírio constituía a definição mais simples e mais geral da loucura. Essa loucura, no sentido clássico, "não [designava] tanto uma mudança determinada no espírito ou no corpo [mas sim] a existência, sob as alterações do corpo e a estranheza da conduta e dos propósitos, de um discurso delirante". No polo oposto à loucura encontrar-se-iam as doenças orgânicas, materializadas na positividade de um corpo cujos mistérios cada vez mais cediam às conquistas da ciência médica. A histeria e a hipocondria afastavam-se do desatino, sem, contudo, situar-se completamente no campo clássico da patologia orgânica. Porém, alguns de seus elementos as tornavam consistentes do ponto de vista da positividade, o que permitia identificá-las nos confins entre a moral e a medicina "através da elaboração de um espaço corporal tanto ético como orgânico".[84]

---

84 M. Foucault (1972). *História da loucura*, pp. 236 e 252.

As diferentes representações etiológicas da histeria e da hipocondria prestaram-se também a tentativas de relacionar o nexo e as comunicações existentes entre partes do corpo, por meio de manifestações "polimórficas" de um mal. A ideia de que uma doença ou distúrbio pudessem mover-se percorrendo o espaço corporal, presentes no corpo todo e não apenas restritos a um órgão ou região específicos, revelaria a possibilidade de "um transtorno dinâmico do espaço corporal". O movimento não seria mais de um órgão pelo corpo, mas de todo um corpo que passava a ser concebido como espaço de manifestação de um mal inespecífico, o que, mais tarde, e até os nossos dias, passou a ser descrito como *idiopático* ou *funcional*.

A partir de leituras como essas, no século XIX, cada vez mais, a histeria passou a ser considerada pelo médico como a mais real e enganosa das doenças. Era incontestável a realidade de seus sintomas, mas, ao mesmo tempo, era ilusória sua natureza: por um lado, esses sintomas pareciam provocados por uma perturbação inerente aos órgãos, porém essas perturbações pareciam corresponder a uma perturbação mais ampla, uma desordem da mobilidade interna que assumia, na superfície do corpo, o aspecto de um sintoma regional. Sydenham já havia descrito a histeria como um "fingimento do corpo", podendo imitar quase todas as doenças do gênero humano, iludindo o médico despojado de sagacidade, que atribuirá a uma doença verdadeira os sintomas que são meros resultados da afecção histérica.[85] De modo semelhante, o caráter ilusório da queixa e dos sintomas hipocondríacos marcou sua aproximação com os distúrbios mentais. Apesar da vivacidade da descrição das dores, das dormências, dos calores, das sensações corporais, nenhuma evidência material positiva de sua substância se apresentava ao médico.

---

85 T. Sydenham (1749). *Dissertation sur l'affection hystérique*, citado por M. Foucault (1972). *História da loucura*, p. 319.

76   IMAGENS DE UMA HISTÓRIA

Foucault aponta como a concepção de Sydenham já sugeria a ideia de um *corpo interior*, cujo conteúdo precisaria ser penetrado pelo médico com "os olhos do espírito", diferentemente do corpo objetivo e neutro buscado pela medicina. Já então, graças a essa intuição, abriam-se para o médico outras possibilidades de representar e imaginar o corpo, de decifrar seus movimentos interiores e, mesmo, de nele investir valores morais, por meio do que Foucault denomina uma *percepção ética*.[86] Entretanto, como veremos, a evolução da medicina pouco se desenvolveu de modo a considerar tais aberturas.

Apesar de penetrável e poroso, na hipocondria e na histeria, impunha-se ao corpo uma exigência de continuidade. No século XVIII, esses dois atributos marcaram as visões dessas entidades transformando-as em um paradigma de um novo grupo nosográfico, o das doenças dos nervos. Dessa forma, sugeria-se que o corpo através do qual circulava a doença teria propriedades diferentes das do corpo no qual aparecem dispersos os sintomas do paciente. A fibra nervosa passou a ser considerada tanto como o elemento anatômico responsável pela integração de partes heterogêneas do corpo como pela manifestação de uma mesma doença em diferentes partes desse corpo. Também essa concepção contribuiu para a ideia das doenças idiopáticas e distúrbios funcionais, de origem desconhecida, herdeira das dinâmicas da simpatia.

Segundo Foucault, gradativamente, o sistema nervoso deixou de ser considerado apenas como um elemento de transmissão de sensações ou de movimentos para ser compreendido como elemento de "sensibilidade do corpo com relação aos fenômenos" que experimenta.[87] As doenças dos nervos, perturbações da *simpatia*, poderiam ser compreendidas como distúrbios da continuidade corporal resultantes da perturbação da função das fibras nervosas.

---

86 M. Foucault (1972). *História da loucura*, p. 288.
87 M. Foucault (1972). *História da loucura*, p. 322.

Essas últimas, em função de uma mobilidade excessiva, falhariam em sua função unificadora e produziriam estados de irritação. Os doentes dos nervos seriam os mais irritáveis, os mais sensíveis, aqueles que possuiriam a alma mais facilmente impressionável, prestando-se a uma espécie de ressonância universal tanto com o meio em que vivem como com o seu próprio organismo.

As doenças dos nervos seriam então doenças de um *excesso* de sensibilidade, de falta de contenção, de perturbação da continuidade do espaço corporal conduzindo a um transbordamento, poderíamos dizer, traumático[88]. Como afirmava Tissot, o excesso de sensibilidade e a irritação seriam capazes de ofuscar as sensações da alma, "como se a sensibilidade do órgão nervoso fizesse transbordar a capacidade que a alma tem de sentir e confiscasse para seu exclusivo proveito a multiplicidade de sensações que sua extrema mobilidade suscita".[89]

Foucault aponta ainda que, ao mesmo tempo, era também perceptível uma outra tendência, na qual a visão dinâmica do espaço corporal foi substituída por uma *moral da sensibilidade*. Essa tendência modificou profundamente a compreensão das doenças nervosas, contribuindo para que a "histeria e a hipocondria [mudassem] de direção e [entrassem] definitivamente para o mundo da loucura".

Enquanto os males dos nervos tinham sido associados
aos movimentos orgânicos das partes inferiores do corpo

---

88 A ideia de que um *excesso* vivido na experiência de um sujeito possa desorganizar diferentes funções do corpo e da mente sempre foi observada em diferentes manifestações de sintomas e doenças e mais claramente compreendida a partir da noção de *traumatismo*, desenvolvida por Freud. Ela também inspirou o conceito de *desorganização progressiva*, sugerido por Pierre Marty.
Cf. *A função econômica da hipocondria*, no Capítulo 2.
S. Freud (1919a). Introdução à psicanálise das neuroses de guerra, *E.S.B.*, XVII.
P. Marty (1990). *A psicossomática do adulto*.

89 S. A. Tissot (1778-1780). *Traité des nerfs et leurs maladies*, citado por M. Foucault (1972). *História da loucura*, p. 292.

(mesmo pelos caminhos múltiplos e confusos da simpa-
tia), situavam-se eles no interior de uma certa ética do
desejo, configuravam a revanche de um corpo grosseiro;
ficava-se doente de uma violência demasiado grande.
Doravante, fica-se doente por sentir demais; padece-se de
uma solidariedade excessiva com todos os seres vizinhos.
Não se é mais forçado por uma natureza secreta, é-se
vítima de tudo aquilo que, na superfície de mundo,
solicita o corpo e alma.[90]

O caráter ilusório das manifestações da histeria e da hipocondria foi acentuado no século XIX. Assim, cada vez mais elas se aproximaram do campo do desatino, concebido como erro, como cegueira e como inconsequência. Em alguns momentos, também a experiência do sonho chegou a ser assimilada, em certa medida, a essas ideias. Essa outra tendência acabou por incorporar a histeria e a hipocondria ao mundo da alienação e da doença mental: "Enquanto os vapores eram convulsões ou estranhas comunicações simpáticas através do corpo, enquanto conduziam ao desmaio e à perda de consciência, não eram loucura. Mas quando o espírito se torna cego para os próprios excessos de sua sensibilidade – aí aparece a loucura".[91]

Foi nesse século que se consolidou o campo das doenças mentais. Nele também se constituíram as bases da psicopatologia e da psiquiatria modernas. Esse movimento foi bastante marcado por uma representação da loucura que, muitas vezes com pretensões científicas, cristalizou preconceitos e julgamentos de valor a respeito da alienação, da loucura e do desatino. O humor e a caricatura que marcaram as visões da hipocondria e da histeria até o século XVIII foram substituídos pela desconfiança e pela recriminação dos médicos

---

90 M. Foucault (1972). *História da loucura*, pp. 285 e 293.
91 M. Foucault (1972). *História da loucura*, p. 294.

com relação aos pacientes que apresentavam tais manifestações. Nas concepções da doença mental originadas no século XIX foram cada vez mais esvaziadas as dimensões perceptiva e imaginária das *qualidades*, fruto da relação e da proximidade dos médicos com seus pacientes, que as havia caracterizado até então.

Essa nova visão progressivamente passou a atribuir à loucura um sentimento de culpa, de sanção moral e de justo castigo, acrescentando ao desatino juízo de valores. "Ao invés de fazer da cegueira a condição de possibilidade de todas as manifestações da loucura, [o médico passou a descrevê-la] como o efeito psicológico de uma falta moral", comprometendo assim o que havia de essencial na visão clássica da experiência do desatino. O que era cegueira tornou-se leviandade, o erro tornou-se falta. Foucault sublinha que toda a hierarquia vertical que constituía a estrutura da loucura clássica, desde o ciclo das causas materiais até a transcendência do delírio, desfez-se espalhando-se na superfície de um domínio que foi ocupado conjuntamente, e logo disputado pela psicologia e pela moral.

Nesse território foi gestada a psiquiatria que hoje conhecemos. A construção de um novo edifício para abrigar a experiência psicopatológica prometia reservar também à hipocondria o reconhecimento de sua natureza e sua especificidade no contexto dos quadros nosográficos. Entretanto, contrariando essa promessa, o movimento psiquiátrico acabou, na verdade, por conduzir ao ocaso da compreensão do significado e das manifestações da hipocondria.[92]

A psiquiatria, a psicopatologia e a hipocondria

No século XIX, duas grandes correntes, a francesa e a alemã, inauguraram a psiquiatria moderna. A francesa foi marcada por Philippe Pinel (1745-1826), criador do *tratamento moral* da loucura, e por seu

---

92 Cf. o Capítulo 4, *Horizontes médicos.*

discípulo Jean-Etienne Esquirol (1772-1840), o primeiro professor dessa especialidade, desde 1817, e autor de *Des maladies mentales.*[93] Na alemã, foi importante a influência de Wilhelm Griesinger (1817-1868), considerado o pai da psiquiatria biológica, autor de *Patologia e terapêutica das enfermidades psíquicas*[94] e professor de psiquiatria e de neurologia em Berlim.[95]

Herdeira do Iluminismo dos séculos XVII e XVIII, caracterizado pela razão cartesiana, pela luta pela liberdade e contra as superstições,[96] a escola francesa considerava a doença mental um transtorno da razão que deveria ser estudado de modo científico. Por sua vez, a psiquiatria alemã foi marcada pelo romantismo, que valorizava o aspecto irracional do ser humano, a importância do contato com a natureza e os valores individuais. Como aponta H. Beauchesne, na perspectiva alemã, "mais do que a razão, a empatia (*Einfühlung*) seria [o elemento] que permitiria descobrir os fundamentos do indivíduo, sua visão de mundo (*Weltanschauug*)".[97]

Entre essas duas correntes, uma terceira vertente permeava a construção das representações da doença mental no século XIX. Como aponta S. J. Cazeto, surgida no final do século XVIII, a teoria do magnetismo animal foi bastante difundida nesse século,

---

93 J. E. Esquirol (1838). Des maladies mentales considérées sous le rapport médical, hygiénique et médico-légal.

J. E. Esquirol (1805). *Des passions considérées comme causes, symptômes et moyens curatifs de l'aliénation mentale.*

94 W. Griesinger (1845). *Pathologie und Therapie der psychischen Krankheiten.*

95 I. Paim (1993). *História da Psicopatologia.*

H. Beauchesne (1989). *História da psicopatologia.*

96 Sidnei Cazeto realiza uma excelente análise histórica e epistemológica das condições culturais, ideológicas e científicas que determinaram o surgimento e o desenvolvimento da psiquiatria na França do século XIX.

S. J. Cazeto (2001). *A constituição do inconsciente em práticas clínicas na França do século XIX.*

97 H. Beauchesne (1989). *História da psicopatologia,* p. 28.

estabelecendo "uma relação de tensão" com a psiquiatria.[98] Sob influência da escola humoral de Boerhaave e de Paracelso e baseado nas então recentes descobertas sobre a eletricidade, Franz Mesmer (1734-1815) defendia a existência de um fluido animal, que seria a essência da vida e circulava no Universo entre os seres vivos, segundo os mesmos princípios magnéticos de um ímã. As doenças eram consideradas consequência da perturbação do equilíbrio desses fluidos. O objetivo do tratamento seria reequilibrar esses fluidos colocando os pacientes em contato com o magnetismo captado por uma tina contendo limalha de ferro.

Apesar das controvérsias em torno de sua teoria, as experiências de Mesmer evidenciaram o fenômeno da sugestão e a possibilidade de indução de crises histeriformes, abrindo o caminho para o surgimento do hipnotismo e para uma outra leitura da histeria e da doença mental em geral. O magnetismo animal também provocou o interesse pelo espiritismo, pelo sonambulismo e pelas personalidades múltiplas tanto nos meios médicos como fora deles. Mais especificamente, na opinião de G. Swain, o magnetismo teve "a audácia, mas não a competência" de investigar o ponto cego da medicina clínica, as expressões do psiquismo e, principalmente, do inconsciente. A partir desses elementos desenvolveu-se a especificidade do "tratamento moral" ou da "cura psíquica".[99]

Assim, como aponta Cazeto, "a psiquiatria teria ocupado um espaço que os recalques da medicina teriam ajudado a constituir,

---

98 S. J. Cazeto (2001). *A constituição do inconsciente em práticas clínicas na França do século XIX*, p. 165.

99 S. J. Cazeto (2001). *A constituição do inconsciente em práticas clínicas na França do século XIX*, p. 166.

H. Beauchesne (1989). *História da psicopatologia*, p. 22.

G. Swain (1977). *Le sujet de la folie: naissance de la psychiatrie*, citado por S. J. Cazeto (2001). *A constituição do inconsciente em práticas clínicas na França do século XIX*, p. 165.

mas conquistando-o às expensas do magnetismo, outro candidato a abrigar os excluídos da objetividade".[100]

É importante considerar que Johann Christian Reil (1759-1813), criador do termo *psiquiatria*, tinha um grande interesse pela anatomia cerebral.[101] Porém, ele reconhecia a importância dos tratamentos psicológicos para a doença mental (utilização do teatro e da música) e a existência de uma interação entre o psíquico e o somático. Na mesma época, Johann Christian Heinroth (1773-1843), utilizando uma terminologia religiosa, já defendia a existência nas doenças mentais de um conflito interno entre "os pecados e a consciência moral". Postulando a existência de diferentes níveis de consciência, Heinroth sustentava que corpo e psique seriam dois aspectos da autoconsciência (*Selbstbewusstsein*) do ser.[102] A partir dessas concepções, em 1818, ele criou o termo *psicossomática*.[103]

---

100 S. J. Cazeto (2001). *A constituição do inconsciente em práticas clínicas na França do século XIX*, p. 166.

101 Em 1808, com J.C. Hoffbauer, Reil sugeriu o termo *Psychiaterie* para definir uma "medicina do psíquico" que não deveria ser apenas um ramo da medicina (*psychische Medizin*), da teologia ou prática penal, mas sim uma disciplina em si, com pessoas especificamente treinadas para exercê-la.
A. Marneros (2008). Psychiatry's 200th birthday.

102 Segundo Heinroth, os processos psicológicos ocorreriam em três níveis: um nível inferior, o das forças instintivas, do magnetismo, um nível de consciência (*Bewusstsein*) e do Eu (*Ich*), em que predominam a inteligência e a autoconsciencia; e o nível superior, da consciência moral (*Gewissen*). A consciência desenvolvida a partir do Eu permitiria superar o nível egocêntrico, e essa forma superior, elemento divino, poderia ser chamada de *Über uns* (supernós). Como apontou Giraud, essa representação do conflito psíquico prefigurava as noções de conflito interno de Freud e suas concepções sobre as instâncias do aparelho mental (id, ego e superego).
H. Beauchesne (1989). *História da psicopatologia*, p. 29.

103 Contextualizo historicamente as ideias de Heinroth sobre as relações entre o psíquico e o somático e a criação do termo "psicossomática" em R. M. Volich (2000/2022). *Psicossomática, de Hipócrates à psicanálise.*

Na segunda metade do século XIX, a psiquiatria foi institucionalizada como ramo da medicina. Predominava, então, a escola francesa; e a visão psicodinâmica da escola alemã ocupava um lugar secundário. Em 1878, Hermann Emminghaus (1845-1904), pioneiro da psicologia da criança e da adolescência, criou o termo *psicopatologia*, na época, equivalente ao de psiquiatria clínica.[104] Num primeiro momento, a psiquiatria desenvolveu-se primordialmente a partir de estudos clínicos, ao passo que, desde o início daquele século, a medicina vinha privilegiando os estudos fisiológicos e anatômicos.

Alguns médicos, porém, continuaram se interessando em identificar a etiologia anatomofisiológica das doenças mentais, considerando principalmente possíveis causas inflamatórias. Retomando algumas das concepções clássicas das doenças dos nervos, François Broussais (1772-1838) afirmava que a loucura era o resultado de "inflamações e irritações do cérebro", e ainda que a hipocondria era fruto de uma dupla irritação, uma gastrite crônica e uma predisposição cerebral, que enfraqueceria a razão desses pacientes.[105] Por sua vez, em 1802, Pierre Cabanis (1757-1808), opondo-se a Pinel, defendia a necessidade de relacionar o estudo dos fatos psicológicos à fisiologia e não às sensações. Segundo ele, a loucura seria fruto de reações violentas do corpo oriundas das vísceras do baixo-ventre, de lesões das membranas cerebrais ou das partes adjacentes. A frenologia, desenvolvida por Franz Joseph Gall (1758-1828), representou a posição extrema das visões materialistas. Segundo ele, as faculdades mentais estariam localizadas em áreas específicas da superfície cerebral, cuja ação, excessiva ou deficiente, determinaria o caráter da pessoa. O exame do formato exterior do crânio poderia revelar características de personalidade e permitir o diagnóstico de distúrbios patológicos. A

---

104 P. Pichot, citado por H. Beauchesne (1989). *História da psicopatologia*.

105 H. Beauchesne (1989). *História da Psicopatologia*, pp. 31-32.
 F. Broussais (1828). *De l'irritation et de la folie*, citado por C. Guedeney & C. Weisbrodt (1995). *Histoire de l'hypocondrie*, p. 45.

frenologia foi bastante aceita até o início do século XX, impulsionada principalmente pelas descobertas neurofisiológicas das localizações corticais que pareciam confirmá-las.[106]

Georget (1795-1828) tentou superar o debate sobre a existência ou não de bases anatomopatológicas para a alienação mental distinguindo entre distúrbios mentais *sintomáticos*, que apresentavam uma causa orgânica conhecida, e os *idiopáticos*, cuja causa orgânica permanecia desconhecida, mas que, apesar disso, manifestavam perturbações funcionais.[107] A loucura propriamente dita seria uma manifestação dos distúrbios idiopáticos, sendo que dessa distinção originar-se-ia, posteriormente, a separação entre a neuropsiquiatria e a psiquiatria.[108]

Paralelamente a essas tendências, observou-se a separação entre a psicologia e a filosofia, intimamente ligadas até o século XIX. Em 1889, descrevendo o panorama europeu no qual ocorreu essa mudança, Alfred Binet (1857-1911) apontava que, enquanto os psicólogos alemães dedicavam-se às pesquisas psicofísicas e os ingleses à psicologia comparada, os franceses interessavam-se quase que exclusivamente pela psicologia patológica, contribuindo à consolidação do campo da psicopatologia. No início do século XX, na

---

106 H. Beauchesne (1989). *História da psicopatologia*, p. 20.

107 O termo *idiopático* foi gradativamente assimilado e é até hoje bastante utilizado na medicina para caracterizar sintomas ou doenças cujas causas são consideradas desconhecidas após a realização de uma investigação diagnóstica orgânica, anatômica e fisiológica. Manifestações como essas muitas vezes também são descritas como "psicossomáticas", "somatizações", "funcionais" e "sem explicação médica". A consideração da continuidade de expressões do sofrimento somáticas, comportamentais e psíquicas permite superar muitas das dificuldades clínicas decorrentes dessas condições. A compreensão das particularidades das dinâmicas hipocondríacas também contribui para essa superação.
Cf. *Hipocondria, entre o silêncio e a cacofonia do corpo*, no Capítulo 6.

108 Cf. R. M. Volich (2000/2022). *Psicossomática, de Hipócrates à psicanálise*.
M. Collée & C. Quétel (1994). *Histoire des maladies mentales*, p. 78.

França, Théodule Ribot (1839-1916) criou, a partir da psicologia científica, o método psicopatológico, propondo compreender a psicologia normal a partir dos fatos patológicos.[109] Na Alemanha, Emil Kraepelin (1856-1926), discípulo de Wundt, criou uma classificação das doenças mentais a partir de critérios clínicos objetivos que consideravam os dados evolutivos dos diferentes quadros. Em seu *Tratado de psiquiatria* (1899), ele consagra a distinção entre dois grandes grupos das psicoses, as *psicoses maníaco-depressivas* (caracterizadas pelos distúrbios afetivos) e a *demência precoce* (caracterizada pela deterioração psíquica e intelectual progressiva, e reunindo três formas: hebefrênica, catatônica e paranoide).[110]

Por esses caminhos delinearam-se as linhas evolutivas da psiquiatria e da psicopatologia. Possuindo um campo de estudos comum, a psicopatologia privilegiou a compreensão e o conhecimento dos fenômenos psicopatológicos, ao passo que a psiquiatria orientava-se para a terapêutica, a profilaxia e a readaptação dos pacientes, utilizando meios psicológicos, médicos, biológicos e sociais.

Doença imaginária, doença da imaginação

Nesse contexto, a hipocondria cada vez mais foi alinhada às manifestações das doenças mentais. Como vimos, antes mesmo do século XIX, alguns autores já haviam ressaltado a natureza eminentemente mental da etiologia e das dinâmicas da histeria e da hipocondria. Em 1755 e 1763, respectivamente, Alberti e Carl von Linné assinalaram o caráter imaginário dos sintomas hipocondríacos, enquanto, em 1761, Liteaud afirmara que neste quadro "o espírito é tão ou mais afetado do que o corpo". Por sua vez, em 1763, Boissier de

---

109 H. Beauchesne (1989). *História da psicopatologia*, p. 2.
110 E. Kraepelin (1899). *Introduction à la psychiatrie clinique*.

86 IMAGENS DE UMA HISTÓRIA

Sauvages apontara para a dimensão alucinatória e ilusória dos sintomas hipocondríacos, distinguindo a hipocondria simples da hipocondria delirante.[111]

Ao considerar a hipocondria uma "neurose"[112] das funções cerebrais, Philipe Pinel também ressaltou a dificuldade de seu diagnóstico diferencial: uma "extrema dificuldade de se ter uma ideia justa e precisa da hipocondria e de não confundi-la com a histeria ou com a melancolia, em função da confusão que reina na maior parte dos escritos de medicina".[113] Naquele tempo, algumas "neuroses" fariam parte das vesânias: a hipocondria, a melancolia, a mania, a demência, o idiotismo, o sonambulismo e a hidrofobia. Porém, ele preferia o termo *alienação mental* ao de vesânia, pois ele descrevia melhor a amplitude das lesões do entendimento, característica de tais pacientes. Apesar de destacar as expressões da alienação, Pinel insistia que existe no doente mental uma parte dotada de razão à qual o médico pode endereçar-se. Contrariamente à ideia de uma loucura "a-humana", que predominou por mais de dois mil anos, ele afirmava que não existe loucura sem sujeito, considerando que o objetivo da psiquiatria era a tentativa de mudar a relação do sujeito com sua loucura. Segundo Pinel, existiria uma hierarquia da alienação mental, apontando, por exemplo, que frequentemente "a mania é o grau mais elevado da hipocondria e da melancolia".[114]

Jean Etienne Esquirol prosseguiu os estudos de Pinel, bem como sua luta pela humanização do tratamento aos alienados. Desde sua

---

111 Alberti, *De morbis imaginariis Hypochondriacorum*.
J. Lietaud (1759). *Traité de médecine pratique*.
F. B. de Sauvages (1763). *Nosologia methodica sistens morburum classes*.
Citados por M. Foucault (1972). *História da loucura*, p. 279.

112 Na época, a neurose era compreendida como uma afecção do sistema nervoso sem inflamação, nem lesão de estrutura ou febre.

113 P. Pinel (1798). *Nosographie philosophique*, citado por C. Guedeney & C. Weisbrodt (1995). *Histoire de l'hypocondrie*, p. 44.

114 Citado por M. Collée & C. Quétel (1994). *Histoire des maladies mentales*, p. 72.

tese de 1805, *Des passions considérées comme causes, symptômes et moyens curatifs de l'aliénation mentale*, ele afirmava que a loucura tinha causas tanto físicas quanto morais, ao mesmo tempo que também considerava o papel da hereditariedade e a possível localização primitiva da loucura nas vísceras. Ele estabeleceu a diferença entre as *alucinações*, expressões sensoriais (visão, tato, audição) inexistentes e completamente produzidas pelo espírito, e as *ilusões*, falsas impressões baseadas em impressões defeituosas de estímulos sensoriais. Esquirol denominou o delírio geral de *mania* e descreveu as manias parciais (hipomania, cleptomania, piromania etc.). Além disso, desenvolveu a noção de *monomania*, com três diferentes formas de expressões: as monomanias instintivas (futuras perversões e psicopatias), as afetivas e as intelectuais, nas quais o delírio encontra-se em primeiro plano. Segundo essas referências, ele classificou a hipocondria no grupo das *lipemanias*, "delírios tristes", neologismo que buscava substituir o termo *melancolia*.[115] Assim, a hipocondria foi uma vez mais associada aos quadros melancólicos e depressivos.

As neuroses, celebrizadas por William Cullen em 1810, reuniram um grande número de manifestações anteriormente consideradas como doenças dos nervos. Ao classificá-las, Cullen não incluiu a hipocondria no grupo das vesânias, aquelas que se caracterizariam sobretudo pela perturbação das funções mentais, atendo-se à desvitalização e à debilidade de movimentos que pareciam singularizá-la.

Inspirado pelas teorias da evolução e da hereditariedade de Darwin e de Lamarck, Bénedict Augustin Morel (1809-1873) considerava que uma degenerescência de origem tóxica, climática, moral ou social poderia ser transmitida hereditariamente e que ela poderia agravar-se a ponto de ocorrer a extinção de toda uma família. Segundo ele, os filhos de hipocondríacos manifestariam essa doença como seus pais, podendo apresentar, ao longo da vida,

---

115 C. Guedeney & C. Weisbrodt (1995). *Histoire de l'hypocondrie*, p. 46.

IMAGENS DE UMA HISTÓRIA

uma "disposição congênita à fraqueza intelectual, à melancolia e ao delírio de perseguição". Morel foi um dos primeiros a considerar a existência de relações dinâmicas entre a hipocondria e ideias de perseguição, que seriam uma "transformação da hipocondria".[116]

Coube a Dubois d'Amiens (Fréderic Duboir), em 1833, uma descrição do quadro hipocondríaco, tornada clássica. Baseado na hipótese de Sydenham, de que a histeria seria a neurose da mulher e a hipocondria a neurose do homem, ele defendeu a especificidade das manifestações da hipocondria, definindo-a como:

> ...monomania bem distinta, caracterizada por uma preocupação dominante, especial e exclusiva, ou por um receio excessivo e contínuo de doenças bizarras e imaginárias, ou pela íntima persuasão que as doenças, na verdade reais, mas sempre mal definidas, só podem terminar de maneira funesta.[117]

Ele ressaltou especificamente a importância da dimensão imaginária desse quadro, o medo e a angústia referidos à crença na realidade da presença da doença:

> Uma forma doentia de pensar, independente de qualquer lesão cerebral... Toda vez que uma doença toma um curso insólito, toda vez que ela não cede a um tratamento

---

116 B. A. Morel (1852). *Etudes cliniques: traité théorique et pratique des maladies mentales.*
B. A. Morel (1857). *Traité des dégénérescences.*
Citados por M. Collée & C. Quétel (1994). *Histoire des maladies mentales,* p. 97.
C. Guedeney & C. Weisbrodt (1995). *Histoire de l'hypocondrie,* p. 46.
117 E. F. Dubois (d'Amiens). *Histoire philosophique de hypocondrie et de l'hystérie,* citado por J. Oury (1998). *Hypocondrie,* p. 207.

em princípio racional, é preciso suspeitar que existe algo de hipocondríaco, no caso de um homem, ou de histérico, no caso de uma mulher... Perseguido pelo medo, o intelecto se assusta diante de todos os acontecimentos, o espírito se deprava, assim, por suas próprias emoções... Enganado pelas sensações que ele mesmo suscitou em seus órgãos, ele quase sempre acredita sofrer de uma doença singular e bizarra.[118]

Em 1860, o *Dictionnaire Littré* consagrava algumas das características da hipocondria, definindo-a como:

Doença nervosa que, perturbando a inteligência dos doentes, faz com que acreditem que são acometidos das mais diversas doenças, de forma que eles são considerados doentes imaginários, ao mesmo tempo que sofrem muito e que se encontram mergulhados em profunda tristeza.[119]

No final do século XIX, questionava-se a homogeneidade nosográfica da hipocondria. Alguns autores defendiam a existência de duas manifestações diferentes da doença, maior e menor.

A *hipocondria maior* seria caracterizada por delírios sistemáticos, como de perseguição ou megalomania. No contexto de manifestações dessa natureza, em 1882, Jules Cotard descreveu a síndrome que recebeu seu nome, também conhecida como *End of World Psychosis*, caracterizada como uma forma de melancolia delirante composta de ideias de negação, em particular, de um delírio de negação de órgãos. Entre os sinais dessa síndrome Postel descreve uma terrível

---

118 C. Guedeney & C. Weisbrodt (1995). *Histoire de l'hypocondrie*, p. 46.
119 Citado por C. Guedeney & C. Weisbrodt (1995). *Histoire de l'hypocondrie*, p. 29.

90   IMAGENS DE UMA HISTÓRIA

ansiedade interior, gemidos, estupor, hipocondria, autoacusação, suicídio e automutilação, alucinações visuais, negação de órgãos, sensação de estar morto ou de não poder morrer, sensações de aniquilação (o mundo, a família, os parentes não existem mais), terrores e dor moral insuportável.[120]

Por outro lado, na *hipocondria menor* as fantasias dos pacientes referentes a seus males e a suas sensações corporais não tem caráter delirante. Em 1880, Georges Beard incorporou manifestações como essas ao quadro da *neurastenia*, que ele descreveu como uma doença do sistema nervoso, cujos principais sintomas seriam uma debilitação geral, fadiga, cefaleias, raquialgias, distúrbios neurovegetativos, digestivos e sexuais. Inicialmente utilizada nos Estados Unidos como entidade clínica, a neurastenia ganhou notoriedade na Europa substituindo a hipocondria no imaginário social.[121] Foi através da perspectiva da neurastenia que a hipocondria foi introduzida na obra freudiana.[122]

Do inconsciente ao corpo imaginário

Ao estudar na Universidade de Viena, entre 1873 e 1881, Freud naturalmente foi marcado pela tradição da medicina alemã. Os professores que ele mais admirava, Theodor Meynert (anatomia comparada), Hermann Nothnagel (medicina interna) e seu ídolo e mentor, Ernst Brücke (fisiologia e neurologia) formaram-se todos na Alemanha, principalmente em Berlim. Porém, da mesma forma como questionou sua atividade como neurologista (que tudo fazia

---

120 C. Guedeney & C. Weisbrodt (1995). *Histoire de l'hypocondrie*, p. 46.
   J. Cotard (1880). Do delírio hipocondríaco em uma forma grave da melancolia ansiosa.
   J. Cotard (1882). Do delírio de negações.
121 C. Guedeney & C. Weisbrodt (1995). *Histoire de l'hypocondrie*, p. 47.
122 Cf. o Capítulo 2, *Visões freudianas.*

crer promissora), Freud também se interrogou sobre o significado de seguir inserido nessa tradição, reconhecendo seu interesse em seguir outros caminhos.

Assim, em 1885, candidatou-se a uma bolsa para um período de pesquisas no exterior, ponderando que "nada de essencialmente novo poderia esperar aprender numa universidade alemã".[123] Sentindo-se atraído pela escola francesa, concretizou sua intenção de prosseguir "seus estudos de neuropatologia", mas também sobre o hipnotismo e sobre o tratamento da histeria, com Jean Martin Charcot (1825-1893), no Hospital da Salpêtrière em Paris. Em 1889, trabalhou com Hippolyte Bernheim e Ambroise-Auguste Liébeault em Nancy, na França, para aprofundar sua experiência com o uso terapêutico da hipnose.[124]

A obra de Freud é, portanto, fruto da confluência das perspectivas alemãs e francesas da medicina, especialmente da neurologia e da psiquiatria, jovens disciplinas cujos campos clínicos e de pesquisa ainda se encontravam, na época, em vias de configuração. A curiosidade diante de fenômenos considerados como marginais por seus contemporâneos, os questionamentos, as opções teóricas e relações profissionais de Freud foram algumas das fontes de suas dificuldades

---

123 S. Freud (1886). Relatório sobre meus estudos em Paris e Berlim, *E.S.B.*, I, p. 37.

124 Em outros trabalhos, aponto como a sensibilidade de Freud a seus objetos de estudo, a suas relações pessoais e profissionais com seus mestres e colegas em Viena, assim como sua relação com Wilhelm Fliess, foram fatores determinantes de sua passagem da pesquisa neurofisiológica e da clínica médica clássica ao desenvolvimento da psicanálise.

Charcot, Bernheim, Liébeault e a hipnose responderam às insatisfações de Freud com as leituras que a neurologia oferecia para a compreensão de seus pacientes, principalmente aqueles acometidos de histeria. Graças a eles, ele também conseguiu libertar-se da enorme influência de Brücke, que admirava seus dons de anatomista do sistema nervoso.

Cf. R. M. Volich (2000). *Paixões de transferência*.

R. M. Volich (2022). *Corações inquietos. Freud, Fliess e as neuroses atuais*.

para ser reconhecido e inserir-se no meio médico vienense. No relatório apresentado após sua permanência em Paris, ele comenta que, "em decorrência da escassez de qualquer contato pessoal estimulante entre médicos franceses e alemães, as descobertas da escola francesa – algumas (sobre hipnotismo) deveras surpreendentes e outras (sobre histeria) de importância prática – foram recebidas [na Áustria e na Alemanha] mais com dúvidas do que com reconhecimento e crédito".[125] Apesar dessa resistência de seus colegas, foi justamente ao contato com tais experiências que Freud pôde descobrir as funções das manifestações do inconsciente, fundando a psicanálise e construindo uma nova perspectiva para a compreensão não apenas da doença, mas da própria natureza humana.

Como afirma Cazeto, contrariamente ao que muitas vezes se propala, "no século XIX, a ideia de inconsciente não fazia escândalo". O impacto da tese psicanalítica sobre o inconsciente deveria ser "avaliado em relação à própria tradição de ideias anteriores sobre o inconsciente, e não em relação à sua ausência, como é mais comum se supor".[126] As concepções do inconsciente anteriores às da obra freudiana também refletiam as diferenças filosóficas, ideológicas e culturais entre as escolas alemã e francesa de psiquiatria. A vertente alemã, inspirada pelo romantismo, tendia a "equiparar o inconsciente com o Absoluto", aproximando-se assim do que seriam as origens divinas desta instância, enquanto a vertente predominante na França era marcada por um "lastro mais propriamente corporal" do inconsciente.[127]

---

125 S. Freud (1886). Relatório sobre meus estudos em Paris e Berlim, *E.S.B.*, I, p. 37.

126 S. J. Cazeto (2001). *A constituição do inconsciente em práticas clínicas na França do século XIX*, pp. 27 e 31.

127 "Para o romantismo alemão, o inconsciente é o 'santuário de nosso diálogo sagrado com a realidade suprema' (Béguin, [1939] 1991, p. 49), ao passo que os circuitos médicos franceses tendiam a compreendê-lo como 'o rumor obscuro das funções viscerais' (Starobinski, 1981, p. 272)".

Graças à perspectiva francesa, Freud pôde compreender que os aspectos irracionais da alma humana, ressaltados pelos alemães, também estão vinculados ao corpo. Segundo ele, o inconsciente não seria apenas um conceito construído a partir da reflexão filosófica, mas uma dimensão essencial da experiência humana, cujas manifestações podem também ser observadas em estados patológicos assim como na vida cotidiana, nos sonhos, nos lapsos de linguagem e nas ações mais triviais. Essas manifestações são fruto de diferentes dinâmicas psíquicas, ancoradas e em interação permanente com o organismo. A partir dessa compreensão, Freud esboçou um modelo de aparelho psíquico e uma nosografia psicopatológica especificamente referidas às dinâmicas inconscientes.

Desafiado pela histeria, que durante séculos não se curvara às tentativas clássicas de deciframento pela medicina, por meio do contato com Breuer, Charcot, Bernheim e com o hipnotismo, Freud pôde renunciar às promessas da neurologia para dedicar-se à investigação das profundezas da alma humana. Dessa forma, os humores, os fluidos, os órgãos, as paixões, as simpatias e os temperamentos adquiriram um outro significado. Os sintomas da histeria revelavam distúrbios funcionais de partes do corpo sem lesões orgânicas concomitantes. Na verdade, as "lesões" que tantos buscaram deveriam ser compreendidas como "completamente independentes da anatomia do sistema nervoso", pois a histeria e outras manifestações evidenciavam que tudo se passava *"como se a anatomia não existisse"*.[128] A "lesão" revelada pela histeria refere-se, portanto, não à anatomia do organismo, mas a uma anatomia imaginária, a

---

Citados por S. J. Cazeto (2001). *A constituição do inconsciente em práticas clínicas na França do século XIX*, p. 31.

128 S. Freud (1893a). Algumas considerações para um estudo comparativo das paralisias motoras orgânicas e histéricas, *E.S.B.*, I, p. 212, sublinhado por Freud. Cf. A histeria, o sonho e a dimensão erógena do corpo, no capítulo 2.

94 IMAGENS DE UMA HISTÓRIA

representações subjetivas desse corpo, modeladas pela sexualidade, pela linguagem e pela cultura.[129]

A partir da histeria, revelaram-se os mecanismos psíquicos por meio dos quais, articulado à anatomia, estrutura-se ao longo da história do sujeito uma outra experiência do corpo, marcada pelo prazer e pelo desprazer e pela alteridade que constitui a dimensão erógena da experiência desse corpo.[130] Ampliou-se assim a possibilidade de compreender a natureza do sofrimento desses pacientes e de desenvolver outros recursos terapêuticos para lidar com eles.

A histeria deixava de ser considerada apenas como fruto do capricho, como uma mera simulação. De modo semelhante, a hipocondria pôde deixar de ser compreendida como uma simples doença imaginária, fruto de uma fantasia excessiva e de uma percepção errônea do sujeito sobre o funcionamento de seu corpo. Ao invés de um erro de julgamento, de uma falta moral, a perspectiva freudiana passou a convidar à compreensão da hipocondria como um verdadeiro paradigma subjetivo dos novos tempos que prometiam ao homem a superação de todos os seus males e a revelação dos mais ínfimos segredos de seu organismo. Ao serem considerados seus mecanismos inconscientes, mais do que um quadro da psicopatologia, a hipocondria revela-se ao observador como uma verdadeira experiência estruturante e constituinte do ser humano, de sua existência e de sua relação com seus semelhantes.

---

129 Em outra publicação, descrevo como, a partir das relações com um outro humano, as vivências do corpo real, anatômico, fisiológico são transformadas e paulatinamente organizam as vivências de um corpo erógeno e de um corpo imaginário fundamentais para a integração psicossomática.
Cf. O corpo, entre o biológico e o erógeno. In R. M. Volich (2000/2022). *Psicossomática, de Hipócrates à psicanálise.*

130 S. Freud & J. Breuer (1895). Estudos sobre a histeria, *E.S.B.*, II.
S. Freud (1905b). Três ensaios sobre a teoria da sexualidade, *E.S.B.*, VII.

2. Visões freudianas

> *... as neuroses daqueles tempos precoces entram*
> *em cena sob uma roupagem demoníaca, enquanto*
> *que aquelas do tempo presente, pouco psicológico,*
> *aparecem sob uma roupagem hipocondríaca,*
> *disfarçadas em doenças orgânicas.*[1]

No final de 1922, enquanto dava seus últimos retoques em *O ego e o id*,[2] na Biblioteca Nacional Austríaca, Freud dedicou-se ao estudo do manuscrito de número 14086, conhecido como "O troféu de

---

1 S. Freud (1923a). Uma neurose demoníaca do século XVII, *E.S.B.*, XIX.

2 Conhecemos o caráter problemático da nomenclatura *id, ego* e *superego* para descrever essas instâncias do aparelho psíquico, uma vez que elas derivam da tradução inglesa dos textos de Freud a partir dos originais em alemão. Entretanto, optei por mantê-la ao longo de todo o livro em nome da uniformidade, uma vez que as citações desses textos aqui utilizados são feitas a partir da edição da Imago, que utiliza esses termos, em vez de *eu, supereu* e *isso*, mais fiéis ao texto alemão, que seria minha preferência.
Como sugere Paulo César Lima de Souza, autor da nova tradução de Freud editada pela Companhia das Letras, "...importa, nas traduções dos termos técnicos ...não esquecer que as diferentes denominações se aplicam à mesma coisa".
P. C. L. de Souza. Nota do tradutor. In S. Freud (1923). O eu e o id. In *Obras Completas*, v. 16.

Mariazell". Nele é descrita a cura miraculosa do pintor Christoph Haitzmann, que, em 1677, teria estabelecido um pacto com o demônio e sido possuído por ele. Analisando esse relato, Freud ressaltou que, olhando com outros olhos, poderíamos reconhecer nas narrativas de possessão demoníaca do passado aquilo que a psicanálise revelava ser a essência do funcionamento neurótico.[3]

Freud sugeria que, por meio de suas crenças e costumes, cada época determina os meios mais adequados para a manifestação da neurose. Ele ressaltava que, no mundo antigo, a força da crença no sobrenatural e o livre curso à fantasia faziam que manifestações neuróticas fossem compreendidas como o resultado da possessão por espíritos e demônios. Enquanto isso, o espírito científico marcava o início do século XX como "pouco psicológico", trazendo como consequência o disfarce hipocondríaco para a manifestação do sofrimento neurótico.

Apesar da importância dessa constatação, nesse artigo de 1923, Freud não se estende sobre as implicações dessa questão. Ele sugere que as antigas descrições das possessões demoníacas seriam relatos de ataques histéricos e, no caso de Christoph Haitzmann, a figura do Demônio seria um duplo e um substituto do pai. Mais à frente no texto, Freud pondera que:

> *Um caso clínico de demonologia desse tipo produziria, sob a forma de metal puro, um material que nas neuroses de uma época posterior (não mais supersticiosas, mas antes hipocondríacas) tem de ser laboriosamente extraído, pelo trabalho analítico, do minério das associações livres e dos sintomas.*[4]

---

3 S. Freud (1923a). Uma neurose demoníaca do século XVII, *E.S.B.*, XIX.

4 S. Freud (1923a). Uma neurose demoníaca do século XVII, *E.S.B.*, XIX, p. 102, sublinhado por mim.

Dessa maneira, Freud apontava que, ao longo do tempo, o "metal puro" da histeria, fonte primordial da psicanálise, tenderia gradativamente a rarear e, ao mesmo tempo, misturar-se a outros "metais", produzindo novas ligas, desconcertantes, para a manifestação da subjetividade. Diferentemente da exuberância das manifestações histéricas, com sua profusão de sintomas, seus corpos retorcidos, suas histórias fantásticas e cativantes, gradualmente foram se configurando outras manifestações clínicas, insidiosas, silenciosas e secretas, que exigiriam não apenas dos psicanalistas, mas também de todos os clínicos, um esforço e uma energia cada vez maiores para extrair, analisar e separar os elementos que se mesclaram para manifestar o sofrimento do paciente, e, assim, compreendê-lo e tratá-lo.

É intrigante constatar que Freud, geralmente tão atento à importância dos pequenos detalhes do discurso, ao aspecto significativo das psicopatologias da vida cotidiana e às manifestações culturais do inconsciente, não tenha se debruçado de maneira mais sistemática sobre as manifestações hipocondríacas, já em 1923 reconhecidas por ele como uma "via privilegiada de manifestação do sofrimento humano". Uma constatação profética, cujo alcance nem o próprio Freud pôde imaginar.

A hipocondria, porém, nunca foi estranha à obra freudiana. Desde seus primeiros escritos nos anos 1890, as referências a ela são constantes, porém fugazes. Ele a caracteriza quase sempre como uma manifestação sintomática inespecífica, sem vinculação patognômica a um quadro psicopatológico particular. Nos artigos desse período, Freud aponta a presença de sintomas hipocondríacos em quadros por ele caracterizados como histéricos, neuróticos obsessivos, fóbicos, na neurastenia e na neurose de angústia, e também nas então chamadas parafrenias, caracterizadas por episódios alucinatórios ou delirantes.[5]

---

5 Manifestação mencionada por Freud desde seus primeiros escritos e consagrada por E. Kraepelin nos anos 1910, a parafrenia é muitas vezes confundida

98   VISÕES FREUDIANAS

Anos depois, em 1911, a partir da análise do relato de Schreber[6] e, em 1914, com o desenvolvimento do conceito de narcisismo[7], Freud buscou compreender a especificidade do fenômeno hipocondríaco a partir das dinâmicas narcísicas. A hipocondria passou, então, a ser considerada como uma das neuroses narcísicas, especialmente associada à paranoia. Mesmo depois dessa nova leitura, Freud continuou situando a hipocondria como uma das três grandes manifestações da neurose atual, ao lado da neurastenia e da neurose de angústia.[8]

Assim, a perspectiva freudiana evidenciou que a hipocondria não se constitui como uma entidade nosográfica autônoma, podendo manifestar-se livremente em todos os quadros psicopatológicos, fazendo parte também de muitas de nossas experiências cotidianas. À fina capacidade de observação de Freud não escapou a dimensão hipocondríaca da atividade onírica, inspirando-o a pensar também sua função na estruturação do psiquismo. Essa compreensão não apenas revelou a capacidade mimética e migratória da hipocondria, já apontada por diversos autores ao longo da história, mas também contribuiu para compreendê-la como uma manifestação vinculada às dinâmicas inconscientes estruturantes de diferentes modos de subjetivação.

---

com a esquizofrenia ou vivências dissociativas mais graves. Entretanto, ela se refere especificamente a delírios crônicos, alucinações e fantasias sem a ruptura completa com a realidade, característica das psicoses. Diferentemente destas, as parafrenias são circunscritas a algumas experiências do sujeito sem comprometer mais profunda ou totalmente sua vida cotidiana, social e relacional.

6 S. Freud (1911b). Notas psicanalíticas sobre um relato autobiográfico de um caso de paranoia, *E.S.B.*, XII.

7 S. Freud (1914). Sobre o narcisismo: uma introdução, *E.S.B.*, XIV.

8 S. Freud (1916-1917b). Conferência XXII: algumas ideias sobre desenvolvimento e regressão. Conferências introdutórias sobre a psicanálise II, *E.S.B.*, XVI, p. 454.

A hipocondria e a primeira nosografia psicanalítica

Da neurologia à psicanálise

Ao final de seus estudos de medicina, Freud já se dedicava à pesquisa em anatomia e fisiologia do sistema nervoso. Incentivado por muitos de seus professores, ele prosseguiu essa atividade após a conclusão de seu curso, trabalhando entre 1876 e 1882 sob a orientação de Ernst von Brücke (1819-1892). Entusiasmado com as qualidades de seu aluno, Brücke incitou Freud a realizar um enorme trabalho de sistematização de suas observações que resultaram em cerca de vinte artigos sobre suas pesquisas.

Apesar das expectativas e previsões promissoras de seus mestres, Freud gradativamente decepcionou-se com a atividade de pesquisa, manifestando seu desapontamento com a anatomia do cérebro, "que não trouxe nenhum avanço com relação à fisiologia". Ele admitia também que sua decisão de se orientar para a clínica e, especialmente, para o estudo das doenças nervosas fora também determinada por "fatores materiais", em função de seus projetos de formar com Martha Bernays uma família e poder sustentá-la.[9]

Naquela época, a clínica neurológica e a psiquiatria formavam ainda um campo com fronteiras bastante fluidas, ambas dedicando-se ao tratamento das chamadas doenças dos nervos. Segundo Peter Gay, a psiquiatria era um ramo da medicina ainda pouco praticado em Viena, e nem mesmo Nothnagel, ex-professor de Freud e chefe da clínica onde, a partir de 1882, Freud foi assistente, tinha muito o que lhe oferecer a respeito.[10] Como Freud ponderava, para progredir

---

9 S. Freud (1925a). Um estudo autobiográfico, E.S.B., XX.
   P. Gay (1991). *Freud, uma vida para nosso tempo.*
10 P. Gay (1991). *Freud, Uma vida para nosso tempo*, p. 54.

100 VISÕES FREUDIANAS

no tratamento das doenças dos nervos, a pessoa "era forçada a ser professor de si mesmo".[11]

Em 1883, ele foi promovido a médico estagiário na clínica psiquiátrica de Meynert. A competência clínica de Freud, principalmente a precisão de seus diagnósticos, era reconhecida pelos grandes neurologistas da época, por seus colegas vienenses e mesmo estrangeiros. Graças a essas qualidades, ele conseguiu vencer os preconceitos com relação a suas origens judaicas, ocupando todas as funções da hierarquia hospitalar na época, conseguindo, inclusive, ser nomeado, em 1885, conferencista (*Privat-Dozent*) na Universidade de Viena.[12]

Também a clínica neurológica e psiquiátrica praticada em Viena revelaram-se insatisfatórias. Cada vez mais, Freud interessava-se pelo trabalho de Charcot com a histeria e com a hipnose. Por fim, conseguiu uma bolsa para trabalhar com ele em Paris, entre 1885 e 1886. Ao retornar a Viena, Freud proferiu uma conferência na Sociedade Médica de Viena defendendo a existência de uma histeria masculina, o que provocou uma violenta reação de seu mestre Meynert, que, desde então, tornou-se um dos maiores opositores às teorias freudianas. Na sequência desse episódio, Freud desligou-se do Instituto de Neurologia, dirigido por Meynert, abandonando, assim, seu último vínculo com a Universidade.[13]

Tanto como anatomopatologista e fisiologista, em laboratório, como enquanto clínico, nos ambulatórios de tratamento das doenças dos nervos, Freud valorizava a observação e a teorização sistemática como fontes essenciais dos critérios diagnósticos e de classificação. Assim, em sua passagem da neurologia e da psiquiatria para a

---

11 S. Freud (1925a). Um estudo autobiográfico, *E.S.B.*, XX, p. 22.
12 E. Jones (1953). *Life and work of Sigmund Freud*.
  P. Gay (1991). *Freud, uma vida para nosso tempo*.
13 M. Schur (1975). *La mort dans la vie de Freud*.

psicanálise, ao renunciar aos tratamentos hidroterápicos e elétricos em favor da hipnose e, mais tarde, da associação livre, ao enveredar pelos caminhos abertos pela histeria, Freud sempre se preocupou não apenas em bem caracterizar esses fenômenos, mas também em estabelecer a especificidade de suas diferenças com relação a outras manifestações com as quais eles poderiam ser confundidos.

Esse é o espírito que permite compreender a transição de seu texto sobre as afasias,[14] primordialmente marcado pela neurologia, para o artigo de 1893, inspirado por Charcot, distinguindo as paralisias histéricas das orgânicas,[15] no qual Freud estabelece claramente a especificidade da etiologia psíquica da histeria. Nesse trabalho, assim como no clássico estudo publicado com Breuer em 1895, a conversão, mas também outros sintomas da histeria (anestesias, distúrbios sensoriais e perceptivos e outros) são descritos como o resultado de conflitos entre experiências e ideias inconscientes e as defesas (o recalque, principalmente) que tentam evitar sua manifestação no pensamento consciente.[16]

As psiconeuroses e as neuroses atuais

Nos anos 1890, Freud ampliou esse procedimento comparativo, ao mesmo tempo que apontava para a continuidade existente entre estados normais e patológicos. Em dois importantes artigos, ele caracteriza a especificidade de outras manifestações neuróticas e propõe um modelo etiológico e funcional da psicopatologia referido a suas descobertas sobre a histeria, nele incluindo as neuroses obsessivas,

---

14 S. Freud (1891). *Sobre a concepção das afasias: um estudo crítico.*
15 S. Freud (1893a). Algumas considerações para um estudo comparativo das paralisias motoras orgânicas e histéricas, *E.S.B.*, I.
16 S. Freud & J. Breuer (1895). Estudos sobre a histeria, *E.S.B.*, II.

102   VISÕES FREUDIANAS

as fobias, e mesmo a paranoia.[17] Marcado por uma perspectiva econômica que considera os destinos de quantidades de excitação (afeto) no aparelho psíquico, esse modelo descreve as manifestações neuróticas a partir das relações entre afetos e representações passíveis ou não de serem admitidas na consciência. Quando a representação consciente é fonte de desprazer, o afeto pode ser desligado da representação pelo recalcamento. Nos fenômenos conversivos, o destino desse afeto pode ser desviado para a esfera somática, enquanto na neurose obsessiva e na fobia ele seria deslocado para outras representações, substitutivas. A construção dessas hipóteses etiológicas e de um modelo nosográfico a partir de suas descobertas ocupa um lugar significativo na correspondência de Freud com Wilhelm Fliess.[18]

> *Existem quatro tipos e muitas formas dessas [neuroses].*
> *Posso apenas traçar uma comparação entre a histeria,*
> *a neurose obsessiva e uma forma de paranóia. Elas têm*
> *diversas coisas em comum. São aberrações patológicas*
> *de estados afetivos psíquicos normais: do conflito (his-*
> *teria), da auto-recriminação (neurose obsessiva), da*
> *mortificação (paranóia) e do luto (amência alucina-*
> *tória aguda). Diferem desses afetos no sentido de não*
> *levarem à resolução de coisa alguma, e sim a um dano*
> *permanente ao ego*[19]

---

17 S. Freud (1894c). As neuropsicoses de defesa, *E.S.B.*, III.
   S. Freud (1896c). Observações adicionais sobre as neuropsicoses de defesa, *E.S.B.*, III.

18 J. M. Masson (Ed.) (1986). *A correspondência completa de Sigmund Freud para Wilhelm Fliess* (1887-1904).

19 S. Freud (1896a). Rascunho K (01/01/1896), p. 163.
   Neste e em outros Rascunhos Freud compartilhou com seu amigo berlinense diferentes hipóteses etiológicas e nosográficas sobre as psiconeuroses, sobre a angústia, a melancolia, a paranoia, a enxaqueca e suas primeiras ideias sobre outras construções desenvolvidas ulteriormente.

A partir de tais concepções, Freud delineia dois grandes grupos psicopatológicos. Por um lado, as *psiconeuroses*, resultantes dos conflitos sexuais infantis, cujos sintomas se constituem como formações de compromisso simbólicas, resultante do conflito entre o infantil, a pulsão e o recalque.[20] Desse grupo, fariam parte a histeria, as neuroses obsessivas, as fobias e, inclusive, as psicoses ("confusão alucinatória").

Por outro lado, as *neuroses atuais* caracterizar-se-iam pela existência de angústias difusas e de uma sintomatologia funcional (vertigem, taquicardia, dispneia, cefaleia etc.).[21] Esses sintomas seriam uma consequência imediata da estase libidinal, da impossibilidade de ligação e de descarga de excitações de vivências do presente, que se acumulam em função do bloqueio das satisfações libidinais. Os sintomas das neuroses atuais não possuiriam um sentido simbólico, uma dimensão representativa e tampouco uma relação com o infantil. A neurastenia e a neurose de angústia resultariam de dinâmicas como essas. A elas Freud também atribuiu, em um primeiro momento, a etiologia da hipocondria. Em função dessas diferenças, as psiconeuroses seriam suscetíveis ao tratamento psicanalítico, ao passo que, na opinião de Freud, pela limitação de sua função econômica à gestão e descargas das excitações e da angústia, as neuroses atuais seriam refratárias à cura analítica. Ele ressaltava que,

> *... nas fobias da neurose de angústia (1) esse afeto [ligado à representação] tem sempre a mesma tonalidade, que é a da angústia; e (2) o afeto não se origina numa*

Na edição da correspondência de Freud para Fliess reunida por Masson é utilizado o termo "Rascunho" para descrever o que nas Obras Completas Brasileiras de Freud da editora Imago é traduzido como "Manuscrito". Optei por manter o termo "Rascunho", uma vez que utilizo aqui as citações às cartas e escritos de Freud enviados a Fliess, a partir da versão de Masson.

20 S. Freud (1894c). As neuropsicoses de defesa, *E.S.B.*, III.

21 S. Freud (1895d). Sobre os fundamentos para destacar da neurastenia uma síndrome específica intitulada de "neurose de angústia", *E.S.B.*, III.

104 VISÕES FREUDIANAS

representação recalcada, revelando-se não adicionalmente redutível pela análise psicológica, nem equacionável pela psicoterapia. *Portanto, o mecanismo da substituição não é válido para as fobias da neurose de angústia.*[22]

O Quadro 2.1 resume essas concepções.

Quadro 2.1 Nosografia psicanalítica em 1894: principais grupos e fatores etiológicos[23]

Neuroses atuais		Psiconeuroses de defesa	
Perturbação descarga atual excitação		Separação afeto/representação	
Fonte atual		Fonte infantil	
Neurastenia	*Descarga corporal*	Histeria	*Conversão*
Neurose de angústia	*Descarga corporal*	Obsessão	*Deslocamento*
Hipocondria	*Descarga corporal*	Fobias	*Deslocamento*
		Psicose	*Ruptura com realidade*

---

22 S. Freud (1895d). Sobre os fundamentos para destacar da neurastenia uma síndrome específica intitulada de "neurose de angústia", *E.S.B.*, III, p. 99, sublinhado por Freud.

23 Adaptado de J. Laplanche & J. B. Pontalis (1977). *Vocabulário da psicanálise*, p. 379. Como veremos, a nosografia psicanalítica sofreu inúmeras modificações, principalmente após o desenvolvimento do conceito de narcisismo. Cf. Quadro 2.2 a seguir.

O *questionamento da neurastenia*

O delineamento do grupo das neuroses atuais surgiu do empenho de Freud em superar o grande obstáculo representado pelo caráter genérico do termo *neurastenia*, quando da construção de seu modelo nosográfico. Ele manifestava abertamente sua insatisfação com o caráter vago e inespecífico dessa categoria diagnóstica descrita por George Beard (1839-1883), uma herança histórica da dificuldade dos clínicos em compreender as "doenças dos nervos", e, principalmente, com o uso indiscriminado que os médicos faziam desse diagnóstico.[24]

Segundo Freud, "a neuropatologia só teria a ganhar" com a tentativa de separar da neurastenia um grande número de distúrbios neuróticos, cujos sintomas são mais homogêneos e ligados entre si do que aos sintomas típicos da neurastenia, e que também apresentam diferenças etiológicas e dinâmicas essenciais com relação à "neurose neurastênica típica". Essa diferenciação permitiria obter um quadro uniforme da "neurastenia genuína", bem como distingui-la das "pseudoneurastenias", de alguns dos *status nervosi* de indivíduos hereditariamente degenerados (proposto por Moebius), e também de algumas neuroses de natureza periódica ou intermitente, que deveriam ser incluídas na categoria das melancolias.[25]

Em especial, Freud propunha distinguir do grupo das neurastenias uma síndrome de etiologia e sintomas específicos que teria como sintoma principal a *angústia*, razão pela qual sugeriu nomeá-la *neurose de angústia*, termo já sugerido por Ewald Hecker em 1893.[26]

---

24 S. Freud (1895d). Sobre os fundamentos para destacar da neurastenia uma síndrome específica intitulada de "neurose de angústia", *E.S.B.*, III.
Cf. *Simpatia, vapores e doenças dos nervos*, no Capítulo 1.

25 S. Freud (1895d). Sobre os fundamentos para destacar da neurastenia uma síndrome específica intitulada de "neurose de angústia", *E.S.B.*, III, p. 93.
Cf. *Simpatia, vapores e doenças dos nervos*, no Capítulo 1.

26 S. Freud (1895d). Sobre os fundamentos para destacar da neurastenia uma síndrome específica intitulada de "neurose de angústia", *E.S.B.*, III, p. 94.

106 VISÕES FREUDIANAS

A aposta de Freud era ousada. Não apenas o conceito de Beard havia se consolidado entre os médicos europeus, no final do século XIX, mas também, na mesma época em que Freud denunciava a heterogeneidade da neurastenia enquanto categoria diagnóstica, o eminente Krafft-Ebing (1840-1902) publicava, em 1895, *Nervosismo e estados neurastênicos,* um trabalho com uma visão eminentemente neurológica e psiquiátrica desta entidade.[27] Enquanto Freud tentava construir seu modelo nosográfico pela perspectiva dos fenômenos psíquicos inconscientes, Krafft-Ebing definia o "nervosismo" como uma "disposição patológica inata, mais raramente uma alteração patológica adquirida no sistema nervoso central".[28] Entretanto, sua definição da neurastenia aproximava-se indiretamente da de Freud, quando a descrevia como um "distúrbio funcional em que a vida mental não consegue mais estabelecer o equilíbrio entre produção e consumo de força nervosa". Krafft-Ebing insistia na etiologia primordialmente hereditária dessa manifestação, sendo que as formas adquiridas poderiam ser atribuídas a diferentes tipos de "traumas" como "enfermidade infantil, infância infeliz, constituição neuropática, masturbação, ambiente destrutivo e mesmo tensões excessivas impostas pela vida moderna". Enquanto Krafft-Ebing defendia uma visão etiológica eminentemente fisiológica e hereditária, Freud considerava muitos desses mesmos fatores causais para a neurastenia, porém relacionando-as ao funcionamento do aparelho psíquico.

A profunda oposição de Meynert às hipóteses de Freud sobre a histeria masculina e o contraste entre as posições de Krafft-Ebing e as de Freud a respeito da neurastenia são emblemáticos quanto

---

27 Richard Von Kraft-Ebing foi professor de psiquiatria na Universidade de Viena no final do século XIX. Em sua obra mais conhecida, *Psychopatia Sexualis,* publicada em 1888, ele descreve uma grande variedade de comportamentos e perversões sexuais, uma referência importante para a elaboração posterior de Freud de suas teorias sobre a sexualidade.

28 Citado por P. Gay (1991). *Freud, uma vida para nosso tempo,* p. 123.

às diferenças sistematicamente encontradas, desde então, entre as posições freudianas e as da neurologia e da psiquiatria. Sem negligenciar o papel de fatores hereditários, fisiológicos, orgânicos ou de acontecimentos traumáticos, Freud apenas sugeria que eles não deveriam ser considerados como excludentes, mas que fossem compreendidos de maneira mais ampla, dentro de uma *série etiológica complementar* que também considerasse as relações destes com os avatares da história da pessoa e suas dinâmicas psíquicas.[29]

Em meio à cacofonia das definições clínicas existentes naquela época, ao ressaltar a importância dos afetos (e da angústia em particular) e ao propor a diferenciação entre quadros neurastênicos e neuróticos, Freud também contribuiu para que, no contexto da psicopatologia, a hipocondria pudesse ser gradual e igualmente reconhecida como uma dinâmica estruturante do desenvolvimento do sujeito.

A histeria, a hipocondria e as neuroses de angústia

Como vimos, a histeria já havia ensinado a Freud que o corpo humano e suas funções podem prestar-se a formas de representação e a funções diferentes daquelas para as quais estariam anatômica e fisiologicamente destinados.[30] Revelou-se assim que as dinâmicas histéricas podem produzir manifestações corporais que independem da existência de uma lesão real na parte afetada do corpo. Nos pacientes histéricos, o excesso de excitação nervosa e sexual os impele "a interromper a monotonia da vida através de 'incidentes', entre os quais se destacam os de natureza patológica", inclusive somáticos. Ao buscar compreender essas dinâmicas, Freud constatou que também a queixa hipocondríaca se estruturava a partir da referência àquela outra dimensão da experiência corporal marcada pela fantasia, pelo

---

29 S. Freud (1916-1917a). Conferências introdutórias à psicanálise, *E.S.B.*, XV.
30 Cf. *Do inconsciente ao corpo imaginário*, no Capítulo 1.

108   VISÕES FREUDIANAS

inconsciente e pelo imaginário. Comparando as duas manifestações, ele aponta que, na histeria, é notável a necessidade das pessoas de ficarem doentes, ao passo que na hipocondria destacam-se as fantasias e o medo de adoecer.

Entretanto, essa concepção da hipocondria como "medo de adoecer", tomada do senso comum, era insuficiente para Freud. Ele a refuta explicitamente, afirmando "[não poder considerar] correta a delimitação da hipocondria em nenhum dos trabalhos [que dela tratam], e a aplicabilidade de seu nome... parece ser prejudicada pela ligação fixa do termo com o sintoma de "medo de doença".[31] Aprofundando suas observações, ele percebe que as queixas hipocondríacas pareciam vincular-se mais intimamente ao fenômeno da angústia do que ao medo. Em carta a Fliess de 8/2/1893, ele destaca a hipocondria como uma das principais formas de expressão da neurose de angústia.[32] Ele aponta que essa neurose pode manifestar-se como um *estado crônico* ou como um *ataque de angústia* (que podem aparecer combinados), e insiste ainda nas diferenças entre esses ataques conforme o sexo da pessoa, numa perspectiva que lembra as clássicas posições de Sydenham.[33] Segundo Freud, os *ataques* "são mais comuns nas formas ligadas à histeria, e, portanto, mais frequentes em mulheres", enquanto as formas *crônicas* "seriam mais comuns em homens neurastênicos".[34] Entre os *sintomas crônicos* da neurose de angústia, destacavam-se as formas ligadas à hipocondria:

---

31 S. Freud & J. Breuer (1895). Estudos sobre a histeria, *E.S.B.*, II, p. 274.
32 S. Freud (1893b). Carta a Fliess de 08/02/1893, p. 42.
33 Cf. *Impasses da nosografia*, no Capítulo 1.
34 Na discussão sobre a neurose de angústia, Freud mantém essa caracterização de diferentes formas de manifestação da angústia na histeria e na hipocondria, em homens e mulheres: "...qualquer desenvolvimento [da neurose de angústia] só ocorre entre os homens que continuaram potentes ou entre as mulheres que não são anestésicas. Entre os neuróticos cuja potência já foi severamente comprometida pela masturbação, a neurose de angústia resultante da abstinência é muito leve e geralmente restrita à hipocondria e à vertigem crônica branda.

Os sintomas crônicos são (1) angústia em relação ao corpo – hipocondria; (2) angústia em relação ao funcionamento do corpo – agorafobia, claustrofobia, tonteira das alturas; (3) angústia em relação às decisões e à memória (e portanto, às próprias fantasias, ao funcionamento psíquico), com respeito à folie de doute, *às ruminações obsessivas etc.*[35]

Por apresentarem a angústia como sintoma em comum, inicialmente Freud defendia a equivalência dinâmica entre tais manifestações. Gradativamente, a clínica ofereceu-lhe evidências para sustentar suas hipóteses e esclarecer as relações entre a angústia, a sexualidade, as psiconeuroses e as neuroses atuais. Nessas últimas, ele destacava como fatores etiológicos centrais a masturbação e o coito interrompido. Em outubro de 1893, entusiasmado, ele compartilhava com Fliess algumas observações que pareciam confirmar seus pontos de vista:

Ontem... examinei quatro casos novos cuja etiologia... só pode ser o coito interrompido. [Entre eles] Homem, 42 anos; filhos de 17, 16 e 13. Bem disposto até um ano atrás; então, por ocasião da morte do pai, súbito ataque de angústia com palpitações, medo hipocondríaco de um câncer na língua; vários meses depois, um segundo ataque, com cianose, pulso intermitente, medo da morte e assim por diante; desde então, sente-se enfraquecido,

---

A maioria das mulheres ...deve ser considerada 'potente'; a mulher realmente impotente – isto é, realmente anestésica – é similarmente pouco suscetível à neurose de angústia [sendo mais propensa à histeria]".
S. Freud (1895d). Sobre os fundamentos para destacar da neurastenia uma síndrome específica intitulada de "neurose de angústia", *E.S.B.*, III, p. 104.
35 S. Freud (1893b). Carta a Fliess de 08/02/1893, p. 42

tonto, agorafóbico; alguma dispepsia. É um caso de neurose de angústia pura, acompanhada por sintomas cardíacos subseqüentes a uma perturbação emocional; já o coito interrompido foi tolerado com facilidade, aparentemente, durante dez anos."[36]

Satisfeito em enriquecer a casuística que fortalecia sua hipótese sobre a etiologia sexual das neuroses de angústia, Freud não se ateve a refletir sobre relação entre a morte do pai do paciente, seus ataques de angústia e seus temores hipocondríacos, que poderiam melhor esclarecer a dinâmica da série sintomática. É importante lembrar que, naquele momento, os recursos clínicos e conceituais desenvolvidos por Freud eram ainda incipientes, e que ele realmente parecia mais mobilizado pelo esclarecimento da questão causal e nosográfica do que pela história natural das neuroses. Ainda assim, é interessante perceber que esse breve relato já permite vislumbrar que o temor hipocondríaco relatado no caso manifesta-se num contexto em que as questões da perda, do luto, do desinvestimento do objeto (como seria dito mais tarde) fazem parte do quadro da evolução da doença. Por esse caminho, podemos também perceber que a fantasia hipocondríaca estaria de alguma forma relacionada às dinâmicas de culpa, de ambivalência e de autopunição, como mais tarde seria colocado em evidência pelo próprio Freud.[37]

Em agosto de 1894, Freud envia a Fliess um novo relato de caso no qual novamente ele aponta para a relação entre a perturbação

---

36 S. Freud (1893c). Carta a Fliess de 06/10/1893, pp. 57-58.

37 Em outro trabalho, aponto para a semelhança entre os sintomas apresentados por esse paciente e a sintomatologia cardíaca vivida na época pelo próprio Freud e possíveis implicações desse fato tanto nas relações com Fliess como nas teorizações de Freud sobre as neuroses atuais.

Cf. R. M. Volich (2022). Corações inquietos: Freud, Fliess e as neuroses atuais.

da atividade sexual, a masturbação e a hipocondria e a sintomatologia corporal. Sendo o paciente um médico, Freud aproveita para lançar uma breve, mas significativa, reflexão sobre a dificuldade da formação médica em propiciar ao médico uma maior consciência de si mesmo e de seu corpo.

Dr. Z., médico, 34 anos. Sofre há muitos anos de uma sensibilidade ocular orgânica: fosfênios |impressões luminosas|, ofuscação, escotomas e tudo o mais. Isso tem aumentado enormemente, a ponto de impedi-lo de trabalhar, nos últimos quatro meses (desde a época de seu casamento). Histórico: masturba-se desde os 14 anos e, aparentemente, continuou a fazê-lo até os últimos anos. Não deflorou a esposa; potência muito reduzida; a propósito, iniciou-se um processo de divórcio.

Caso típico claro de hipocondria do órgão num masturbador, em períodos de excitação sexual. É curioso que a formação médica atinja um nível tão raso de profundidade.[38]

Entre 1893 e 1894, Freud já havia estabelecido os principais eixos etiológicos e clínicos do primeiro modelo da nosografia psicanalítica. Neste, a hipocondria era compreendida como uma das neuroses atuais. No Rascunho B (8/2/1893), ele esboçara sua visão sobre a etiologia e as relações entre a neurose de angústia e a neurastenia[39] e, em 1895, publicou seu importante artigo onde defendia a especificidade nosográfica da neurose de angústia distinguindo-a da neurastenia,

---

38 S. Freud (1894b). Carta a Fliess de 29/08/1894, p. 96.
39 S. Freud (1893d). Rascunho B. A etiologia das neuroses (8/02/1893), p. 39.

112 VISÕES FREUDIANAS

mas também da histeria e das demais neuroses.[40] Na descrição dessa neurose, Freud aponta para um grande número de manifestações corporais, destacando, em particular, as queixas hipocondríacas.

Entre as inúmeras manifestações da neurose de angústia, Freud descreve 1. a irritabilidade geral, em particular hiperestesia auditiva, muitas vezes associada à insônia; 2. a expectativa angustiada; 3. as parestesias; 4. distúrbios de uma ou mais funções corporais – como a respiração, a atividade cardíaca, a inervação vasomotora, ou a atividade glandular; 5. os ataques de angústia acompanhados por distúrbios da atividade cardíaca, como palpitação (com arritmia transitória ou com taquicardia de duração mais longa) que pode terminar num grave enfraquecimento do coração e que nem sempre é diferenciável da afecção cardíaca orgânica; e, ainda, 6. a pseudoangina do peito. Além desses sintomas, ele ainda enumera a sudorese (geralmente noturna), tremores e calafrios, bulimia, diarreia, vertigem locomotora, congestões, parestesias, alternância entre diarreia e constipação, ataques de pânico à noite, desmaio, vertigem crônica, sensação permanente de grande fraqueza, lassidão e muitos outros. Nesse rol de sintomas, Freud reúne quase todos aqueles que antes, como vimos, eram relacionados às doenças dos nervos, inclusive a perturbações do aparelho digestivo.[41]

---

40 S. Freud (1895d). Sobre os fundamentos para destacar da neurastenia uma síndrome específica intitulada de "neurose de angústia", *E.S.B.*, III.

41 S. Freud (1895d). Sobre os fundamentos para destacar da neurastenia uma síndrome específica intitulada de "neurose de angústia", *E.S.B.*, III., pp. 96-100. Ainda nesse artigo, Freud descreve também a inclinação ao vômito e náusea e a fome devoradora que pode, isoladamente ou em conjunto com outros sintomas (como as congestões), suscitar um ataque de angústia rudimentar. Segundo ele, estados crônicos de expectativa angustiada podem produzir uma disposição à diarreia, "o que tem ocasionado os mais estranhos erros de diagnóstico"... "A ilusão de uma relação reflexa é criada porque os mesmos sintomas que atuam na etiologia da neurose de angústia atuam na deflagração de tais afecções da próstata e distúrbios semelhantes... Os casos mistos mostram com frequência

Quanto à hipocondria, ela aparece particularmente vinculada à *expectativa ansiosa*.[42] Freud ressalta que nem sempre as queixas hipocondríacas manifestam-se apenas como uma queixa imaginária, mas que, muitas vezes, elas se estruturam a partir de algumas sensações corporais.

> *... Para uma das formas da expectativa angustiada – a que se relaciona com a saúde do próprio sujeito – podemos reservar o velho termo hipocondria. O auge alcançado pela hipocondria nem sempre é paralelo à expectativa angustiada geral; requer como precondição a existência de parestesias e sensações corporais aflitivas. Assim, a hipocondria é a forma preferida pelos neurastênicos genuínos quando estes caem presa da neurose de angústia, como ocorre com freqüência.*[43]

A expectativa ansiosa, sintoma nuclear da neurose de angústia, permite compreender uma função importante das dinâmicas hipocondríacas e dos sintomas corporais. Segundo Freud, o "quantum de angústia em estado de livre flutuação...", observado nessa neurose, "está sempre pronto a se ligar a qualquer conteúdo representativo

---

a familiar "alternância entre diarréia e constipação". Análoga a essa diarreia é a necessidade de urinar que ocorre na neurose de angústia" (p. 100).

42 Na edição brasileira das obras de Freud, traduzidas do inglês, o termo alemão *Angst*, utilizado por Freud, é traduzido por ansiedade, a partir do termo inglês *anxiety*, utilizado por Strachey. Como aponta Jean Laplanche, o termo angústia e os derivados deste são mais apropriados para transmitir o sentido deste conceito no pensamento de Freud, razão pela qual ele será utilizado aqui, a não ser nas citações da edição brasileira, quando o termo escolhido pelos tradutores brasileiros foi conservado.
J. Laplanche (1989). *Traduire Freud*.

43 S. Freud (1895d). Sobre os fundamentos para destacar da neurastenia uma síndrome específica intitulada de "neurose de angústia", *E.S.B.*, III, p. 95.

114   VISÕES FREUDIANAS

adequado" e, quando isso ocorre, diminui a sensação desprazerosa provocada pela angústia livre e flutuante. As fantasias hipocondríacas de sofrimento ou da ruptura da integridade corporal se prestam a essa função de ligação.

> ... O ataque de angústia pode consistir apenas no sentimento de angústia, sem nenhuma representação associada, ou ser acompanhado da interpretação que estiver mais à mão, tal como representações de extinção da vida, ou de um acesso, ou de uma ameaça de loucura; ou então algum tipo de parestesia, ou, finalmente, o sentimento de angústia pode estar ligado ao distúrbio de uma ou mais funções corporais – tais como a respiração, a atividade cardíaca, a inervação vasomotora, ou a atividade glandular. Dessa combinação o paciente seleciona ora um fator particular, ora outro. Queixa-se de "espasmos do coração", "dificuldade de respirar", "inundações de suor", "fome devoradora" e coisas semelhantes; e, em sua descrição, o sentimento de angústia frequentemente recua para o segundo plano ou é mencionado de modo bastante irreconhecível, como um "sentir-se mal", "não estar à vontade", e assim por diante.[44]

Em sua detalhada descrição dos sintomas da neurose de angústia, Freud busca distinguir as manifestações corporais reais (a pessoa realmente tem palpitações, falta de ar, vertigem etc.) das manifestações da *expectativa angustiada*, forma privilegiada para a expressão da hipocondria. Em princípio, na expectativa angustiada,

---

44 S. Freud (1895d). Sobre os fundamentos para destacar da neurastenia uma síndrome específica intitulada de "neurose de angústia", *E.S.B.*, III, p. 96.

a pessoa não sente nenhuma manifestação orgânica real, mas vive um verdadeiro terror antecipatório de que elas venham a ocorrer.

Essa diferença entre a manifestação real do sintoma corporal e a fantasia do temor hipocondríaco aponta também para diferenças na economia psíquica dessas duas formas de manifestação. Nesse artigo, Freud insinua, sem desenvolver, que a hipocondria e o distúrbio corporal real são ambos modalidades de funcionamento que se prestam, cada um à sua maneira, à descarga ou à ligação da excitação e da angústia vividas pelo sujeito.

Assim, o *ataque de angústia* se caracteriza pelo sentimento de angústia, sem nenhuma representação (psíquica) associada. Nessas condições, é possível que o sujeito venha a recorrer à "interpretação que estivar mais à mão"[45] (como o medo de morrer, a loucura ou a crença no distúrbio de uma função corporal – respiração, atividade cardíaca etc.), como uma tentativa de ligação da excitação, que resultaria em uma diminuição da angústia. Esse verdadeiro *imperativo de causalidade*, tentativa de nomear ou atribuir uma causa à sensação difusa e desprazerosa experimentada pelo sujeito, tem um papel fundamental na experiência hipocondríaca.

As manifestações hipocondríacas guardam, portanto, uma relação particularmente íntima com a angústia, ou seja, com os níveis de excitação no organismo e com os recursos psíquicos do indivíduo para escoá-la ou ligá-la por meio de representações. As sensações e as ideias hipocondríacas se prestam dessa forma a uma outra modalidade de atividade representativa, no limite entre o psíquico e o somático, que tem por função justamente preencher uma falha econômica de representação e de ligação da excitação por meio dos recursos do aparelho mental.[46]

---

45 S. Freud (1895d). Sobre os fundamentos para destacar da neurastenia uma síndrome específica intitulada de "neurose de angústia", *E.S.B.*, III, p. 96.
46 Cf. *O trabalho da hipocondria*, no Capítulo 6.

116   VISÕES FREUDIANAS

Hipocondria, culpa e neurose obsessiva

Freud desenvolvia seu modelo nosológico à medida que ampliava sua clínica e suas observações. Depois da publicação de *Psiconeuroses de defesa* e do artigo sobre as neuroses de angústia, tornaram-se mais frequentes nos relatos de Freud referências a manifestações hipocondríacas nas neuroses obsessivas. Em carta a Fliess de 1º de janeiro de 1896, ele explica essas manifestações como uma derivação do sentimento de culpa característico dessas neuroses.[47] No mesmo ano, ele publica um caso ilustrativo dessa dinâmica:

> Caso 7. Preocupação e especulação obsessivas. – *Uma mulher sofria de ataques dessa obsessão, que só cessavam quando ela adoecia, cedendo então lugar a temores hipocondríacos. O tema de sua preocupação era sempre uma parte ou função de seu corpo; por exemplo, a respiração: "Por que preciso respirar? Suponhamos que eu não queira respirar" etc.*
>
> Reinstauração: *Logo no princípio ela sofrera do medo de enlouquecer – fobia hipocondríaca bastante comum entre mulheres não satisfeitas por seus maridos, como era seu caso. Para se assegurar de que não estava louca, de que estava ainda de posse de suas faculdades mentais, começara a se fazer perguntas e a se interessar por problemas sérios. Isso inicialmente a acalmara, mas, com o tempo, o hábito da especulação substituiu a fobia. Por mais de*

---

47 O sentimento de culpa na neurose obsessiva pode se transformar, entre outras coisas, em hipocondria, por medo de efeitos somáticos.
S. Freud (1896e). Carta a Fliess de 01/01/1896, p. 166.

quinze anos, alternaram-se nela períodos de medo [de doença] (patofobia) e de especulação obsessiva.[48]

A forma hipocondríaca da especulação obsessiva não corresponderia completamente, nesse caso, à dinâmica da neurose obsessiva, marcada pelo infantil e pelo recalcamento, como toda psiconeurose. Ainda assim, a preocupação hipocondríaca estaria a serviço do mecanismo do *deslocamento,* característico da neurose obsessiva e da fobia. As ideias hipocondríacas surgiriam como suportes da autorrecriminação e da culpa deslocadas com relação a representações sexuais recalcadas. Como já sugeria o caso relatado a Fliess em 6/10/1893, Freud revela ser a angústia hipocondríaca uma das formas privilegiadas de expressão consciente da autoacusação dissimulada.

> *O afeto da auto-recriminação [na neurose obsessiva] pode ser transformado, através de vários processos psíquicos, em outros afetos, que então penetram na consciência mais claramente do que o afeto em si: por exemplo, em angústia (medo das conseqüências da ação a que se refere a auto--recriminação), hipocondria (medo de seus efeitos corporais), delírios de perseguição (medo de seus efeitos sociais), vergonha (medo de que as outras pessoas tenham conhecimento da ação censurável), e assim por diante.*[49]

Em 1896, ao consolidar seu primeiro modelo etiológico e nosológico das psiconeuroses ("neuropsicoses de defesa"), Freud amplia aquela leitura e insiste na importância em distinguir as manifestações

---

48 S. Freud (1896d). Obsessões e fobias: seu mecanismo psíquico e sua etiologia, p. 82.

49 S. Freud (1896a). Rascunho K: 01/1/1896, p. 166.

118   VISÕES FREUDIANAS

da hipocondria na neurastenia e na neurose de angústia (neuroses atuais) daquelas da neurose obsessiva (psiconeurose).

O afeto da auto-acusação pode, por meio de algum acréscimo mental, transformar-se em qualquer outro afeto desagradável. Quando isso acontece, não há mais nada que impeça o afeto posto no lugar do primeiro de se tornar consciente. Assim, a auto-acusação *(por ter praticado o ato sexual na infância) pode facilmente transformar-se em vergonha (de que alguém o descubra), em* angústia hipocondríaca *(medo dos danos físicos resultantes do ato que envolve a auto-acusação), em* angústia social *(medo de ser socialmente punido pelo delito), em* angústia religiosa, *em* delírios de ser observado *(medo de delatar-se pelo ato diante de outras pessoas), ou em* medo da tentação *(justificada desconfiança em relação a seus próprios poderes de resistência)... Muitos casos que, superficialmente examinados, parecem ser de hipocondria (neurastênica) comum, pertencem a esse grupo de* afetos obsessivos; *o que se conhece como "neurastenia periódica" ou "melancolia periódica" parece, em particular, decompor-se com inesperada freqüência em afetos obsessivos e ideias obsessivas – uma descoberta que não é insignificante do ponto de vista terapêutico.*[50]

Considerando a função econômica da ligação do afeto, Freud sugere que a angústia hipocondríaca na neurose obsessiva originar-se-ia no recalcamento, ao passo que, na neurose de angústia,

---

50 S. Freud (1896c). Observações adicionais sobre as neuropsicoses de defesa, *E.S.B.*, III, p. 171.

a angústia hipocondríaca não seria oriunda do recalque, mas do acúmulo de excitações devido à impossibilidade presente (atual) de descarga da energia libidinal. Porém, a formulação de Freud a esse respeito está longe de ser unívoca, uma vez que ele admite que a hipocondria pode justamente se constituir como uma espécie de *substituto secundário* (subsequente) aos temores (fobias) da neurose de angústia (não oriundas do recalque).[51] Naquele momento, ele não explicita a natureza dessa substituição e em que ela seria diferente do deslocamento da neurose obsessiva e das fobias. Apesar disso, em um caso como no outro, essas manifestações da hipocondria revelam o valor econômico da especulação e da dúvida na regulação de tais conflitos.

[o que as fobias típicas e agorafobia na neurose de angústia têm em comum com as fobias da neurose obsessiva] é que, em ambas, uma representação torna-se obsessiva em decorrência de estar ligada a um afeto disponível...

Ambas as espécies de fobias (e também as obsessões) frequentemente aparecem lado a lado, embora as fobias atípicas, baseadas nas obsessões, não precisem brotar, necessariamente, do solo da neurose de angústia... No que era originalmente uma simples fobia pertencente a

---

51 A ambiguidade dessas primeiras formulações freudianas só viria a ser mais bem compreendida cerca de vinte anos depois, quando Freud caracterizou melhor a natureza das neuroses mistas, já enunciadas por ele em seu texto sobre as psiconeuroses de defesa. Com os avanços teóricos propiciados por uma melhor compreensão do narcisismo e pelas formulações metapsicológicas, Freud delineia melhor a etiologia e as dinâmicas dos "estados neuróticos comuns", afirmando que em todo núcleo de uma psiconeurose haveria uma neurose atual e que, em diferentes medidas, ambas participam das dinâmicas da neurose. S. Freud (1916-1917c). Conferência XXIV: o estado neurótico comum. Conferências introdutórias sobre a psicanálise II, *E.S.B.*, XVI, p. 455.

120 VISÕES FREUDIANAS

uma neurose de angústia, o conteúdo dessa fobia é substituído por outra representação de modo que o substituto é subseqüente à fobia. Geralmente, o que mais se emprega como substituições são as "medidas protetoras" originalmente usadas para combater a fobia. Por exemplo, a "mania especulativa" é suscitada a partir dos esforços do sujeito para provar que ele não é louco, como lhe afirma sua fobia hipocondríaca; as hesitações e a dúvida, e mais ainda as repetições da folie du doute *|mania de duvidar| emergem de uma dúvida justificável quanto à certeza do curso do próprio pensamento, já que se está cônscio do persistente distúrbio deste por representações de tipo obsessivo, e assim por diante. Portanto, podemos afirmar que também muitas das síndromes da neurose obsessiva, como a* folie du doute *e outras semelhantes, devem ser consideradas, clínica, se não conceitualmente, como pertencentes à neurose de angústia.*[52]

Apesar de, em alguns momentos, oscilantes e, aparentemente, contraditórias, as formulações de Freud indicam que a neurose obsessiva e a hipocondria compartilham uma importante dinâmica comum, estruturada em torno da dúvida e da incerteza. Essa constatação, de que as manifestações hipocondríacas se prestam à mediação dos conflitos vividos em torno da culpa e da autoacusação, convida à reflexão sobre os motivos e as condições nas quais o corpo se vê convocado a essa função mediadora ou, ainda, de suporte para as dúvidas obsessivas do sujeito. Além disso, percebemos que nessas dinâmicas encontram-se também envolvidos processos identificatórios vinculados à formação do ego, a sua relação com o

---

52 S. Freud (1895d). Sobre os fundamentos para destacar da neurastenia uma síndrome específica intitulada de "neurose de angústia", *E.S.B.*, III, p. 99.

mundo exterior, e particularmente às instâncias superegoicas (ego ideal e ideal do ego), mais bem explicitados por Freud quando do desenvolvimento da segunda tópica.

A função da dúvida e da ambivalência

As dinâmicas hipocondríacas permitem ao sujeito constantemente interrogar-se sobre a natureza e as sensações de seu corpo e sobre a integridade de suas funções. Como sabemos, duvidar das próprias experiências corporais é apenas uma das formas de manifestação da dúvida enquanto mecanismo de defesa, sendo a dúvida obsessiva bem mais conhecida. Mas, afinal, por que duvidar?

No caso do "Homem dos Ratos", Freud revela que a dúvida, um dos mecanismos centrais da neurose obsessiva, é fruto da ambivalência, do conflito e da mescla entre amor e ódio que fundam e caracterizam essa neurose. Ele ressalta que o ódio recalcado no inconsciente por ação do amor também desempenha uma função importante na etiologia da histeria e da paranoia e que as relações entre esses dois afetos são instáveis. A intensidade do conflito entre o amor e o ódio muitas vezes conduz à paralisia da vontade e à incapacidade de decidir. Por meio do deslocamento, essa paralisia pode estender-se a todos os campos da vida do paciente.

> A dúvida corresponde à percepção interna que tem o paciente de sua própria indecisão, a qual, em conseqüência da inibição de seu amor através de seu ódio, dele se apossa diante de qualquer ação intencionada. A dúvida é, na realidade, uma dúvida de seu próprio amor – que devia ser a coisa mais exata em sua mente como um todo; e ela se difunde por tudo o mais, sendo mormente capaz de ser deslocada para aquilo que é mais

122 VISÕES FREUDIANAS

insignificante e sem valor. Um homem que duvida de seu próprio amor permite-se, ou, antes, tem de duvidar de alguma coisa de menor valor.

É essa mesma dúvida que leva o paciente à incerteza com respeito a suas medidas protetoras, bem como à sua contínua repetição delas com o fito de expulsar a incerteza; ademais, é, também, essa dúvida que enfim estabelece o fato de os próprios atos protetores do paciente serem impossíveis de se realizarem, tanto quanto a sua original decisão inibida em relação ao seu amor.[53]

O neurótico obsessivo despende intensos esforços para evitar a certeza e preservar a dúvida.[54] Dessa forma, o sujeito afasta-se da realidade, isola-se do mundo, tornando-se incapaz de qualquer decisão ou ação, especialmente em matéria de amor, protelando toda e qualquer iniciativa, em sua vida pessoal, em seu trabalho, em suas atividades cotidianas. Segundo Freud, com vistas a preservar modos de funcionamento, essas pessoas frequentemente ocupam seus pensamentos com:

Temas perante os quais toda a humanidade está incerta e nossos conhecimentos e julgamentos necessariamente expostos a dúvida. Os principais temas dessa natureza

---

53 S. Freud (1909). Notas sobre um caso de neurose obsessiva, *E.S.B.*, X, p. 242.

54 "[são óbvios] os esforços que os pacientes empreendem a fim de poderem evitar a certeza e ficarem em dúvida... alguns deles [manifestam] uma vívida ... aversão por relógios, como também nos pequenos artifícios inconscientes de que se utilizam para tornar inócuos esses instrumentos que extinguem as dúvidas. Esse nosso paciente [o Homem dos Ratos] desenvolvera um especial talento para evitar um conhecimento de quaisquer fatos que o teriam auxiliado a chegar a uma decisão sobre o seu conflito".
S. Freud (1909). Notas sobre um caso de neurose obsessiva, *E.S.B.*, X, p. 233.

são paternidade, duração da vida, vida após a morte e
memória – na qual todos nós costumamos acreditar, sem
possuirmos a menor garantia de sua fidedignidade.[55]

As lentes da neurose obsessiva ampliam dinâmicas existentes em todo ser humano, revelando que, ao lado da dúvida, coexistem certezas imensas, tanto maiores quanto maior a capacidade do sujeito de duvidar. A insistência e os esforços despendidos pelo Homem dos Ratos para saldar a dívida que ele acreditava ter com o Tenente A., e que absolutamente não existia, são emblemáticos dessa modalidade de funcionamento.[56] Freud revela que as fontes desse funcionamento podem ser reconhecidas na *onipotência* de pensamentos e de sentimentos, bons e maus. As ideias onipotentes, herdeiras da megalomania característica da tenra infância, muitas vezes ultrapassam os limites da neurose obsessiva transformando-se em delírios.

Na dinâmica hipocondríaca, o sujeito toma seu corpo como palco onde ele encena suas dúvidas e certezas. Ele duvida de sua saúde, do funcionamento de seus órgãos, e, aparentemente, para livrar-se de seus receios e de suas questões, ele procura um médico. Porém, ao receber a resposta que poderia tranquilizá-lo, assegurando-o de que tudo está em ordem, ele não acredita nela. Mais do que isso, a contestação de suas queixas pelo médico reforça a convicção do paciente em seus males, com uma firmeza algumas vezes próxima das dinâmicas paranoicas. Todos os artifícios são então utilizados para produzir as provas de sua doença e ignorar o valor das evidências que a contradizem: o laboratório onde foram feitos os exames não

---

55 S. Freud (1909). Notas sobre um caso de neurose obsessiva, *E.S.B.*, X, p. 234.

56 Apesar de todas as evidências contrárias, inclusive das negativas do Tenente A. e de outras pessoas contestando a afirmação do Homem dos Ratos de que teria pagado nos correios pelos óculos que recebera, ele elabora uma série de planos mirabolantes e empreende uma tortuosa viagem de trem para conseguir que de alguma forma o pagamento (indevido) chegasse ao Tenente A.

124   VISÕES FREUDIANAS

seria suficientemente moderno, os médicos não seriam confiáveis, a qualidade do hospital insatisfatória, e tantas outras. Entre a desconfiança com relação ao seu corpo e a suspeita quanto ao outro que poderia curá-lo, perpetua-se o mecanismo da dúvida que escamoteia a verdadeira questão: quem é a vítima?

Duvidar do corpo, duvidar do médico, deslumbrar-se e, em outros momentos, desprezar as conquistas da medicina... Que tipo de representação do próprio corpo e da relação do outro a seu corpo subjaz a essas dinâmicas? Questão fundamental, pois, ao invés de deixar-nos levar pela escalada terapêutica na qual invariavelmente mergulham médico e paciente, talvez pudéssemos considerar que a ruminação hipocondríaca em torno do funcionamento de seus órgãos e de sua saúde revelaria, na verdade, uma verdadeira falha, não de uma função orgânica, mas da representação corporal e da relação ao outro.[57]

Nessas circunstâncias, a dialética entre o amor e o ódio encontra-se comprometida. Na representação do sujeito, o outro não é confiável como fonte de amor, não podendo, portanto, propiciar a experiência de um corpo íntegro, a ser amado por ele mesmo. O outro não é, tampouco, confiável como possível depositário do ódio do sujeito, dificultando ou impedindo que esse ódio deixe de tomar exclusivamente o próprio corpo como objeto fantasiado ou real de destruição. Oferecer o corpo ao outro em busca de alívio, para em seguida desautorizá-lo no cuidado desse corpo, não deixa de ser também uma forma de vingança e de depreciação pela desconfiança e incapacidade do outro de cuidar dele.

A oferenda insistente de seu corpo, feita pelo hipocondríaco a seu médico ou a uma outra pessoa, revela-se, então, um engodo. Ela seria, na verdade, uma tentativa desesperada de subtrair esse corpo ao saber e ao desejo do outro. Marcada por um ódio que não pode

---

57 Cf. *Função materna e experiência hipocondríaca*, no Capítulo 6.

ser dialetizado por meio da alteridade, essa oferta permanente e insistente do corpo escamoteia uma autêntica dinâmica de destruição vivida pelo hipocondríaco.

Projeção, paranoia e hipocondria

Já em 1895, Freud considerava que a dúvida, a culpa e a autorrecriminação constituíam também um eixo fundamental para a compreensão da paranoia. Em uma carta a Fliess, ele aponta que enquanto na neurose obsessiva a autorrecriminação é vivida como oriunda de dentro do sujeito, na paranoia, por meio do mecanismo da projeção, a origem da crítica é atribuída a uma fonte externa. Comentando a especificidade da defesa paranoica, ele discute o caso de uma mulher solteira, com cerca de 30 anos, que, após ter sido abandonada por um pretenso namorado, começou a apresentar "delírios" de estar sendo observada, perseguida e objeto de comentários das vizinhas.

> *Antes, tratava-se de uma auto-recriminação interna, e agora era uma imputação vinda de fora: as pessoas diziam aquilo que, de outra maneira, ela diria a si mesma. Havia um lucro a retirar disso. Ela teria sido obrigada a aceitar essa condenação, se proferida de dentro; mas podia rejeitar a que lhe vinha de fora.* Desse modo, a condenação, a censura, era mantida longe do ego.[58]

Nessas suas primeiras concepções sobre a paranoia, Freud sugere que o objetivo desse mecanismo é expulsar uma ideia incompatível com o ego, projetando-a no mundo externo. Segundo ele, a paranoia caracteriza-se por um *duplo excesso*: o exagero na utilização da

---

58 S. Freud (1895c). Rascunho H. Paranoia (24/01/1895), p. 110. Sublinhado por Freud.

126 VISÕES FREUDIANAS

projeção, um mecanismo presente no funcionamento psíquico normal, e também a exacerbação da importância das ideias projetadas.

É uma questão de uso excessivo de um mecanismo que é muito comumente empregado na vida normal: a transposição ou projeção. Sempre que ocorre uma modificação interna, temos uma opção entre pressupor para ela uma causa interna ou externa. Quando algo nos barra a derivação interna, atemo-nos, naturalmente, à externa... [Constata-se na paranoia uma] supervalorização do que as pessoas sabem a nosso respeito e do que as pessoas fizeram conosco. O que é que as pessoas sabem a nosso respeito, de que não temos nenhum conhecimento e que não podemos admitir? Trata-se, portanto, de um abuso do mecanismo de projeção para fins de defesa.[59]

Mais à frente nesse texto, Freud já aponta para a relação entre a paranoia e a hipocondria. Curiosamente, nessa articulação, a hipocondria dá forma a fantasias de perseguição que atribuem a *uma fonte externa* as ameaças que pairam sobre o sujeito. Em suas primeiras conceitualizações, Freud ainda não descobrira plenamente o alcance das dinâmicas projetivas, sobretudo a contrapartida dessas dinâmicas, a introjeção.[60] Consequentemente, naquele momento,

---

59 S. Freud (1895c). Rascunho H. Paranoia (24/01/1895), p. 110. Sublinhado por Freud.

60 Apesar de presentes desde os primeiros textos freudianos, a importância das dinâmicas de introjeção e de projeção, tanto nos processos de constituição do sujeito e de sua experiência corporal como nos psicopatológicos, só foi plenamente explicitada pelos desenvolvimentos desses conceitos realizados principalmente por Ferenczi e por Melanie Klein, como veremos.
Cf. A hipocondria entre os objetos externos e internos, no Capítulo 3.
S. Ferenczi (1909). Transferência e introjeção.

ainda não era possível para Freud compreender completamente o movimento dissociativo que, muitas vezes, transforma o próprio corpo em perseguidor. Porém, evidenciava-se a questão sobre as origens das queixas hipocondríacas. A partir da perspectiva da projeção, o pensamento hipocondríaco seria resultado de uma impossibilidade extrema do paranoico em reconhecer em si mesmo e, em particular, na vida sexual a fonte de seus problemas, atribuindo sempre a uma fonte exterior a causa de seus males.

> *O hipocondríaco se debate por um longo tempo até descobrir a chave de seu sentimento de estar gravemente enfermo. Não admite para si próprio que este possa originar-se em sua vida sexual, e dá-lhe enorme satisfação saber que o mal que o aflige é, no dizer de Moebius, não endógeno, e sim exógeno. Portanto, está sendo envenenado.*[61]

Nesse contexto, Freud reitera sua importante constatação a respeito do elemento desencadeador e articulador das diferentes manifestações defensivas: toda defesa seria o resultado de uma necessidade imperativa de proteger o ego de representações e pensamentos que possam ameaçá-lo, uma formulação que permite vislumbrar o embrião da ideia de *defesa narcísica*:

> *Em cada um desses casos, a* ideia delirante *é sustentada com a mesma energia com que uma outra ideia, insuportavelmente aflitiva, é rechaçada para longe do ego. Assim, [os paranoicos]* amam seus delírios como amam a si mesmos. *É esse o segredo.*[62]

M. Klein (1934). Uma contribuição à psicogênese dos estados maníaco-depressivos.

61 S. Freud. (1895c). Rascunho H. Paranoia (24/01/1895), p. 111.
62 S. Freud (1895c). Rascunho H. Paranoia (24/01/1895), p. 112.

128   VISÕES FREUDIANAS

Em função da ameaça narcísica constituída por uma certa representação, a defesa promoverá uma maior ou menor ruptura entre o ego e a realidade. Na histeria e na neurose obsessiva, a relação entre o ego e a realidade é mantida, ao passo que na confusão alucinatória e na paranoia ocorre o desligamento parcial ou total do sujeito do mundo externo. Na hipocondria, é a fantasia da doença, da perturbação do funcionamento do corpo, que se coloca a serviço daquele amor "delirante", já então claramente reconhecido como narcísico. A realidade da qual em maior ou menor medida se desliga a crença hipocondríaca é a própria realidade das sensações e das percepções corporais.

Após os anos 1910, com a formulação do conceito de narcisismo e da metapsicologia,[63] a vinculação estabelecida no Rascunho H entre a projeção e a intensidade da defesa (narcísica), e a intimidade entre a paranoia e a projeção passaram a se constituir como a essência da compreensão freudiana da hipocondria, cada vez mais frequentemente associada por Freud à paranoia.

Dez anos depois de formular suas primeiras hipóteses naquele Rascunho e em meio à sistematização de sua teoria da libido,[64] Freud retoma suas investigações sobre as relações entre a hipocondria e a paranoia a partir da perspectiva da regressão. Em duas reuniões do primeiro grupo de psicanalistas de Viena, em 21/11/1906 e em 06/02/1907, ele destacou o papel da regressão da libido na hipocondria e na paranoia,[65] levantando também a hipótese de que a

---

63 S. Freud (1914). Sobre o narcisismo: uma introdução, *E.S.B.*, XIV.

S. Freud (1915a). O instinto e suas vicissitudes, *E.S.B.*, XIV.

64 S. Freud (1905b). Três ensaios sobre a teoria da sexualidade, *E.S.B.*, VII.

65 "Na hipocondria como na paranoia, deve se produzir uma regressão da libido". Les premiers psychanalystes (1976). *Minutes (I) de la Société Psychanalytique de Vienne (du 10/10/1906 au 03/06/1908)*, pp. 84-85.

hipocondria seria o equivalente somático da paranoia.[66] Em uma carta a Jung de 14/04/1907, Freud reiterava a relação indissociável entre a paranoia e a hipocondria.[67]

É importante constatar que, enquanto o deslocamento é o processo articulador entre a neurose obsessiva e a hipocondria, a articulação entre a hipocondria e a paranoia é promovida pela projeção. Apesar de suas diferenças, da perspectiva tópica, essas duas dinâmicas respondem a um mesmo imperativo: em ambas, o desprazer e o conflito provocados por uma representação impedem sua permanência em um lugar próprio, provocando o deslocamento e a projeção para um outro lugar. Em ambos os casos, são as representações corporais que mediatizam esses movimentos, apenas possíveis graças à superação da realidade anatômica, em decorrência da experiência imaginária e erógena do corpo.

Assim como toda a gama de recursos mais organizados da economia psicossomática,[68] o deslocamento, a projeção e a experiência erógena do corpo só podem se constituir e dependem da qualidade dos cuidados e da mediação propiciada pelos primeiros objetos na relação com o outro e com o mundo. O outro humano propicia a vivência do corpo erógeno e a metaforização das partes corporais, tornando-as, na fantasia, plásticas, móveis e intercambiáveis.[69] Esse

---

66 "A hipocondria deve ser o equivalente somático da paranoia; o retorno da libido para o ego é sempre acompanhado de sensações desprazerosas".
Les premiers psychanalystes (1976). *Minutes (I) de la Société Psychanalytique de Vienne (du 10/10/1906 au 03/06/1908)*, p. 132.
67 "A hipocondria frequentemente se aproxima da paranoia, evolui para a paranoia, se mescla à paranoia".
S. Freud & C. G. Jung (1975). *Correspondance*, v. 1 (1906-1909), p. 88.
68 P. Marty (1990). *A psicossomática do adulto*.
R. M. Volich (2000/2022). *Psicossomática, de Hipócrates à psicanálise*.
69 L. Kreisler, M. Fain & M. Soulé (1974). A criança e seu corpo.
C. Dejours (1989b). *Repressão e subversão em psicossomática: investigações psicanalíticas sobre o corpo*.

130 VISÕES FREUDIANAS

outro também é investido de um saber que pode se constituir, no extremo, como verdadeiro aglutinador da alienação paranoica/hipocondríaca do corpo.

Ao explicitar a relação entre essas duas experiências, Freud indica também o caminho por meio do qual o sujeito pode alienar-se no saber do outro. Compreendemos, então, um pouco mais a experiência paradoxal e paroxística vivida pelo hipocondríaco quando, por um lado, oferece seu corpo a um outro sujeito, imaginando ter ele um saber a respeito de seu próprio corpo, enquanto, ao mesmo tempo, trava com esse outro uma verdadeira batalha para libertar-se da servidão à qual ele mesmo, sem perceber, entregou-se.

As vivências de Daniel Paul Schreber, relatadas em suas memórias,[70] são uma demonstração exemplar dessas dinâmicas. Ao analisá-las, Freud pode confirmar muitas de suas hipóteses sobre a paranoia, evidenciando também as relações desta com hipocondria.

Schreber: corpo transmutado, alma perseguida

Daniel Paul Schreber (1842-1911) nasceu em uma família de burgueses protestantes, ricos e cultos. Seu pai, Daniel Gottlieb Moritz Schreber (1808-1861), era médico ortopedista e pedagogo, autor de livros sobre ginástica, higiene e educação. Ele preconizava uma educação rígida desde a mais tenra infância, com vistas a exercer um controle sobre todos os aspectos da vida, desde os hábitos de alimentação até a vida espiritual da pessoa. A preocupação com a postura corporal ocupava um lugar importante nesse método. Para garantir uma postura ereta do corpo da criança em todos os momentos do dia, inclusive ao dormir, ele construiu vários aparelhos ortopédicos de ferro e couro, que, inclusive, utilizou com seu filho. Com esses métodos, o pai buscava promover a retidão do espírito,

---

70 D. P. Schreber (1903). *Mémoires d'un névropathe.*

a contenção emocional e a eliminação de "sentimentos imorais", como a sexualidade.[71]

O filho Schreber teve uma carreira ascendente como jurista e funcionário do Ministério da Justiça da Saxônia, tendo também concorrido a mandatos legislativos. Em razão de uma "crise de nervos", entre 1884 e 1885, foi internado pela primeira vez em uma clínica por seis meses. Na ocasião, seu médico, o Prof. Paul Emil Flechsig,[72] diagnosticou seus distúrbios como "uma crise grave de hipocondria", com ideias de emagrecimento.[73] Oito anos depois, no final de outubro de 1893, um segundo episódio de sua doença teve início "com um torturante acesso de insônia". Em 1899, em uma nova internação, o Dr. Weber, diretor do asilo de Sonnenstein, próximo a Dresden, mencionou em seu relatório a associação entre as preocupações hipocondríacas de Schreber e algumas ideias persecutórias.

Segundo a descrição de Freud, Schreber manifestava "ideias hipocondríacas", acreditando "ter um amolecimento do cérebro e que morreria cedo".[74] Ele apresentava também "ideias de perseguição", relacionadas a "ilusões sensoriais" esporádicas, e "um alto grau de hiperestesia", principalmente uma "grande sensibilidade à luz e ao barulho". Com o tempo, tornaram-se mais frequentes "ilusões visuais e auditivas" que, junto com distúrbios cenestésicos, passaram a dominar "a totalidade de seu sentimento e pensamento". Schreber

---

71 D. P. Schreber (1903). *Mémoires d'un névropathe*.

72 Paul Emil Flechsig (1847-1929), psiquiatra alemão, é considerado um dos pais da neuroanatomia. Foi professor titular de psiquiatria na Universidade de Leipzig, celebrizado por ter sido o médico de Daniel Schreber.
J. Malcolm (1992). *Tempête aux Archives Freud*.

73 D. P. Schreber (1903). *Mémoires d'un névropathe*, p. 301.
Para uma compreensão mais ampla das dinâmicas da paranoia em Schreber e a extensão que elas adquiriram na teoria psicanalítica, confira o belo livro de Renata U. Cromberg (2000), *Paranoia*.

74 S. Freud (1911b). Notas psicanalíticas sobre um relato autobiográfico de um caso de paranoia (*Dementia paranoides*), E.S.B., XII, p. 28.

132   VISÕES FREUDIANAS

acreditava "estar morto e em decomposição, que sofria de peste; asseverava que seu corpo estava sendo manejado da maneira mais revoltante, [que] passou pelos piores horrores que alguém possa imaginar, e tudo em nome de um intuito sagrado". Absorto nessas experiências, ele se mostrava inacessível ao contato e refratário a qualquer outra impressão, podendo ficar sentado durante horas "perfeitamente rígido e imóvel" numa atitude descrita como de "estupor alucinatório". Suas ideias o "torturavam a tal ponto que ele ansiava pela morte". Inclusive, ele tentou provocá-la "afogando-se durante o banho" e solicitando que lhe fosse ministrado o "cianureto que lhe estava destinado". Seus delírios evoluíram adquirindo um caráter místico e religioso, e Schreber passou a sentir que "achava-se em comunicação direta com Deus, [que] era joguete de demônios, via 'aparições miraculosas', ouvia 'música sagrada'". Na fase final de seu episódio delirante, ele chegou inclusive "a acreditar que estava vivendo em outro mundo".[75]

O Dr. Weber considerou que Schreber apresentava uma psicose inicial aguda, que ele definiu como "insanidade alucinatória", com manifestações paranoicas. Sua "engenhosa estrutura delirante" coexistia com outro aspecto de sua personalidade, que lhe permitia satisfazer as exigências da vida cotidiana. Ao longo de seu relato, Schreber se lança em um vigoroso embate no qual estão envolvidos Deus, o Dr. Flechsig, seu pai e as "vozes" que dizia ouvir. Em meio a eles, Schreber sentia seu corpo transformar-se, ser penetrado por raios, deformar-se, mudar de sexo e ser capaz de gerar uma nova espécie de seres.

---

75 S. Freud (1911b). Notas psicanalíticas sobre um relato autobiográfico de um caso de paranoia (*Dementia paranoides*), *E.S.B.*, XII, p. 29.

[Ele acreditava que era sua missão] redimir o mundo e restituir à humanidade o estado perdido de beatitude. Foi convocado a essa tarefa... por inspiração direta de Deus... A parte mais essencial de sua missão redentora é ela ter de ser procedida por sua transformação em mulher,... um "dever" baseado na Ordem das Coisas, ao qual não há possibilidade de fugir... Nem ele nem o resto da humanidade podem reconquistar a vida do além, a não ser mediante a transformação em mulher... Durante anos, experimentou estes milagres em seu corpo e teve-os confirmados pelas vozes que com ele conversaram... Alguns de seus órgãos corporais sofreram danos tão terríveis que inevitavelmente levariam à morte qualquer outro homem; viveu por longo tempo sem estômago, sem intestinos, quase sem pulmões, com o esôfago rasgado, sem bexiga e com as costelas despedaçadas; costumava às vezes engolir parte de sua própria laringe com a comida etc. Mas milagres divinos ("raios") sempre restauravam o que havia sido destruído, e portanto, enquanto permanecer homem, é inteiramente imortal... Ele tem a sensação de que um número enorme de "nervos femininos" já passou para o seu corpo e, a partir deles, uma nova raça de homens originar-se-á, através de um processo de fecundação direta por Deus. Somente então... poderá morrer de morte natural e, juntamente com o resto da humanidade, reconquistará um estado de beatitude. Nesse meio tempo, não apenas o Sol, mas também árvores e pássaros, que têm a natureza de "resíduos miraculados... de antigas almas humanas,

134 VISÕES FREUDIANAS

falam-lhe com inflexões humanas, e coisas miraculosas acontecem por toda a parte a seu redor".[76]

Constatamos que as fantasias hipocondríacas de Schreber são operadores centrais de um sistema delirante a serviço de sua missão salvadora. Tudo é excessivo, amplificado. As partes de seu corpo se prestam à representação de um funcionamento megalomaníaco que abarca sua descendência, Deus e a humanidade. Em torno do corpo dilacerado e transmutado de Schreber decide-se o destino de todo o Universo. Da mesma forma, é para esse corpo que convergem os raios, as perseguições, as vozes e a atenção de todos os inimigos que visam não apenas possuir sua alma, mas, sobretudo, atacar seu corpo. Entre esses inimigos destaca-se Flechsig, seu médico, objeto tanto de ódio como de veneração, semelhantes aos manifestados por Schreber com relação a seu pai e às entidades divinas.[77]

Os delírios de Schreber colocam-no no centro de um litígio, com traços e ritos de um processo judicial, em que acusação e defesa se digladiam em torno da posse e da integridade de seu corpo. Ao analisar esses delírios, Freud revela que a posição feminina e a relação de "submissão reverente e insubordinação amotinada" de

---

76 S. Freud (1911b). Notas psicanalíticas sobre um relato autobiográfico de um caso de paranoia (*Dementia paranoides*), *E.S.B.*, XII, p. 32.

77 Em um artigo de 1884, Flechsig relatou ter realizado experimentos de castração em pacientes neuróticos histéricos e obsessivo-compulsivos. Segundo Janet Malcolm (1986), Jeffrey Masson, pesquisador dos Arquivos de Freud, descobriu que Freud possuía um exemplar desse artigo em sua biblioteca. Em seu trabalho sobre Schreber, Freud não menciona ter conhecimento desse artigo, cujo conteúdo certamente acrescenta uma nova perspectiva para compreender os delírios de Schreber. Podemos especular que talvez, até mesmo inconscientemente, essa informação tenha também contribuído para a afirmação de Freud, feita em 1914 no artigo sobre o narcisismo, de que "o hipocondríaco pode ter razão" (ver a seguir *Narcisismo e hipocondria*). Cf. J. Malcolm (1992). *Tempête aux Archives Freud.*

Schreber a seu Deus derivavam da atitude infantil para com seu pai. A dinâmica de sua doença emergia a partir do complexo paterno, em particular em sua dimensão homossexual. A profissão do pai era um catalisador importante da ambivalência de Schreber com relação a ele e a seus substitutos.

> *A circunstância de o pai de Schreber ter sido médico, e médico dos mais eminentes, que sem dúvida foi muito respeitado por seus pacientes, é que explica as características mais notáveis de seu Deus e aquelas sobre as quais se demora, de maneira tão crítica. Poderia um escárnio mais acerbo ser demonstrado por um médico, do que declarar que ele nada compreende sobre os homens vivos e só sabe lidar com cadáveres?*[78]

Retomando suas primeiras concepções sobre a paranoia e sobre a etiologia sexual das neuroses, Freud aponta que a culpa, a autoacusação e a projeção participariam do cerne da doença de Schreber. Nela, as fantasias de castração também exerceriam um papel significativo. A ruminação e os delírios hipocondríacos estruturar-se-iam em torno dos conflitos entre esses fatores.

> *... as vozes dão-nos fundamentos para suspeitar que a acusação de assassinato de alma levantada contra Flechsig foi, desde o início, uma auto-acusação.*

> *As vozes diziam, como se fornecendo fundamentos para a ameaça de castração: "Pois você deve ser* representado

---

78 S. Freud (1911b). Notas psicanalíticas sobre um relato autobiográfico de um caso de paranoia (*Dementia paranoides*), *E.S.B.*, XII, p. 72.

como sendo dado a excessos voluptuosos." Finalmente, *chegamos ao pensamento forçado a que o paciente se submeteu porque supunha que Deus acreditaria que ele se havia tornado idiota e se afastaria dele se deixasse de pensar por um só momento. Trata-se de reação... à ameaça ou temor de perder a razão por entregar--se a práticas sexuais e, especialmente, à masturbação. Considerando o enorme número de ideias delirantes de natureza hipocondríaca que o paciente desenvolveu, talvez não se deva dar grande importância ao fato de algumas delas coincidirem, palavra por palavra, com os temores hipocondríacos dos masturbadores.*[79]

Freud percebia, porém, que suas hipóteses eram ainda insuficientes para compreender as manifestações delirantes de Schreber. Resgatando uma proposição de Benedict Morel,[80] Freud passa a considerar que a hipocondria deveria se constituir como uma condição essencial para a compreensão da paranoia. Mais do que isso, comparando a relação econômica entre os pares hipocondria/paranoia e neurose de angústia/histeria, Freud intui e revela a importância das diferenças entre o caráter narcísico e objetal de cada uma dessas manifestações.

---

79 S. Freud (1911b). Notas psicanalíticas sobre um relato autobiográfico de um caso de paranoia (*Dementia paranoides*), *E.S.B.*, XII, pp. 76-77.

80 Benedict Morel (1809-1873) desenvolveu em meados do século XIX a teoria da degenerescência a partir do estudo do estado mental de criminosos. A degenerescência da espécie humana seria um fator importante em questões de saúde, sociais, educacionais e até mesmo raciais. Em 1857, publicou um *Tratado sobre as degenerações físicas, intelectuais e morais da espécie humana* no qual busca as causas das doenças na hereditariedade.

... eu só considerarei uma teoria da paranoia como digna de confiança quando ela conseguir inserir em seu conjunto os sintomas hipocondríacos quase que regularmente concomitantes. Parece-me que, com relação à paranoia, a hipocondria situa-se na mesma posição que a neurose de angústia com relação à histeria.[81]

No artigo sobre Schreber, é ainda modesto o espaço atribuído a essa ideia: uma breve nota de rodapé em meio às interpretações de seus delírios exuberantes. Aos poucos, no contexto de suas elaborações sobre a metapsicologia, a repercussão dessa intuição amplificou-se na obra freudiana. Por meio dessa articulação, Freud reconhece o potencial clínico e conceitual das dinâmicas da hipocondria para esclarecer não apenas os processos da paranoia, mas também o próprio conceito de narcisismo e outros desdobramentos no campo da psicopatologia.

Narcisismo e hipocondria

Intuído nos textos dos anos 1890, o conceito de *narcisismo* permeia discretamente os *Três ensaios sobre a teoria da sexualidade* e passou, na década de 1910, ao primeiro plano da teoria freudiana. Ele ocupa um lugar central no artigo sobre Leonardo da Vinci,[82] e, a partir do estudo sobre Schreber, é percebido como um importante articulador da experiência psicopatológica. Por meio da análise do relato de Shreber, o narcisismo revela-se como a dinâmica mediadora entre

---

81 S. Freud (1911b). Notas psicanalíticas sobre um relato autobiográfico de um caso de paranoia (*Dementia paranoides*), *E.S.B.*, XII.

82 S. Freud (1910b). Leonardo da Vinci e uma lembrança da sua infância, *E.S.B.*, XI.

138 VISÕES FREUDIANAS

a homossexualidade e a paranoia e, também, como uma condição econômica central das esquizofrenias.

> *Pesquisas recentes dirigiram nossa atenção para um estádio do desenvolvimento da libido, entre o auto-erotismo e o amor objetal. Este estádio recebeu o nome de narcisismo... chega uma ocasião, no desenvolvimento do indivíduo, em que ele reúne seus instintos sexuais [até aqui empenhados em atividades auto-eróticas], a fim de conseguir um objeto amoroso; e começa por tomar a si próprio, seu próprio corpo, como objeto amoroso, sendo apenas subseqüentemente que passa daí para a escolha de alguma outra pessoa que não ele mesmo, como objeto.*

> *... os paranóicos* se esforçam por proteger-se contra esse tipo de sexualização de suas catexias sociais instintuais,... *o ponto fraco em seu desenvolvimento deve ser procurado em algum lugar entre os estádios de auto-erotismo, narcisismo e homossexualismo, e que sua disposição à enfermidade deve estar localizada nessa região. Uma disposição semelhante teria de ser atribuída aos pacientes que sofrem da demência precoce de Kraepelin ou de (como Bleuler a denominou)* esquizofrenia.[83]

Freud aponta que, na paranoia, é a libido narcísica, vinculada ao ego, que alimenta o engrandecimento deste e, consequentemente, por meio da projeção, os delírios de perseguição. A "fixação no estádio do narcisismo" e a regressão ao "homossexualismo

---

83 S. Freud (1911b). Notas psicanalíticas sobre um relato autobiográfico de um caso de paranoia (*Dementia paranoides*), E.S.B., XII, pp. 82-83 e 85.

sublimado para o narcisismo" aparecem como duas das principais características da paranoia.

A partir dessas concepções, Freud amplia e sistematiza suas hipóteses sobre o narcisismo. Como vimos, no Rascunho H, ele já insinuava a dimensão narcísica do fenômeno hipocondríaco.[84] Em 1914, ele discute o fenômeno do narcisismo a partir de suas manifestações na hipocondria, na parafrenia, na doença orgânica e na vida erótica dos sexos.[85] Na doença orgânica o homem doente retira seus investimentos de libido de seus objetos para reinvesti-los no próprio ego. Essa mesma dinâmica ocorre durante o sono, quando, para promover e preservar a necessidade de dormir, os investimentos de libido são retirados do mundo voltando-se narcisicamente para o ego.

Apesar da inexistência de lesões corporais reais, a hipocondria também promove, como a doença orgânica, um movimento de retraimento narcísico. Porém, cuidadoso, Freud aponta que é frágil a tentativa de discriminar entre a doença orgânica e a hipocondria unicamente a partir dos sinais orgânicos demonstráveis. Ele deixa claro que *o hipocondríaco pode ter razão em suas queixas*. Apesar da inexistência de sinais corporais concretos, a hipocondria manifestaria uma alteração corporal de outra ordem, revelando uma outra experiência e um outro saber sobre o corpo.

A hipocondria, da mesma forma que a doença orgânica, manifesta-se em sensações corpóreas aflitivas e penosas, tendo sobre a distribuição da libido o mesmo efeito que a doença orgânica. O hipocondríaco retira tanto o interesse quanto a libido – a segunda de forma especialmente acentuada – dos objetos do mundo externo, concentrando ambos no órgão que lhe prende a atenção. Torna-se agora

---

84 Cf. acima, *Projeção, paranoia e hipocondria*.

85 S. Freud (1914). Sobre o narcisismo: uma Introdução, *E.S.B.*, XIV.

140 VISÕES FREUDIANAS

evidente uma diferença entre a hipocondria e a doença orgânica: na segunda, as sensações aflitivas baseiam-se em mudanças demonstráveis [orgânicas]; na primeira, isso não ocorre. Mas estaria inteiramente de acordo com nossa concepção geral dos processos de neurose, se resolvêssemos dizer que a hipocondria deve estar certa: deve-se supor que as modificações orgânicas também estão presentes nela.[86]

Por meio do narcisismo, e da hipocondria em particular, essa passagem consolida a noção de *corpo erógeno*. Como vimos, desde 1893, Freud insistia na importância em considerar a existência de uma experiência do corpo que não correspondia à representação anatômica deste corpo. Já naquele momento ele sustentava que as "lesões", às quais se tentava atribuir a etiologia da histeria, deveriam ser compreendidas como "independentes da anatomia do sistema nervoso". As dinâmicas da histeria evidenciariam a possibilidade de constituição de um sintoma corporal "ignorando" as leis da anatomia.

Qual poderia ser a natureza da lesão, na paralisia histérica, que [não respeita] a localização ou a extensão da lesão ou da anatomia do sistema nervoso?...

... afirmo que a lesão nas paralisias histéricas deve ser completamente independente da anatomia do sistema nervoso, pois, em suas paralisias e em outras manifestações, a histeria se comporta como se a anatomia não existisse, ou como se não tivesse conhecimento desta. *A histeria ignora a distribuição dos nervos, e é por isso*

---

86 S. Freud (1914). Sobre o narcisismo: uma Introdução, *E.S.B.*, XVI, sublinhado por mim.

que não simula paralisias periférico-medulares ou paralisias em projeção. Ela não conhece o quiasma óptico e, por conseguinte, não produz hemianopsia. Ela toma os órgãos pelo sentido comum, popular, dos nomes que eles têm: a perna é a perna até sua inserção no quadril, o braço é o membro superior tal como aparece visível sob a roupa.[87]

Vinte anos mais tarde, experiências da mesma natureza levaram Freud a considerar a possibilidade de que também na hipocondria deveriam existir "modificações" equivalentes às orgânicas apesar da impossibilidade da investigação médica em encontrar uma base material para os sintomas.[88] Essa afirmação comporta uma dupla perspectiva. Por um lado, insinua-se através dessa frase a hipótese sobre a dimensão hipocondríaca do sonho: este seria capaz de detectar e representar sinais oriundos do organismo, imperceptíveis durante a vida de vigília. Essa dimensão da atividade onírica, enunciada desde *A interpretação dos sonhos*,[89] será ampliada por Freud em um artigo específico sobre a metapsicologia do sonho.[90] Por outro lado, em 1914,

---

87 S. Freud (1893a). Algumas considerações para um estudo comparativo das paralisias motoras orgânicas e histéricas, *E.S.B.*, I, p. 212, sublinhado por Freud.

88 S. Freud (1910a). A concepção psicanalítica da perturbação psicogênica da visão, *E.S.B.*, XI.

"Se um órgão que serve a duas espécies de instintos aumenta seu papel erógeno, é de se esperar, em geral, que tal não ocorra sem a excitabilidade e a inervação do órgão, passivo das alterações que se manifestarão na forma de perturbação de suas funções a serviço do ego. De fato, se descobrirmos que um órgão que serve normalmente à finalidade da percepção sensorial começa a se comportar como um genital real quando se intensifica seu papel erógeno, não nos parecerá improvável que nele também estejam ocorrendo alterações tóxicas." (p. 203)

89 "Não há dúvida de que a cenestesia física [ou sensibilidade geral difusa] está entre os estímulos somáticos internos capazes de ditar o conteúdo dos sonhos". S. Freud (1900b). A interpretação dos sonhos, *E.S.B.*, V, p. 264.

90 S. Freud (1917b). Suplemento metapsicológico à teoria dos sonhos, *E.S.B.*, XIV. Cf. *O corpo, fonte e objeto do sonho*, a seguir.

142 VISÕES FREUDIANAS

Freud apontava explicitamente para a erogeneidade (a quantidade de libido investida) do órgão como a fonte da sensação e da representação de uma perturbação de seu corpo, vividas pelo paciente. Para ilustrar essas dinâmicas, Freud descreve o funcionamento dos órgãos genitais, cujos estados de excitação provocam modificações de sua sensibilidade, alterando também a percepção que a pessoa tem dele. Ele afirma que processos análogos podem ocorrer com qualquer parte do corpo, constituindo a experiência hipocondríaca do corpo.

> ... nossa teoria da sexualidade de há muito nos habituou à ideia de que certas outras partes do corpo – as zonas "erógenas" – podem atuar como substitutos dos órgãos genitais e se comportarem analogamente a eles... Podemos decidir considerar a erogenicidade como uma característica geral de todos os órgãos e, então, podemos falar de um aumento ou diminuição dela numa parte específica do corpo. Para cada uma das modificações na erogenicidade dos órgãos poderia, então, verificar-se uma modificação paralela da catexia libidinal no ego. Tais fatores constituíram aquilo que acreditamos estar subjacente à hipocondria e aquilo que pode exercer o mesmo efeito sobre a distribuição da libido tal como produzida por uma doença material dos órgãos.[91]

O hipocondríaco tem razão ao queixar-se de seus órgãos. Se a medicina não detecta nenhuma anomalia neles é por não considerar que a estranheza e a preocupação do sujeito quanto ao funcionamento

---

91 S. Freud (1914). Sobre o narcisismo: uma introdução, *E.S.B.*, XIV, p. 91.

de seu corpo referem-se a outras dimensões da experiência desse corpo, as dimensões erógena e relacional.

A hipocondria, as neuroses narcísicas e de transferência

Com a compreensão do narcisismo, a hipocondria foi consagrada como um verdadeiro operador da teoria psicanalítica. Mais que uma categoria psicopatológica, ela passou a ser reconhecida por Freud em uma condição semelhante à do sonho, à do recalque e à da perversão, deixando de ser considerada como um desvio ou uma perturbação para ter suas diferentes manifestações, tanto normais como patológicas, plenamente reconhecidas em uma linha de continuidade. Mais do que uma doença, a hipocondria passou a ser entendida como parte dos processos de subjetivação, de expressão e de representação do indivíduo.

A teoria do narcisismo promoveu importantes mudanças conceituais na teoria psicanalítica.[92] No campo da nosografia, ela permitiu a Freud ampliar seu modelo dos anos 1890 considerando as condições do investimento libidinal, narcísicas e objetais, como um novo parâmetro para a compreensão das manifestações psicopatológicas. Assim, no grupo das psiconeuroses, ele passou a distinguir entre as *neuroses de transferência* (caracterizadas pelo modo de relação

---

92 Mencionando apenas as mais importantes, podemos considerar: a consolidação da metapsicologia (compreendendo os fenômenos psíquicos segundo suas dimensões tópicas, dinâmicas e econômicas), a passagem da denominada primeira tópica (inconsciente/pré-consciente/consciente) para a segunda (id/ego/superego), o desdobramento da primeira dualidade pulsional (pulsões de autoconservação/pulsões sexuais) na segunda (pulsão de vida/pulsão de morte) e a passagem da primeira teoria da angústia (angústia resultante do excesso de excitações) para a segunda (angústia automática e angústia sinal de alarme). Aprofundo a discussão dessas questões no capítulo Mitologias: narcisismo, pulsões e a economia psicossomática. In R. M. Volich (2000/2022). *Psicossomática, de Hipócrates à psicanálise.*

144 VISÕES FREUDIANAS

objetal) entre as quais ele alinhava a histeria, a neurose obsessiva e a fobia (histeria de angústia), e as *neuroses narcísicas* (marcadas pelo retraimento narcísico da libido) que compreendiam as parafrenias, as psicoses, a esquizofrenia, a paranoia e a melancolia.

O grupo das *neuroses atuais* foi mantido nesse novo modelo. Apesar de ter ressaltado, implícita ou explicitamente, o caráter narcísico da hipocondria, Freud continuou a considerá-la como uma neurose atual, ao lado da neurastenia e da neurose de angústia. Em 18/03/1912, ele relatava a Ferenczi essa hipótese, e, como tentou fazer na análise de Schreber, ele sugeria ampliar a reflexão sobre a função das queixas somáticas na relação entre a hipocondria e a parafrenia, sem ainda poder chegar a uma formulação clara a respeito dessa questão.

> *a hipocondria [é] a terceira neurose atual, e a base somática da parafrenia, como a neurose de angústia o é para a [histeria]. Eu deduzi isso das contribuições erógenas dos órgãos, que se voltam para o ego, ao invés de dirigir-se em direção da libido, mas precedidas de um sinal [negativo]; Entretanto, (disso) não resultou nada de consistente e, evidentemente, eu não quero forçar nada que não se preste a isso mais facilmente.*[93]

No artigo sobre o narcisismo Freud manteve essa concepção, reconhecendo, porém, os limites e as possibilidades da "indagação puramente psicológica" de penetrar nas fronteiras da pesquisa

---

93 E. Brabant & E. Falzeder (Eds.) (1992). *Sigmund Freud-S. Ferenczi: correspondance, v. 1 (1908-1914)*, p. 380.
Em uma reunião em 23/04/1913, diante do grupo de psicanalistas de Viena, ele também defende essa posição.
Cf. Les premiers psychanalystes (1976). *Minutes (IV) de la Société Psychanalytique de Vienne (du 03/01/1912-12/05/1915)*, p. 222.

fisiológica, uma formulação que não deixa de ser curiosa, quando referente aos destinos da libido nas manifestações psicopatológicas. Mesmo que continuasse a considerar a hipocondria como uma neurose atual, ele indicava que ela pode manifestar-se em todas as neuroses, situando-a como um operador importante para compreender as relações entre elas. Um núcleo hipocondríaco, de caráter narcísico, poderia ser encontrado na formação de qualquer neurose.

> ... as sensações corpóreas de natureza desagradável, comparáveis às da hipocondria, ocorrem também nas outras neuroses... Provavelmente não seria ir muito longe supor que, no caso das outras neuroses, uma pequena dose de hipocondria também se forma regularmente ao mesmo tempo. Temos o melhor exemplo disso, creio eu, na neurose de angústia com sua superestrutura de histeria.

E, mais adiante,

> ... podemos suspeitar que a relação da hipocondria com a parafrenia é semelhante à das outras neuroses "reais" [atuais] com a histeria e a neurose obsessiva: podemos desconfiar... que ela está na dependência da libido do ego, assim como as outras estão na da libido objetal, e que a ansiedade hipocondríaca é a contrapartida, enquanto provém da libido do ego, da ansiedade neurótica. Além disso, visto já estarmos familiarizados com a ideia de que o mecanismo do adoecer e da formação de sintomas nas neuroses de transferência – o caminho da introversão para a regressão – deve ficar vinculado a um represamento da libido objetal, podemos também

146   VISÕES FREUDIANAS

ficar mais perto da ideia de um represamento da libido do ego, e podemos estabelecer uma relação dessa ideia com os fenômenos da hipocondria e da parafrenia.[94]

A existência de fatores comuns entre as psiconeuroses e as neuroses atuais foi reconhecida por Freud desde suas primeiras formulações. No artigo de 1894 sobre as psiconeuroses ele já havia apontado para a existência das *neuroses mistas*:

O aparecimento simultâneo de fobias e sintomas histé-ricos, frequentemente observado na prática, é um dos fatores que dificultam uma separação nítida entre a histeria e as outras neuroses e que tornam necessária a postulação da categoria de "neuroses mistas".[95]

No ano seguinte, ao discutir as neuroses de angústia ele acrescenta,

No intuito de analisar as "neuroses mistas" posso afir-mar...: onde quer que ocorra uma neurose mista, será possível descobrir uma mistura de várias etiologias específicas.[96]

Cerca de trinta anos depois, após desenvolver suas teorias sobre o narcisismo e sobre hipóteses metapsicológicas, na Conferência XXIV, sobre os estados neuróticos comuns, Freud dá mais clareza

---

94 S. Freud (1914). Sobre o narcisismo: uma introdução, *E.S.B.*, XIV, p. 91.

95 S. Freud (1894c). As neuropsiconeuroses de defesa, *E.S.B.*, III, p. 66.

96 S. Freud. (1895c). Sobre os fundamentos para destacar da neurastenia uma síndrome específica intitulada de "neurose de angústia", *E.S.B.*, III, p. 113.

a essas relações.[97] Segundo ele, as psiconeuroses e as neuroses atuais não são entidades que se excluem de maneira absoluta. Frequentemente, o sintoma psiconeurótico possui um núcleo originalmente constituído como uma neurose atual. É dessa perspectiva que Freud delineia uma imagem celebrizada, afirmando que, assim como nos moluscos um grão de areia pode contribuir para a formação da madrepérola, nas neuroses, um núcleo de neurose atual participaria do desenvolvimento de uma psiconeurose.[98] Essa relação poderia ser observada entre a neurastenia e a neurose de transferência (histeria de conversão), entre a neurose de angústia e a histeria de angústia (fobia), e também entre a hipocondria a as parafrenias (demência precoce e paranoia).

> *[No caso de uma] dor de cabeça ou dor lombar histérica, a análise nos mostra que, pela condensação e pelo deslocamento, o sintoma tornou-se satisfação substitutiva de toda uma série de fantasias e recordações libidinais. Mas essa dor, em determinada época, era também uma dor atual e era, então, um sintoma sexual-tóxico direto, expressão somática de uma excitação libidinal. Longe estamos de afirmar que todos os sintomas histéricos contêm um núcleo dessa espécie. Mas persiste o fato de que este é, com especial freqüência, o caso, e que quaisquer influências somáticas (normais ou patológicas) causadas por excitações libidinais são preferidas na construção dos sintomas histéricos.[99]*

---

97 S. Freud (1916-1917c). Conferência XXIV: o estado neurótico comum. Conferências introdutórias à psicanálise, *E.S.B.*, XVI.

98 Contextualizo e desenvolvo mais amplamente essas questões em R. M. Volich (2022). Corações inquietos: Freud, Fliess e as neuroses atuais.

99 S. Freud (1916-1917c). Conferência XXIV: o estado neurótico comum, Conferências introdutórias à psicanálise, *E.S.B.*, XVI, p. 455.

148 VISÕES FREUDIANAS

Freud aponta que a compreensão dessas dinâmicas possui um importante interesse diagnóstico e terapêutico. Em uma pessoa "predisposta a uma neurose" sem, porém, manifestar qualquer sinal neurótico, é possível que uma "modificação somática patológica (por inflamação ou lesão)" desencadeie a formação do sintoma. Nesse caso, o sintoma existente na realidade teria sido transformado em "representante de todas as fantasias inconscientes que estavam apenas aguardando a ocasião de lançar mão de algum meio de expressão". Do ponto de vista terapêutico, o médico pode *tentar* "abolir a base orgânica, sem importar-se com a ruidosa elaboração neurótica", ou "atacar a neurose" que utilizou a oportunidade oferecida pela "causa precipitante orgânica".[100]

Apesar de ressaltar a fluidez das manifestações psicopatológicas e a dificuldade de delimitar claramente as fronteiras entre elas, Freud reconheceu a importância de refletir sobre as repercussões das novas perspectivas propiciadas pelo narcisismo em suas concepções da nosografia psicanalítica. Com esse olhar, ele promoveu sucessivas

---

100 Freud observa ainda que nem sempre é possível distinguir o elemento mais proeminente da formação da neurose, e que, muitas vezes, será o resultado da escolha de uma ou outra conduta que indicará *a posteriori* se a compreensão da dinâmica etiológica foi correta, ressaltando também a dificuldade em fazer recomendações gerais para abordar esses "casos mistos".

Inúmeros autores contribuíram para compreender que as neuroses mistas, bem como as variações etiológicas e sintomáticas entre as psiconeuroses e as neuroses atuais em uma mesma pessoa, evidenciam uma das principais características da economia psicossomática, que apresenta, ao longo da vida e a cada momento da existência do sujeito, a possibilidade de oscilar entre formas e funções mais ou menos organizadas e complexas, dependendo de sua história relacional, de seu momento de vida e dos recursos que construiu para lidar com suas experiências.

Cf. R. M. Volich (2000/2022). *Psicossomática, de Hipócrates à psicanálise.*

mudanças em suas classificações da psicopatologia. O Quadro 2.2 apresenta essas mudanças.

Quadro 2.2 As transformações da nosografia psicanalítica[101]

1896	**Neuroses atuais**	**Psiconeuroses de defesa**		
	Neurastenia	Histeria		
	Neurose de angústia	Neurose obsessiva		
	Hipocondria	Fobias		
		"Confusão alucinatória", paranoia		
1905	**Neuroses atuais**	**Psiconeuroses de defesa**		**Perversões**
	Neurastenia	Histeria		Sadismo / Masoquismo
	Neurose de angústia	Neurose obsessiva		Voyeurismo / Exibicionismo
	Hipocondria	Fobias		
		Paranoia		
1915	**Neuroses atuais**	**Psiconeuroses de transferência**	**Psiconeuroses narcísicas**	**Perversões**
	Neurastenia	Histeria	Paranoia	Sadismo / Masoquismo
	Neurose de angústia	Neurose obsessiva	Parafrenia, esquizofrenia	Voyeurismo / Exibicionismo
	Hipocondria	Fobias	Melancolia	
1924	**Neuroses atuais**	**Neuroses**	**Neuroses narcísicas** / **Psicoses**	**Perversões**

---

101 Adaptado de J. Laplanche & J. B. Pontalis (1977). *Vocabulário da psicanálise*, p. 379.

150 VISÕES FREUDIANAS

A hipocondria, "grão de areia" do sintoma

Considerada inicialmente uma neurose atual, a hipocondria também se presta, portanto, à função de "grão de areia" na formação das neuroses, intuída por Freud. Essa compreensão esclarece o lugar da hipocondria na etiologia dessas manifestações e também de outras fora do campo das neuroses. Além disso, ela lança uma nova luz sobre as concepções freudianas das *séries complementares* e da *complacência somática*.

Desde o início de seu interesse sobre a etiologia das neuroses Freud investigou o papel da hereditariedade, da sexualidade, das experiências infantis e das dinâmicas metapsicológicas que resultam em tais manifestações. Para superar a dicotomia entre as concepções etiológicas que consideravam de modo excludente fatores externos ou internos, ele formula a hipótese de uma *série complementar* entre esses fatores.

No final dos anos 1890, Freud já sustentava que tanto os fatores constitucionais como os da sexualidade participariam da dinâmica da neurose.[102] Em 1916-17, ele formula mais claramente essa ideia, afirmando que causas endógenas (hereditariedade, constituição, modos de organização libidinal) e exógenas (traumatismos e frustrações) contribuiriam com intensidades diferentes à etiologia neurótica.

> *[as causas da neurose] enquadram-se numa série [complementar], dentro da qual os dois fatores – constituição sexual e experiência, ou, se preferirem, fixação da libido e frustração – estão representados de tal modo que, quando um dos fatores é mais forte, o outro o é menos... Nos casos intermediários da série, um maior ou menor grau*

---

102 S. Freud (1896b). A hereditariedade e a etiologia das neuroses, *E.S.B.*, III.
   S. Freud (1898). A sexualidade na etiologia das neuroses, *E.S.B.*, III.

de predisposição na constituição sexual se combina com um grau menor ou maior de experiências nocivas na vida das pessoas.[103]

Com relação à histeria, em particular, diversas vezes Freud questionou os fatores que produzem o "salto" do conflito psíquico para a esfera somática, e, mais especificamente, a "escolha" do sintoma e do órgão através do qual ele se manifesta. Na discussão do caso Dora, ele afirma que seria empobrecedor tentar compreender a etiologia da histeria segundo uma causa única. Ele apresenta então a ideia de que, na formação do sintoma, existiria uma *complacência somática* entre um processo corporal, normal ou patológico, que favoreceria uma solução de compromisso para o conflito psíquico inconsciente.

[É frequentemente levantada a questão] se os sintomas da histeria são de origem psíquica ou somática... Esta pergunta... não é adequada... Até onde posso ver, todo sintoma histérico requer a participação de ambos os lados. Não pode ocorrer sem a presença de uma certa complacência somática fornecida por algum processo normal ou patológico no interior de um órgão do corpo ou com ele relacionado.[104]

Ao observar que "toda neurose comporta uma certa dose de hipocondria",[105] Freud deixa implícita a ideia de que, mesmo nos quadros sintomáticos que não apresentam nenhuma manifestação ou queixa

---

103 S. Freud (1916-1917b). Conferência XXII: algumas ideias sobre desenvolvimento e regressão. Conferências introdutórias à psicanálise, *E.S.B.*, XVI.

104 S. Freud (1905a). Fragmento da análise de um caso de histeria, *E.S.B.*, VII, p. 45.

105 S. Freud (1914). Sobre o narcisismo: uma introdução, *E.S.B.*, XIV.

152   VISÕES FREUDIANAS

corporal, as dinâmicas hipocondríacas podem estar presentes como modos de experiência, de elaboração e de ligação das quantidades de excitação e de estímulos internos e externos vividos pelo sujeito. O corpo, por meio da sensorialidade, da percepção e das marcas por elas inscritas, constitui-se por excelência como o lugar da experiência do mundo e do semelhante.

As dinâmicas hipocondríacas podem, então, se constituir como uma precondição para que a complacência somática seja possível. Dessa forma, revelam-se clínica e metapsicologicamente não apenas as hipóteses sobre a existência de relações entre a histeria e a hipocondria, levantadas por diferentes autores ao longo dos séculos, mas também de vinculações menos aparentes com outras manifestações da psicopatologia. Participando da regulação dos movimentos narcísicos e objetais, as dinâmicas hipocondríacas permeiam muitos processos de formação do sintoma. Como sugere Freud, da mesma forma que "modificações somáticas reais" podem catalisar a formação de um quadro psiconeurótico,[106] devemos considerar que também o investimento autoerótico, narcísico ou, mesmo, pelo objeto de uma parte do corpo pode mobilizar e participar da formação de um quadro sintomático.

Seja qual for a natureza do sintoma, psiconeurótico, atual, narcísico ou objetal, sabemos que sua etiologia, constituição e dinâmica são determinadas pela experiência do desprazer, e, em particular, pela angústia, experiências eminentemente corporais.[107] Assim, percebemos

---

106 S. Freud (1916-1917c). Conferência XXIV: o estado neurótico comum. Conferências introdutórias à psicanálise, *E.S.B.*, XVI.

107 "a ansiedade [angústia] surgiu originalmente como uma reação a um estado de perigo e é reproduzida sempre que um estado dessa espécie se repete... As inervações envolvidas no estado original de ansiedade provavelmente tinham um significado e finalidade... no nascimento é provável que a inervação, ao ser dirigida para os órgãos respiratórios, esteja preparando o caminho para a atividade dos pulmões, e, ao acelerar as pulsações do coração, esteja ajudando a

que a *experiência hipocondríaca*, manifesta ou latente em sensações, representações, fantasias ou em sonhos, é uma mediadora essencial da economia psicossomática. Graças a sua função econômica, buscando promover a ligação de excitações, afetos e da sexualidade, a hipocondria articula vivências do sujeito, seus prazeres, suas angústias, seus sintomas e os destinos de sua existência.

A função econômica da hipocondria

No artigo sobre o narcisismo Freud retoma um elemento importante de sua teoria quando afirma que o aparelho psíquico tem como função primordial ligar e dominar as excitações que de outra forma seriam sentidas como desprazerosas ou teriam efeitos patogênicos. A elaboração por meio de dinâmicas psíquicas busca favorecer a ligação e o direcionamento de excitações, impossíveis de serem descarregadas diretamente para o exterior, ou para as quais tal descarga seria, em um dado momento, indesejável. O retraimento narcísico estaria, assim, a serviço dessa função econômica de ligação.

> *[a elaboração das excitações] na mente auxilia de forma marcante um escoamento das excitações que são incapazes de descarga direta para fora, ou para as quais tal descarga é, no momento, indesejável... é indiferente que esse processo interno de elaboração seja efetuado em objetos reais ou imaginários.*[108]

---

manter o sangue isento de substâncias tóxicas... quando o estado de ansiedade é reproduzido depois como um afeto, faltar-lhe-á tal oportunidade".
S. Freud (1926). Inibições, sintoma e ansiedade, *E.S.B.*, XX.
108 S. Freud (1914). Sobre o narcisismo: uma introdução, *E.S.B.*, XIV, p 92.

154 VISÕES FREUDIANAS

Na parafrenia, por exemplo, a libido liberada pela frustração não permanece ligada a objetos na fantasia, mas se retira para o ego, alimentando a megalomania. A falha desse mecanismo de ligação da libido por meio das fantasias megalomaníacas desencadearia as sensações hipocondríacas da parafrenia. Como vimos, segundo Freud, as manifestações hipocondríacas nas parafrenias corresponderiam à angústia nas neuroses de transferência. Nestas, a angústia pode ser transformada, por uma elaboração psíquica ulterior, em conversões, formações reativas ou mecanismos fóbicos.

Na análise de Schreber, Freud já mencionara que os delírios seriam tentativas de cura da doença. No artigo sobre o narcisismo ele afirma que as manifestações características da parafrenia correspondem a "tentativas de restauração", que podem ocorrer segundo três modalidades: 1. Fenômenos residuais de um estado normal de neurose, 2. Processos mórbidos que correspondem ao afastamento da libido dos seus objetos e que se expressam por meio de megalomania, hipocondria, perturbações afetivas e todo tipo de regressão; e 3. Processos que representam a restauração, nos quais a libido pode voltar a ligar-se a objetos como uma histeria (na demência precoce ou na parafrenia propriamente dita), ou como numa neurose obsessiva (na paranoia).[109]

Em 1920, Freud examina a etiologia e as dinâmicas das *neuroses traumáticas*, desencadeadas por "graves concussões mecânicas, desastres ferroviários e outros acidentes que envolvem risco de vida".[110] A sintomatologia dessas neuroses e as da histeria seriam semelhantes, sem que, contudo, as neuroses traumáticas apresentassem a dimensão simbólica e fantasmática dessas últimas. Nesse

---

109 S. Freud (1914). Sobre o narcisismo: uma introdução, *E.S.B.*, XIV, p. 93.
110 S. Freud (1920). Além do princípio do prazer, *E.S.B.*, XVII, p. 23.

sentido, a exuberância de suas queixas e sua natureza narcísica seriam mais próximas da hipocondria e da melancolia. Essas manifestações estariam a serviço da necessidade de ligação do incremento abrupto de excitações desencadeado pelas circunstâncias traumáticas. Nas "neuroses traumáticas dos tempos de paz", inclusive, observa-se (como na hipocondria) que a existência de um ferimento físico, pode, inclusive, evitar o desenvolvimento de uma (psico)neurose.

> *O quadro sintomático [da] neurose traumática aproxima-se do da histeria pela abundância de seus sintomas motores semelhantes; em geral, contudo, ultrapassa-o em seus sinais fortemente acentuados de indisposição subjetiva (no que se assemelha à hipocondria ou à melancolia), bem como nas provas que fornece de debilitamento e de perturbação muito mais abrangentes e gerais das capacidades mentais. [Nas neuroses de guerra] o fato [dos] sintomas às vezes aparecerem sem a intervenção de qualquer grande força mecânica, pareceu a princípio esclarecedor e desnorteante. [Nas neuroses traumáticas dos tempos de paz], neuroses traumáticas comuns, duas características surgem proeminentemente: primeira, que o ônus principal de sua causação parece repousar sobre o fator da surpresa, do susto, e, segunda, que um ferimento ou dano infligidos simultaneamente operam, via de regra, contra o desenvolvimento de uma neurose.*[111]

---

111 S. Freud (1920). Além do princípio do prazer, *E.S.B.*, XVII, p. 23.
Myriam Uchitel apresenta de modo claro e sensível os desdobramentos dessas questões em M. Uchitel (2000). *Neurose traumática: uma revisão crítica do conceito de trauma.*

156 VISÕES FREUDIANAS

Assim, cabe considerar que as sensações e as fantasias hipocondríacas podem vir preencher essa necessidade imperativa de ligação da excitação. As formas narcísicas e transferenciais da hipocondria e suas diferentes formas de manifestação em todos os quadros da psicopatologia podem ser compreendidas como tentativas de ligação da excitação e da angústia recorrendo a um nível mais primitivo de funcionamento, a partir de uma experiência corporal, com ou sem representação psíquica associada.[112]

Hipocondria e funcionamento onírico

Ao longo desse nosso percurso, acompanhando a análise de Freud dos fenômenos hipocondríacos, percebemos como ele foi gradualmente evidenciando a relação destes com a sexualidade, com o deslocamento e com a projeção, com diferentes modalidades de defesa, com a regressão e com o narcisismo, e também com diferentes formas de manifestação da psicopatologia. É natural, portanto, reconhecer a hipocondria igualmente associada à perspectiva do sonho.

O corpo, fonte e objeto do sonho

Desde *A interpretação dos sonhos* Freud já apontava para os estímulos somáticos e sensoriais como fontes oníricas. Discutindo a natureza e a participação desses estímulos na formação do sonho, ele menciona várias teorias que, essencialmente, distinguem três diferentes fontes somáticas dessa experiência: "os estímulos sensoriais objetivos provenientes de objetos externos, os estados internos de excitação dos órgãos sensoriais com base apenas subjetiva, e os estímulos somáticos provenientes do interior do corpo".[113] Freud reconhece a dificuldade

---

112 Cf. *O trabalho da hipocondria*, no Capítulo 6.
113 S. Freud (1900b). A interpretação dos sonhos, *E.S.B.*, V, p. 249.

em provar que os estímulos somáticos internos tenham realmente originado as representações dos sonhos, mas admite essa relação a partir da "influência universalmente reconhecida que exercem [nos] sonhos os estados de excitação de... órgãos digestivos, urinários e sexuais". Segundo ele, muitos autores considerariam, inclusive, que a "estimulação nervosa" e a "estimulação somática" seriam as únicas fontes dos sonhos, erroneamente desprezando os mecanismos psíquicos que participam de sua formação.

Contrapondo-se a essa posição, Freud apresenta as hipóteses de outros autores, como Strümpell, que afirmava, em 1877, que:

> *Durante o sono, a mente atinge uma consciência sensorial muito mais profunda e ampla dos eventos somáticos do que durante o estado de vigília. É obrigada a receber e a ser afetada por impressões de estímulos provenientes de partes do corpo e de modificações do corpo das quais nada sabe enquanto desperta.*

Strümpell atribuía esse fenômeno à capacidade da mente de "retrair-se do mundo externo durante o sono", e sua necessidade de "construir ilusões" como forma de "interpretar" os estímulos sensoriais objetivos, internos ou externos, aos quais ela está submetida. O resultado dessa "interpretação" era denominado por ele de "sonho devido à estimulação nervosa... um sonho cujos componentes são determinados por um estímulo nervoso que produz seus efeitos psíquicos na mente segundo as leis da reprodução". Para Freud, essa capacidade interpretativa do sonho, mediante ilusões, poderia originar um número ilimitado de interpretações e representações dos estímulos somáticos.

Segundo Freud, assim como os *restos diurnos*, os estímulos sensoriais e corporais possuiriam no sonho a mesma função de

158   VISÕES FREUDIANAS

matéria-prima onírica. Ele lembra, no entanto, que haveria "mais de uma maneira de reagir a um estímulo somático durante o sono". O trabalho do sonho é capaz de igualmente representar os dois tipos de fontes do sonho: a somática e a psíquica. Dependendo de sua intensidade, tanto os estímulos nervosos externos como os estímulos somáticos internos podem atrair a atenção psíquica. No interesse de preservar o sono, ambos se constituem como o núcleo da formação de um sonho, colocando-se a serviço de um desejo recalcado. Ele observa ainda que em diversos sonhos o conteúdo onírico é ditado pelo elemento somático, e que, em particular, a "cenestesia física (ou sensibilidade geral difusa) é um dos principais estímulos somáticos internos" para a formação do conteúdo onírico.

O corpo no sonho: um sonho de Freud

Como sabemos, o interesse de Freud pelas fontes somáticas dos sonhos e por suas funções não era apenas ditado pelas controvérsias que ele encontrava na literatura da época sobre essa questão. Seus próprios sonhos o intrigavam, e, muitos deles, relatados ao longo de toda a sua obra, apresentam uma exuberância de imagens corporais, como o famoso sonho "da injeção feita a Irma".

Diversos autores já se debruçaram sobre a interpretação que o próprio Freud fez desse sonho, levantando hipóteses importantes sobre suas relações com a biografia e com a teoria freudianas[114]. Em nosso contexto, é interessante examinar mais de perto esse sonho e sua interpretação para compreender a importância das imagens

---

114 Cf. D. Anzieu (1988). *L'auto-analyse de Freud et la découverte de la psycha-nalyse*, p. 49.

M. Schur (1975). *La mort dans la vie de Freud*.

P. Gay (1991). *Freud, uma vida para nosso tempo*.

J. M. Masson (Ed.) (1986). *A correspondência completa de Sigmund Freud para Wilhelm Fliess (1887-1904)*.

corporais na dinâmica onírica, revelada por Freud, e também em sua própria história pessoal.

O sonho, as circunstâncias que o desencadearam e a análise feita por Freud são descritos no segundo capítulo de *A interpretação dos sonhos*.[115] Resumindo as circunstâncias da vida de Freud no momento do sonho, recordemos que, no verão de 1895, Freud vinha tratando pelo método psicanalítico "uma jovem senhora" ("Irma"), que mantinha "relações cordiais de amizade" com ele e com sua família. Reconhecendo os riscos dessa proximidade para o tratamento, ele relata que este havia terminado com "êxito parcial; a paciente ficara livre de sua angústia histérica, mas não perdera todos os sintomas somáticos".[116] A paciente não aceitara "a solução" proposta por Freud, e, nestas circunstâncias, o tratamento foi interrompido para as férias de verão. Durante essas férias, Freud recebeu a visita de um amigo, "Otto", colega de profissão, que estivera com Irma e com sua família. Pedindo notícias dela, Freud recebeu como resposta que ela "estava melhor, mas não inteiramente boa". Freud aborreceu-se com as palavras de "Otto", sentindo-as como uma recriminação a sua conduta com a paciente, considerando também que "Otto" teria se deixado influenciar pelos familiares dela, que nunca haviam "visto o tratamento com bons olhos". Naquele momento, Freud não percebeu com clareza a dimensão de seu desagrado, e não fez qualquer comentário a respeito. Porém, na mesma noite, redigiu o caso de Irma, pretendendo entregá-lo a outro amigo, o "Dr. M.", como forma de justificar sua conduta. Durante a noite de 23 a 24 de julho de 1895, Freud sonhou:

---

115 Inicialmente acompanharemos o relato e as interpretações de Freud como apresentadas em seu livro. Em seguida, ampliaremos essas informações com hipóteses levantadas por seus biógrafos e por elementos de sua correspondência com Fliess.

116 S. Freud (1900b). A interpretação dos sonhos, *E.S.B.*, V, p. 140.

Um grande salão – numerosos convidados a quem está-vamos recebendo. – Entre eles estava Irma. No mesmo instante, puxei-a de lado, como que para responder a sua carta e repreendê-la por não ter ainda aceitado minha "solução". Disse-lhe: "Se você ainda sente dores, é realmente apenas por culpa sua." Respondeu ela: "Ah! se o senhor pudesse imaginar as dores que sinto agora na garganta, no estômago e no abdômen... – isto está me sufocando." – Fiquei alarmado e olhei para ela. Parecia pálida e inchada. Pensei comigo mesmo que, afinal de contas, devia estar deixando de perceber algum distúrbio orgânico. Levei-a até a janela e examinei-lhe a garganta, e ela deu mostras de resistências, como fazem as mulheres com dentaduras postiças. Pensei comigo mesmo que realmente não havia necessidade de ela fazer aquilo. – Em seguida, ela abriu a boca como devia e, no lado direito, descobri uma grande placa branca; em outro lugar, vi extensas crostas cinza-esbranquiçadas sobre algumas notáveis estruturas recurvadas, que tinham evidentemente por modelo os ossos turbinados do nariz. – Chamei imediatamente o Dr. M., e ele repetiu o exame e o confirmou... O Dr. M. tinha uma aparência muito diferente da habitual; estava muito pálido, claudicava e tinha o queixo escanhoado... Meu amigo Otto estava também agora de pé ao lado dela, e meu amigo Leopold a auscultava através do corpete e dizia: "Ela tem uma área surda bem embaixo, à esquerda." Indicou também que parte da pele do ombro esquerdo estava infiltrada. (Notei isso, tal como ele fizera, apesar do vestido.)... M. disse: "Não há dúvida de que é uma infecção, mas não tem importância; sobrevirá uma disenteria, e a toxina será eliminada."... Tivemos também pronta consciência da origem da infecção. Não muito antes, quando ela não estava se sentindo bem, meu amigo Otto lhe aplicara uma injeção de um preparado de propil, propilos... ácido propiônico... trimetilamina (e eu via diante de mim a fórmula desse preparado, impressa em grossos caracteres)... Injeções como essas não deveriam ser aplicadas de forma tão impensada... E, provavelmente, a seringa não estava limpa.[117]

Em sua detalhada interpretação do sonho, Freud ressalta a relação do sonho com os acontecimentos do dia que o precedeu, com as notícias que tivera de Irma por intermédio de Otto e com o relatório sobre o caso que redigira. Ele sublinha o caráter desconcertante do sonho: os sintomas dos quais Irma se queixava eram distintos daqueles pelos quais Freud a tratara. A injeção de ácido propiônico e as reflexões consoladoras do Dr. M. também pareciam inusitadas e risíveis.

Aprofundando a análise, Freud se reconhece "especialmente aflito" no sonho. Ao repreender Irma "por não haver aceitado [sua] solução", ele se eximia da responsabilidade pela persistência de "suas dores", aliviando-se da culpa pelo eventual insucesso terapêutico do tratamento psicanalítico. As queixas "na garganta, abdômen e estômago", a sensação de sufocação que delas decorriam, e também a palidez e o inchaço de Irma pareciam estranhos a Freud, fazendo-o

---

117 S. Freud (1900b). A interpretação dos sonhos, *E.S.B.*, V, p. 142.
Para facilitar a leitura, optei por reproduzir a integralidade do sonho, como Freud o apresenta. Quanto a sua interpretação, remeto o leitor à riqueza do original, uma vez que, aqui, ela será apresentada apenas de maneira bastante resumida, concentrando-se nos desdobramentos dos elementos somáticos do sonho.

162   VISÕES FREUDIANAS

suspeitar de que "se referiam a outra pessoa". "Alarmado com a ideia de não haver percebido alguma doença orgânica", Freud manifestava uma preocupação frequente daqueles "que se dedicam ao tratamento das doenças neuróticas".[118] Mas, ao mesmo tempo, um eventual erro diagnóstico também o desincumbiria da responsabilidade e da culpa pelo fracasso do tratamento, pois este "visava apenas a eliminar as dores histéricas".

O exame da garganta junto à janela, a resistência de Irma a esse procedimento e a dúvida de Freud quanto à necessidade dessa conduta sugerem a ele que, no sonho, Irma representasse uma outra pessoa, amiga dela, que também sofria de sufocação histérica. Freud havia considerado a possibilidade de tratar dessa amiga, mas ponderou ser isso improvável por ser ela "muito reservada". Os dentes "estragados" levaram Freud a pensar em uma terceira paciente, também resistente ao tratamento. Essas substituições teriam sido motivadas pela ideia que, talvez, as outras pacientes teriam "aberto a boca como deviam" e dito mais coisas do que Irma, permitindo o sucesso do tratamento. A "placa branca" na garganta e as "crostas nos ossos turbinados" lembraram a Freud a difterite[119] da amiga de

---

118 Ao longo de toda a sua obra Freud faz referência à dificuldade dos médicos em lidar com as manifestações neuróticas e, principalmente, em distingui-las das doenças orgânicas. Cerca de vinte anos depois desse sonho, discutindo as relações etiológicas e dinâmicas entre sintomas somáticos e neuróticos, entre fantasias inconscientes e sua eventual manifestação orgânica, Freud afirma: "Num caso destes, o médico... se esforçará por abolir a base orgânica, sem importar-se com a ruidosa elaboração neurótica; ou atacará a neurose que aproveitou essa oportunidade favorável para surgir, e prestará pouca atenção à sua causa precipitante orgânica. O resultado mostrará que uma ou outra linha de conduta está certa ou errada; é impossível fazer recomendações gerais para abordar esses casos mistos."
S. Freud (1916-1917a). Conferências introdutórias à psicanálise, E.S.B., XVI, p. 456.

119 Mais conhecida como difteria, é uma doença infecciosa, epidêmica e contagiosa, causada pelo bacilo *Corynebacterium diphteriae* e por sua toxina. Ela

Irma, e também a aflição e o susto pelos quais passara dois anos antes, durante uma doença grave de sua filha mais velha, Mathilde. Ele também associa tais imagens a seu próprio estado de saúde, e ao uso da cocaína para reduzir o incômodo de "inchações nasais". Essas associações o remetem a mais dois episódios terapêuticos, o de uma paciente sua que, "seguindo seu exemplo", desenvolvera uma necrose da membrana mucosa nasal devido ao uso da cocaína, e o de um grande amigo que falecera em função do uso indevido dessa droga. A recomendação do emprego terapêutico da cocaína trouxera-lhe "sérias recriminações" de seus colegas. A solicitação para que o "respeitável" Dr. M. repetisse o exame lembra a Freud mais um "evento trágico em sua clínica", quando, diante da intoxicação de uma paciente, recorrera "às pressas à assistência e ao apoio de [um] colega mais experiente". Como se fosse "uma retaliação do destino", essa paciente, "que sucumbiu ao veneno", tinha o mesmo nome da filha mais velha de Freud (Mathilde). Ele observa, assim, que o sonho parecia reunir todos os episódios que indicariam sua "falta de conscienciosidade médica".[120]

---

se localiza nas mucosas da boca, garganta e nariz, provocando a formação de placas esbranquiçadas, que podem, às vezes, atingir a traqueia e os brônquios.

120 Reveladas por Anzieu, Masson, Gay e outros biógrafos de Freud, as identidades reais dos protagonistas do sonho permitem compreender melhor as tramas transferenciais e as associações de Freud com os elementos de seu sonho, ampliando sua compreensão.

O "Dr. M". corresponde a Breuer, "Otto" a Oscar Rie, amigo de Freud e pediatra de sua família, e "Leopold" ao pediatra Ludwig Rosenberg. Ambos, Oscar e Leopold, trabalhavam com Freud na Clínica de Crianças de Kassowitz. O "outro amigo" evocado no sonho é Fliess.

A maior parte dos biógrafos de Freud aponta que a protagonista do sonho, "Irma", representa Emma Eckstein, uma paciente de Freud em cuja cirurgia, realizada por Fliess, houve sucessivas hemorragias e outras intercorrências provocadas por um pedaço de gaze esquecido na área operada. Anzieu, por sua vez, levantou a hipótese de que ela representaria Anna Hammerschlag-Lichtheim, "uma das pacientes preferidas de Freud", com a qual pareceram corroborar Ana Freud, Marianne Krüll e F. R. Hartman (Anzieu [1988]. O eu-

164   VISÕES FREUDIANAS

Freud se inquieta da palidez e da claudicação do Dr. M., associando seu aspecto ao do irmão mais velho de Freud, que sofria de
uma "infecção artrítica no quadril". Os dois se fundiam no sonho,
pois também eles "haviam rejeitado uma sugestão que lhes fizera".
Otto e Leopold, amigos e colegas de trabalho de Freud, também
examinavam a paciente. Este último detectou uma "área surda...
à esquerda", tendo feito uma "contribuição inesperada [à] decisão
[diagnóstica]". A área surda lembrou um caso de afecção metas-
tática acompanhado por Leopold, e a paciente que Freud gostaria
de ter em lugar de Irma, que parecia ter produzido "uma imitação
de tuberculose".

A "pele do ombro esquerdo infiltrada" remete Freud a suas
próprias dores reumáticas que ele diz observar "invariavelmente
quando [fica] acordado até altas horas da noite". O termo *infiltração*
sugere mais uma vez a referência "ao pulmão e ... à tuberculose".
Ele ressalta a ambiguidade das palavras do sonho, "notei isso, tal
como ele...", concluindo que elas referiam-se às percepções de seu
próprio corpo ("notei-o em meu próprio corpo").

O Dr. M. (Breuer) emite um parecer que Freud considera ri-
dículo ("é uma infecção, mas não tem importância. Sobrevirá uma
disenteria e a toxina será eliminada"). Freud tece considerações
de ordem diagnóstica sobre o quadro clínico (seria uma "difteria",
uma "difterite" ou uma "piemia"?), mas o consolo do Dr. M. se
sobressai dessas observações: "no fim tudo ficaria bem". O caráter
"disparatado" desse consolo o intriga. Ele persiste na análise e lembra
de outro paciente, que, em viagem ao Egito, recebeu erroneamente
um diagnóstico de "disenteria" para suas crises de caráter histérico.
Freud conclui que essa parte do sonho expressa seu "desprezo pelos

---

-*pele*, p. 46). Por fim, Anzieu lembra que, pelos mecanismos do sonho, "Irma"
poderia condensar as figuras das duas.
D. Anzieu (1988). *L'auto-analyse de Freud et la découverte de la psychanalyse.*

médicos que não conhecem a histeria". Ridicularizando-o no sonho, Freud censurava o Dr. M. por não ter identificado a histeria da amiga de Irma, manifestando também seu ressentimento por ele tampouco ter concordado com a solução que Freud oferecera a Irma.

O trecho do sonho referente à injeção aplicada a Irma lembra novamente Freud de seu amigo que não escutara suas recomendações, utilizando a cocaína por via intravenosa ao invés de realizar aplicações locais. Os preparados, "ácido propiônico", "trimetilamina", sugerem a Freud deslocamentos em torno de fórmulas químicas relacionadas ao licor de ananás que lhe fora presenteado por Otto (Oscar Rie). A visualização no sonho da fórmula química da trimetilamina lembrou Freud de outro amigo (Fliess) que levantara a hipótese de que essa substância estaria relacionada ao metabolismo sexual, mais uma referência, no sonho, à questão da sexualidade no caso de Irma. Freud pensara em sugerir que Irma consultasse esse amigo. Suas associações evocam também sua "angústia" relativa à rinite da qual sofria Fliess. Freud critica Otto por ter ministrado de maneira "impensada" a injeção a Irma e pelo fato "de a seringa não estar limpa". Dessa forma, agora é Freud que aparece como consciencioso, mas suas associações mostram também "o inverso", trazendo novamente à tona seus fracassos com seu amigo morto por causa da cocaína[121] e na história de sua filha mais velha, Mathilde. Esse fragmento conduz ainda Freud a pensar na possibilidade de flebites provocadas por injeções, e, daí, à trombose de sua mulher durante uma gravidez. Dessa forma, "três situações semelhantes,

---

121 Em 1891, a morte de um amigo, Ernst Fleischl von Marxow, a quem Freud prescrevera cocaína para lidar com as dores resultantes da desintoxicação da morfina, perturbou as convicções de Freud sobre o uso terapêutico da substância. Ele continuou a utilizá-la com esse fim até 1895. Acaba por também abandoná-la para uso pessoal, comunicando o fato a Fliess em 26/10/1896, na mesma carta em que anuncia o enterro de seu pai (Masson [1986]. *A correspondência completa de Sigmund Freud para Wihelm Fliess*, p. 202).

166 VISÕES FREUDIANAS

envolvendo [sua] esposa, Irma e a falecida Mathilde, permitiam substituir, no sonho, as três figuras entre si".

Freud conclui sua interpretação apontando que o sonho tinha como objetivo aliviá-lo das ideias do dia anterior, eximindo-o da responsabilidade pela persistência das dores de Irma, atribuindo-a a Otto e a uma série de outros fatores. Freud se vingava assim do aborrecimento provocado pelo comentário de Otto sobre a cura incompleta de Irma. Ele se vingava também de sua paciente desobediente, trocando-a por outra mais sensata e menos resistente, bem como do Dr. M. (Breuer), mostrando "que ele era um ignorante no assunto (da sexualidade)".[122] Nenhum deles aceitara a "solução", da causa sexual dos sintomas histéricos de Irma. Outros temas no sonho, a doença de sua filha e a de sua paciente com o mesmo nome, o efeito prejudicial da cocaína, o distúrbio de seu paciente com problemas intestinais, sua preocupação com a saúde de sua mulher, de seu irmão e do Dr. M., seus próprios males físicos e sua aflição por seu amigo que sofria de rinite supurativa, pareciam também contribuir para provar "o interesse de Freud por sua própria saúde e pela saúde de outras pessoas – sua conscienciosidade profissional".

Freud reconhece que sua análise não esgota todo o sentido de seu sonho, e que outras linhas de interpretação seriam possíveis. Como sabemos, todo sonho comporta múltiplas interpretações, e mesmo aquelas já conhecidas podem ganhar outra dimensão a

---

122 Como vimos, o "Dr. M." corresponde a Josef Breuer, coautor com Freud de *Estudos sobre a histeria*, publicado no ano do sonho (1895). Considerando as divergências entre eles sobre a etiologia sexual da histeria e das neuroses em geral, já presentes nessa obra em comum, podemos compreender melhor o sentido e a intensidade da animosidade manifestada no sonho contra ele por Freud. Em 1896, essas divergências se acentuaram e a ruptura entre eles acabou por se consumar.

partir de novas associações. No livro, ele se abstém de comunicá-las, alegando que elas ultrapassariam os limites de sua privacidade.[123]

Uma lente sobre o corpo

É compreensível que Freud não tenha fornecido todas as suas associações ao publicar a análise desse sonho. Porém, considerando alguns elementos da vida de Freud, revelados em sua correspondência pessoal e com colegas e por seus biógrafos, podemos ampliar a compreensão do sonho com "Irma", sobretudo no que diz respeito ao significado e ao alcance de seus elementos somáticos.

Com efeito, é impressionante a quantidade de queixas e de imagens sensoriais, perceptivas e corporais ali representadas. Como aponta Anzieu, o sonho apresenta uma multiplicidade de sensações gustativas (o licor de ananás), olfativas (o cheiro de álcool amílico, o mau cheiro das supurações nasais), cromáticas (as crostas cinza--esbranquiçadas), cenestésicas (a sensação de sufocamento) e táteis (a percussão e a ausculatação de Irma, sensações através das roupas), com o destaque das imagens visuais (ver a garganta de Irma, a fórmula visual da trimetilamina).[124] Nele estão também representadas inúmeras funções fisiológicas como a defecação (a disenteria), a

---

123 No prefácio de *A interpretação dos sonhos*, Freud já alertara para as dificuldades do método por ele empregado. Privilegiando a análise de seus próprios sonhos, ao invés daqueles disponíveis na literatura ou ainda os de seus pacientes, ele reconhece que corria o risco de "revelar mais aspectos íntimos de [sua] vida mental do que gostaria, ou do que é normalmente necessário para qualquer escritor que seja um homem de ciência e não um poeta". Solicitando a indulgência do leitor, ele assume esse risco, mas aparando as "arestas de algumas de [suas] indiscrições por meio de omissões e substituições" (pp. 29-30).

124 D. Anzieu (1988). *L'auto-analyse de Freud et la découverte de la psychanalyse*, p. 66.

168 VISÕES FREUDIANAS

micção (eliminação da trimetilamina pela urina), a respiração (a área surda à auscultação).

A *surpresa* inicial relatada por Freud, pelo fato de, no sonho, serem os sintomas de Irma diferentes daqueles que ela apresentava na realidade, tem todas as marcas da estranheza familiar provocada pelas manifestações do inconsciente.[125] É provável que ele tenha se surpreendido não tanto com a discrepância dos sintomas, mas, sim, com sua clareza e evidência. Como ele próprio revelou em sua obra, o caráter egoísta do sonho sugere que todos os seus personagens podem, de certa forma, ser remetidos ao sonhador. Assim, mesmo que, no sonho, expressas por Irma e, nas associações de Freud, atribuídas a outras pessoas, é plausível que as queixas e imagens corporais do sonho também referiam-se a sua própria pessoa. É essa, justamente, a hipótese desenvolvida por Didier Anzieu.

Entre os muitos sintomas representados no sonho, apenas dois deles são objeto de associações de Freud referidas a si mesmo: o uso que fazia da cocaína para o tratamento de supurações nasais e uma relação entre a "infiltração na pele do ombro esquerdo [de Irma]" e sua própria dor reumática no ombro. No contexto desse fragmento, tanto no sonho como na interpretação, Freud é explícito: tudo isso, ele experimentara "em seu próprio corpo" ("Notei isso, tal como ele..."). Freud se examina assim como Leopold (o pediatra L. Rosenberg) examinava Irma. Porém, quando se refere aos demais sintomas do sonho, Freud os atribui com desenvoltura a outros pacientes, familiares e colegas. Mas, afinal, não era ele o sonhador? Aquelas queixas, atribuídas a outros personagens do sonho e de sua vida, não teriam também algo a ver com ele mesmo?

---

125 S. Freud (1919b). O estranho, *E.S.B.*, XIX.

Ao fazer suas associações com relação às placas brancas observadas na garganta de Irma, Freud menciona vagamente seu desassossego "com seu próprio estado de saúde". Em diversos momentos, no sonho e na análise à qual ele o submete, Freud expressa diferentes matizes dessa preocupação: "aflição" (em relação com os sintomas de Irma, com a possibilidade de não ter detectado alguma doença orgânica, com a doença de sua filha), "susto" (com a doença grave da filha), "inquietação" (com a aparência de Irma, com a do Dr. M. e com a saúde de seu irmão), "surpresa" (com os sintomas de Irma), "angústia" (quanto à rinite de Fliess). Todos esses afetos, permeados pela ansiedade, estariam apenas relacionados a sua culpa quanto ao resultado do tratamento de Irma, ou também a sua apreensão quanto a sua imagem profissional?

Freud, o sonhador, tinha muito mais motivos para preocupar-se com sua própria saúde do que aqueles que ele revela em sua interpretação do sonho de Irma. Desde 1892, ele vinha evocando, em sua correspondência com Fliess, inúmeros episódios sintomáticos: dores de cabeça (denominadas por Freud de "crises de enxaqueca", das quais Fliess também sofria), afecções nasais e sinusite crônica (assim como Fliess), distúrbios gastrointestinais vagos, e uma sintomatologia cardíaca, que se destacava de todos os demais sintomas.[126] Em 18/10/1893, Freud mencionou a Fliess um episódio cardíaco, e, a partir dele, atribuiu a Fliess o lugar de médico de confiança, apesar

---

126 Além dessas manifestações mais conhecidas e do câncer de laringe, com o qual conviveu durante muitos anos e do qual veio a falecer, Freud viveu desde a juventude inúmeros episódios de doenças. Em 1882, aos 26 anos, sofreu de uma "forma benigna de febre tifoide", em 1884, uma crise de dor ciática e, em 1885, um episódio de "varíola benigna". Por muito tempo teve crises periódicas de dores reumáticas nas costas e nos braços, oscilações de humor e fantasias de que teria uma morte precoce, aos 51 anos.
M. Schur (1975). *La mort dans la vie de Freud*, p. 62.

170 VISÕES FREUDIANAS

de ser tratado por Breuer em Viena. Segundo Schur, Breuer tendia a valorizar a etiologia orgânica dos males de Freud atribuindo-os a uma "miocardite crônica", enquanto Fliess defendia uma "intoxicação ou hipersensibilidade à nicotina" como causa da doença.[127]

Como sabemos, desde novembro de 1887, estabeleceu-se entre Freud e Fliess uma intensa correspondência na qual, ao lado de trocas científicas e de manifestações efusivas de amizade, a saúde de ambos (a de Freud principalmente) ocupava um lugar de destaque.[128] Nela é possível também acompanhar uma verdadeira batalha em torno do tabagismo de Freud, que Fliess o intimava a abandonar. É evidente nessa correspondência que, pensando no sonho de Irma, Freud também não havia aceitado completamente a "solução" de Fliess. Fumante inveterado e grande apreciador de charutos, chegando a consumir uma dezena em um único dia, era extremamente penoso para Freud renunciar a eles, a ponto de, muitas vezes, não apenas literalmente rechaçar os efeitos nocivos do fumo, principalmente sobre seus problemas cardíacos, mas também de desconfiar de Fliess e colocar em risco a amizade entre eles.

Na primavera de 1894, Freud sofreu mais um episódio cardíaco, sequela de uma forte gripe intensificada pelo fumo. Em 19/04/1894 fez um relato detalhado de sua história clínica para Fliess, descrevendo suas crises repetitivas (quase quotidianas) de taquicardia, com arritmias "violentas", dores torácicas que irradiavam pelo braço esquerdo e dispneia.[129] Como revelam muitas de suas cartas desse período, intensificaram-se nessa época as fantasias e as angústias de

---

127 Discuto os desdobramentos transferenciais, teóricos e clínicos dessas questões nas hipóteses freudianas em R. M. Volich (2022). Corações inquietos: Freud, Fliess e as neuroses atuais.

128 J. M. Masson (Ed.) (1986). *A correspondência completa de Sigmund Freud para Wilhelm Fliess (1887-1904)*.

129 S. Freud, carta de 19/04/1894. In J. M. Masson (Ed.) (1986). *A correspondência completa de Sigmund Freud para Wilhelm Fliess* (1887-1904), p. 67.

Freud a respeito de sua própria morte. Como aponta Anzieu, desde então, "sua sintomatologia habitual, depressiva e psicossomática, acentuou-se, mas ele ainda não era capaz de estabelecer uma relação clara entre [sua] angústia [de morte] e [aquela] sintomatologia".[130]

Em 22/06/1894, ele remete "seu próprio caso clínico" para Fliess, descrevendo também seu desespero diante das condutas de Breuer e de sua incapacidade para definir o diagnóstico de sua doença: Freud sentia-se bastante inseguro quanto a ele.[131] Essas questões transferenciais entre Freud, Breuer e Fliess, marcadas pela ambivalência, provavelmente também contribuíram para que Freud tenha ridicularizado Breuer ("Dr. M.") no sonho de Irma.

No inverno de 1895, Freud adoece novamente de uma forte gripe que evoluiu para uma sinusite crônica. Em fevereiro, em Viena, Fliess tratou dele com aplicação local de cocaína e cauterização do nariz. Em uma carta de 20/04/1895, Freud relata a Fliess a melhora de seu estado de saúde, e solicita ao amigo que concorde "não querer saber mais sobre essa questão do coração".[132] As crises cardíacas diminuíram, assumindo um caráter intermitente. Schur afirma que Freud parecia então "cada vez menos preocupado com seu estado cardíaco".[133] Será?

Nessa rápida retrospectiva, percebemos que, desde 1892, os problemas de saúde eram fonte permanente de preocupação e de cuidados para Freud, ocupando um lugar central em sua relação com Fliess. Com ele, Freud compartilhava não apenas suas teorias e seu

---

130 D. Anzieu (1988). *La mort dans la vie de Freud*, p. 83.

131 S. Freud (1894a). Carta de 22/06/1894, p. 83.

"O que me tortura é a incerteza sobre o que depreender dessa história. Ser-me-ia embaraçoso sugerir um exame de hipocondria, mas não disponho de critérios com que decidir a esse respeito. Estou muito insatisfeito com o tratamento que venho recebendo aqui. Breuer está repleto de contradições evidentes" (p. 85).

132 S. Freud (1895a). Carta de 20/04/1895, p. 127.

133 M. Schur (1975). *La mort dans la vie de Freud*, p. 111.

172   VISÕES FREUDIANAS

cotidiano, mas também seu sofrimento e os mais íntimos detalhes de sua saúde e do funcionamento de seu corpo. Ele também discutia com Fliess os casos de muitos de seus pacientes, que Fliess tratava como médico.

Em fevereiro de 1895, na mesma época em que sua sinusite foi tratada por Fliess, Freud insistiu para que o amigo operasse Emma Eckstein, uma de suas pacientes. Segundo Freud, ela sofria de "dores abdominais histéricas", enquanto Fliess diagnosticou uma "patologia da cavidade nasal e dos sinus". Ele viajou para Viena especialmente para operá-la e, no pós-operatório, ela apresentou "intensas dores e supurações fétidas e sanguinolentas", que se agravaram rapidamente.[134] Um outro médico, Robert Gersuny,[135] descobriu que Fliess havia esquecido no campo cirúrgico 50 cm de gaze embebida em iodo. Ao retirá-la, sobreveio uma grave hemorragia que fez que Emma desmaiasse. Freud, que assistia a esses procedimentos, sentiu-se mal e foi obrigado a retirar-se da sala. Entre março e junho de 1895, Freud e Fliess discutiram longamente esse episódio em dez das doze cartas de sua correspondência. Apesar de negá-lo, a confiança de Freud em Fliess ficou bastante abalada por esse caso. Como aponta Schur, entre a operação de Emma e o sonho de Irma, as cartas de Freud revelam mudanças no quadro clínico do próprio Freud e da forma de reagir a ele, bem como na relação entre os dois.[136]

---

134 S. Freud (1895f). Carta de 04/03/1895, p. 114.
   S. Freud (1895g). Carta de 08/03/1895, p. 117.
135 Robert Gersuny (1844-1924) foi o primeiro diretor do hospital Rudolfinerhaus, tendo se tornado um famoso cirurgião plástico.
   J. M. Masson (Ed.) (1986). *A correspondência completa de Sigmund Freud para Wilhelm Fliess (1887-1904)*, p. 108.
136 M. Schur (1975). *La mort dans la vie de Freud*, pp. 108-109.
   S. Freud (1895h). Carta de 11/4/1895, p. 126.

Poderia Freud continuar confiando nas "soluções" de seu amigo? No sonho, não teria também Fliess sido objeto da desconfiança e do desejo de vingança de Freud?

O sonho com Irma teve inúmeros desdobramentos na construção da teoria psicanalítica, na vida pessoal e profissional de Freud e nas questões transferenciais com mestres e colegas.[137] A excelente análise realizada por Anzieu, os relatos de Schur, de Jones e de Peter Gay e a própria correspondência com Fliess evidenciam a importância desse episódio.[138]

Dirigindo nossa atenção às imagens somáticas do sonho, percebemos que elas se referem predominantemente à parte esquerda do corpo. A partir dessa constatação, Anzieu sugere que as preocupações de Freud "com seu próprio estado de saúde", vagamente mencionadas em sua interpretação do sonho, podem ser compreendidas não apenas como uma manifestação geral de ansiedade quanto a sua saúde, mas como uma preocupação particular com seus problemas cardíacos. Na época do sonho, os sintomas desse seu quadro haviam melhorado e Freud considerava retomar o fumo, interrompido pela veemente proibição de Fliess. Segundo Anzieu, o sonho materializaria a ameaça de Fliess, que, quando o auscultava (assim como, no sonho, Leopold a Irma), prognosticava a possibilidade de uma recidiva de sua doença cardíaca devido à influência perniciosa do fumo. Ao mesmo tempo,

---

137 R. M. Volich (2000). *Paixões de transferência*.

R. M. Volich (2022). *Corações inquietos: Freud, Fliess e as neuroses atuais*.

138 D. Anzieu (1988). *L'auto-analyse de Freud et la découverte de la psychanalyse*.

M. Schur (1975). *La mort dans la vie de Freud*.

P. Gay (1991). *Freud, uma vida para nosso tempo*.

E. Jones (1953). *Life and work of Sigmund Freud*.

J. M. Masson (Ed.) (1986). *A correspondência completa de Sigmund Freud para Wilhelm Fliess (1887-1904)*.

174 VISÕES FREUDIANAS

o sonho também representaria a decisão de Freud de transgredir a interdição do amigo e de desafiar a ameaça que ele fazia.

Como aponta Anzieu, o sonho com Irma apresenta *um verdadeiro inventário do corpo*,

> *onde figuram, em pano de fundo, os cinco sentidos externos e a sensibilidade interna, bem como referências à maior parte das grandes funções: a respiração, a circulação, a eliminação, a reprodução, a fonação, o sistema nervoso, e, menos claramente, a nutrição (reduzida a um licor intragável), e onde se destacam... os pontos de sensibilidade erógena ou dolorosa: dados, funções, pontos que pertencem tanto ao corpo próprio do sonhador como do que é objeto de seu desejo... Porém, esse inventário eufórico do corpo em bom estado de funcionamento convoca sua contrapartida, o inventário do corpo doente;* o sonho da injeção feita a Irma enumera todos os distúrbios dos quais Freud já sofreu ou ainda sofre: os sintomas intestinais (a disenteria), a angina de 1892 que o impediu de engolir e de falar, as supurações nasais, as dores cardíacas.[139]

Assim, o sonho com Irma revela-se como um autêntico inventário hipocondríaco, realizado por Freud a respeito de si próprio. Nele, Freud, o sonhador, desdobra-se ora em Irma, paciente, ora em Leopold, o médico. Em alguns momentos é ele, Freud, quem

---

139 D. Anzieu (1988). *L'auto-analyse de Freud et la découverte de la psychanalyse*, p. 68, traduzido e sublinhado por mim.

examina, em outros é ele que é examinado.[140] Ele se transfigura e se representa por meio dos demais protagonistas do sonho: como Otto, o incauto aplicador de seringas sujas, sugerindo a suas pacientes histéricas soluções inaceitáveis, e também como Fliess, com quem compartilha não apenas suas teorias sobre a sexualidade, mas igualmente um intenso sofrimento devido a rinites e supurações nasais. Freud até mesmo se retrata como o ridicularizado Dr. M. (Breuer), pálido – como após um episódio de dispneia – e claudicante – como os que sofrem de artrose ou reumatismo, como a que acometia seu irmão no quadril e ele no ombro. Os fragmentos do sonho relacionados ao pulmão – a auscultação de Irma, as referências à tuberculose – estariam provavelmente também relacionados ao conflito de Freud em torno dos efeitos do fumo, um conflito que o acompanhou durante toda a sua vida, e sua dificuldade em obedecer às orientações de Fliess.

Segundo Max Schur, médico que acompanhou Freud de 1928 até sua morte, apesar de sua ambivalência e dos inúmeros momentos de negação, Freud sempre conheceu os efeitos nocivos do tabaco.[141] Porém, apenas nos episódios cardíacos mais graves ele conseguiu efetivamente renunciar ao fumo, retomando o hábito depois de algum tempo. Além de problemas cardíacos e respiratórios, Freud sabia que o fumo podia predispor a leucoplasias.[142] Apesar disso, frequentemente recusava a abstinência. Ao longo de toda a vida, Freud sofreu os efeitos de sua recusa. Em novembro de 1917, ele

---

140 Comentando esse aspecto específico, D. Anzieu sugere que o fato de Freud ser, no sonho, ao mesmo tempo o doente e o médico que o examina revelaria "o desejo [de Freud] de se autoanalisar" (p. 68).

141 M. Schur (1975). La mort dans la vie de Freud.

142 Espessamento de epitélios estratificados com o desenvolvimento de placas brancas opacas, passíveis de sofrer transformação maligna, que podem ocorrer em diversos locais do organismo, como nas mucosas de bochecha, gengiva, vulva e outras.
A. B. H. Ferreira (1999). Dicionário Aurélio Século XXI.

176 VISÕES FREUDIANAS

descobriu "uma lesão preocupante no palato", logo tratada. Em 25/04/1923 ele escreve a Jones relatando a descoberta de um tumor, uma "leucoplasia na mandíbula e do lado direito do palato". Durante um certo tempo, Freud escondeu a existência desse tumor de muitos de seus próximos. A extração do tumor o impediu de trabalhar e de deglutir. Apesar do diagnóstico de benignidade, Freud manifestou seu receio de uma evolução maligna. A causa dessa "rebelião de tecidos" foi atribuída ao fumo.[143] Ao longo de dezesseis anos (1923-1939), esse quadro efetivamente evoluiu para um câncer do palato e da laringe, que o levou a realizar 33 cirurgias e do qual veio a falecer.

É grande a tentação de atribuir ao sonho com Irma um eventual caráter premonitório. É impressionante a "coincidência" entre as imagens de placas brancas de uma leucoplasia descobertas no palato direito de Freud e, no sonho, "a grande placa branca" por ele encontrada "do lado direito" no exame da garganta de Irma. Lembremos que foi justamente na interpretação desse fragmento que Freud manifestou explicitamente suas preocupações "com seu próprio estado de saúde".[144] O que alguns podem depreender como uma representação premonitória pode estar relacionado, como veremos, a uma outra intuição, do próprio Freud, quanto a uma capacidade hipocondríaca, proprioceptiva e representativa, do sonho para alcançar estados e processos do interior do corpo.

Apesar da grande resistência de Freud em reconhecer o efeito pernicioso do fumo, como todo fumante, ele sentia as consequências imediatas do ato de fumar sobre seu corpo: sua influência sobre a

---

143 M. Schur (1975). *La mort dans la vie de Freud*, p. 416.

144 M. Sami Ali aponta de maneira categórica que não apenas o sonho de Irma, mas várias outras passagens da obra freudiana revelam as "premonições" de Freud quanto ao câncer que mais tarde o acometeu. Segundo ele, *"parece difícil dissociar a atividade onírica de um poder oculto que se enraíza no corpo"*. M. Sami-Ali (1990). *Le corps, l'espace et le temps*, p. 28.

respiração, sobre o paladar e olfato, a sensação e os efeitos de aspirar a fumaça, tragá-la, a irritação provocada nas mucosas da garganta e da boca. Não estariam essas sensações também representadas no sonho de Irma? Em meio a seus conflitos sobre suas próprias doenças e a ambivalência em obedecer ou não às enérgicas proibições de Fliess, é provável que, por meio do sonho, Freud se questionasse sobre as consequências de sua rebeldia. "Inquieto" com o risco de "negligenciar (*em si mesmo*) uma doença orgânica" (como com Irma), "surpreso" com os sintomas representados no sonho, talvez ele também questionasse, "angustiado", a capacidade do sonho de prognosticar as repercussões de seu hábito e de seu desejo de transgressão das preconizações de Fliess.

Por intermédio do sonho, Freud convoca em torno de Irma (e de si mesmo) uma verdadeira junta médica formada por Leopold (L. Rosenberg, pediatra), por Otto (Oscar Rie, pediatra), pelo Dr. M – Breuer e também por Fliess. Ao enumerar seus próprios sintomas, travestidos como de Irma, ele os desafia a aceitar a "solução" que ele mesmo, Freud, oferecera a Irma, sob o risco de serem ridicularizados todos diante da histeria. Ele os convida a acompanhá-lo na aventura psicanalítica que então se iniciava, ao mesmo tempo que se interrogava sobre seu fôlego para empreender tal aventura: até quando ele, fragilizado pelas doenças e angustiado pela fantasia de morte, poderia acompanhá-los? Caso não aceitassem, permaneceria Freud solitário, abandonado à profusão de sensações e sinais provenientes de seu corpo e à angústia que eles suscitavam, sem ter quem os interpretasse. Sem esses colegas, não haveria quem auscultasse seu espírito em ebulição, gestando a teoria psicanalítica.

O sonho da injeção feita a Irma sempre foi considerado por Freud como um acontecimento inaugural da psicanálise. Logo após a publicação de *A interpretação dos sonhos*, ele imaginou, inclusive, a inscrição que ele gostaria de ver colocada no frontispício da casa

178   VISÕES FREUDIANAS

de Bellevue onde ele o sonhou: "Aqui, no dia 24 de julho de 1895, o segredo do sonho se revelou ao Dr. Sigm. Freud".[145] Observando o fascínio e a inquietação de Freud com relação a esse sonho, não podemos deixar de considerar que esse marco fundador da ciência freudiana carrega, entremeado pelas marcas do corpo de Freud e de suas angústias, os traços profundos da experiência hipocondríaca.

A histeria, o sonho e a dimensão erógena do corpo

Seus próprios sonhos e os de seus pacientes permitiram a Freud ampliar uma compreensão que vinha se construindo desde suas formulações sobre a histeria, quando percebeu que os sintomas dessa manifestação não eram coerentes com as estruturas anatômicas do corpo dos pacientes que os apresentavam. Como vimos, já em 1893 ele ponderava que a histeria se comportava "como se a anatomia não existisse, ou como se não tivesse conhecimento desta", tomando os órgãos "pelo sentido comum, popular, dos nomes que eles têm".[146]

A análise dos sonhos estendeu essa observação para as dinâmicas inconscientes que participam também desses processos, consolidando a constatação de que as partes do corpo e suas sensações não eram apenas meros estímulos para a formação do sonho, e que, na realidade, suas relações com o desenvolvimento e o funcionamento do psiquismo eram bem mais amplas.

Os *Três ensaios sobre a teoria da sexualidade* são o melhor testemunho do longo trabalho de elaboração de Freud sobre a natureza das ligações entre as experiências corporais e o funcionamento

---

145 S. Freud (1900a). Carta a Fliess de 12/06/1900, p. 418.
146 S. Freud (1893). Algumas considerações para um estudo comparativo das paralisias motoras orgânicas e histéricas, p. 212.
Na seção *Narcisismo e hipocondria*, acima neste capítulo, articulo essa questão com esses dois temas.

psicosexual, bem como da evolução de suas concepções. Inicialmente publicados em 1905, por mais de vinte anos foram sucessiva e profundamente modificados em algumas partes, ao sabor das transformações de sua compreensão sobre essas questões.[147]

Ao descrever a sexualidade infantil, Freud aponta que erogeneidade pode ser experimentada "de maneira mais marcante [por] certas partes do corpo", passíveis de serem tanto fonte como objeto de prazer.[148] Em suas primeiras formulações, ele afirma que existiriam "zonas erógenas predestinadas" a essa experiência, como a boca, o ânus, os genitais, que, inclusive, corresponderiam às *zonas histerógenas*, por meio das quais se manifestam os sintomas da histeria. Rapidamente, ainda nas primeiras edições dos *Três ensaios*, ele observa que outras partes do corpo, como a pele ou outras mucosas, podem assumir os mesmos atributos e as funções de uma zona erógena. Em 1915, Freud reconhece, em uma nota de rodapé, que a propriedade erógena não é exclusiva aos órgãos sexuais, mas que todas as partes do corpo, inclusive os órgãos internos, possuem essa capacidade. Na mesma época, no texto sobre o narcisismo, ele reitera que a constatação da erogeneidade como "uma característica geral de todos os órgãos" remonta a sua teoria da sexualidade.[149] Em seu artigo sobre o inconsciente, ele insiste nessa mesma ideia, ao revelar a dificuldade de descrever "uma topografia psíquica da dimensão

---

147 S. Freud (1905b). Três ensaios sobre a teoria da sexualidade, *E.S.B.*, VII.

148 S. Freud (1905b). Três ensaios sobre a teoria da sexualidade, *E.S.B.*, VII, p. 171.

149 "... a teoria da sexualidade há muito [*Três Ensaios*...] nos habituou à ideia de que certas partes do corpo – as zonas erógenas – podem atuar como substitutos dos órgãos genitais e se comportarem analogamente a eles."... Podemos considerar a erogeneidade como uma característica geral de todos os órgãos e, então, podemos falar de um aumento ou diminuição dela numa parte específica do corpo".
S. Freud (1914). Sobre o narcisismo: uma introdução, *E.S.B.*, XIV, p. 91.

180 VISÕES FREUDIANAS

da profundidade na mente", uma vez que, "além da psicologia pura, [ela] aborda as relações entre o mecanismo mental e a anatomia".[150]

Em 1920, em outra nota nos *Três ensaios*, ele critica o uso do termo autoerótico feito por Havelock Ellis[151] e aprofunda essas concepções ressaltando que, para a psicanálise, o essencial do autoerotismo não é a fonte ou a gênese da excitação (interna ou externa), mas a modalidade de relação ao objeto por ela constituída, ou seja, a erogeneidade, do órgão e de todo o corpo é constituída e modelada pela relação com o outro humano.[152]

As sucessivas evoluções do conceito de erogeneidade refletem, portanto, a melhor compreensão de Freud do narcisismo, das relações objetais e da metapsicologia, principalmente da dinâmica e da economia pulsionais. Essa perspectiva também propiciou uma compreensão mais requintada do lugar e das funções do corpo nesses processos. O corpo não seria apenas fonte da erogeneidade e das pulsões, mas poderia também ser tomado como seu objeto,[153] e, mesmo, ter suas funções modificadas pela erogeneidade.[154] Quanto ao sonho, paradigma do funcionamento psíquico, revelou-se também

---

150 "A pesquisa nos tem fornecido provas irrefutáveis de que a atividade mental está vinculada à função do cérebro como a nenhum outro órgão... Mas todas as tentativas para... descobrir uma localização dos processos mentais, todos os esforços para conceber ideias armazenadas em células nervosas e excitações que percorrem as fibras nervosas, têm fracassado redondamente. Nossa topografia psíquica, *no momento*, nada tem que ver com a anatomia; refere-se não a localidades anatômicas, mas a regiões do mecanismo mental, onde quer que estejam situadas no corpo."
S. Freud (1915b). O inconsciente, *E.S.B.*, XIV, p. 179.

151 S. Freud (1905b). Três ensaios sobre a teoria da sexualidade, *E.S.B.*, VII, nota da p. 169.

152 Cf. discussão dessa questão em O cuidar, o ambiente e a função materna. In R. M. Volich (2000/2022). *Psicossomática, de Hipócrates à psicanálise.*

153 S. Freud (1915a). Os instintos e suas vicissitudes, *E.S.B.*, XIV.

154 S. Freud (1910a). A concepção psicanalítica da perturbação psicogênica da visão, *E.S.B.*, XI.

que as vivências corporais não eram apenas fontes do trabalho onírico, mas que existiria entre essas duas experiências relações bem mais elaboradas.

O sonho, observatório privilegiado do corpo

A exemplo de muitos outros, o sonho da injeção de Irma mostra claramente que há muito Freud já vinha intuindo a complexidade dessas experiências, sem ter desenvolvido completamente suas consequências. Sem poder revelar plenamente a extensão de suas imagens corporais oníricas e as relações entre elas e suas próprias vivências pessoais, ele evoca inúmeros autores que discutiram essas questões, tornando-os, de certa forma, porta-vozes de suas experiências.

Assim, ainda em *A interpretação dos sonhos*, ele enumera vários trabalhos que sustentavam que o estado onírico permitiria uma percepção e uma representação dos órgãos e de seu funcionamento, diferentes daquelas da vida de vigília. Ele menciona Aristóteles, que, já na Antiga Grécia, "considerava perfeitamente possível que os primórdios de uma doença se pudessem fazer sentir nos sonhos, antes que se pudesse observar qualquer aspecto dela na vida de vigília, graças ao efeito amplificador produzido nas impressões pelos sonhos". Ele reconhece igualmente a herança hipocrática, que apontava tanto para a possibilidade diagnóstica como para a função terapêutica do sonho.[155]

---

155 Já no século V antes de nossa era, Hipócrates afirmava: "Os sonhos reproduzem a ação ou as intenções do sujeito desperto. Quando o corpo está saudável, ele não perturba a atividade onírica da alma, e os conteúdos do sonho são então idênticos aos pensamentos do sujeito em vigília. Por outro lado, as afecções do corpo perturbam a alma modificando esses conteúdos segundo um processo analógico. Toda oposição sonhada aos projetos ou às percepções da alma desperta indica, portanto, uma patologia. Sua natureza pode ser detectada pela análise que se refere, por um lado, a um simbolismo macrocósmico..., e, por outro lado, a um simbolismo metafórico... As perturbações dos pensamentos

182   VISÕES FREUDIANAS

Freud lembra ainda a influência de Schopenhauer sobre os autores do século XIX que discutiram essas questões. Em 1851, este último afirmara que a característica do intelecto seria tomar as impressões que o atingem de fora e remodelá-las segundo as categorias de tempo, espaço e causalidade. Os estados de vigília e de sono promoveriam experiências diferentes dos estímulos externos e internos.

> *Durante o dia, os estímulos vindos do interior do organismo, do sistema nervoso simpático, exercem, no máximo, um efeito inconsciente sobre nosso estado de espírito. Mas, à noite, quando já não somos ensurdecidos pelas impressões do dia, as que provêm de dentro são capazes de atrair a atenção – do mesmo modo que, à noite, podemos ouvir o murmúrio de um regato que é abafado pelos ruídos diurnos.*[156]

Freud enumera vários autores (Radestock, 1879; Spitta, 1882; Maury, 1878; Simon, 1888; e Tissié, 1898)[157] que, antes dele, reconheceram

---

refletem assim as perturbações do corpo, um corpo são deixando a alma livre e idêntica a ela mesma no sono."
Dos sonhos, citado por L. Ayache (1992). *Hippocrate*, p. 37.

156 A. Schopenhauer (1862). *Versuch über Geistersehn und was damit zusammenhängt: Parerga und Paralipomena* [Ensaio sobre as visões e aquilo a elas relacionado].
Citado por S. Freud (1900b). A interpretação dos sonhos, *E.S.B.*, IV, p. 72.

157 P. Radestock (1879). *Schlaf und Traum: Eine physiologisch-psychologische Untersuchung* [Sono e sonho. Um estudo fisiológico e psicológico].
H. Spitta (1882). *Die Schlaf und Traumzustande der Menschlichen Seele* [Les états de sommeil et de rêve dans l'âme humaine].
A. Maury (1865). *Le sommeil et les rêves*.
P. M. Simon (1888). *Le monde des rêves*.
Ph. Tissié (1898). *Le rêve, physiologie et pathologie*.
Citados por S. Freud (1900b). A interpretação dos sonhos, *E.S.B.*, IV, p. 71.

as possibilidades diagnósticas dos sonhos. Strümpell, por exemplo, afirmava, em 1877, que:

> *Durante o sono, a mente atinge uma consciência sensorial muito mais profunda e ampla dos eventos somáticos do que durante o estado de vigília. É obrigada a receber e a ser afetada por impressões de estímulos provenientes de partes do corpo e de modificações do corpo das quais nada sabe enquanto desperta.*[158]

Em 1898, Tissié relatara o caso de uma mulher de 43 anos, aparentemente em perfeita saúde, cujos sonhos de angústia revelaram o estágio inicial de uma afecção cardíaca, da qual veio finalmente a falecer. Segundo Freud, a frequência dos sonhos de angústia nas doenças do coração e dos pulmões parecia ser geralmente admitida. Como vimos, em função de seu próprio estado de saúde, Freud tinha excelentes razões para interessar-se por essas manifestações em particular.

Alguns autores, como Tissié, defendiam que os órgãos afetados e representados no sonho determinariam conteúdos e formas específicos ao sonho: as doenças cardíacas provocariam "sonhos curtos", com "final assustador ao despertar", incluindo sempre uma "situação de morte horrível". As doenças pulmonares produziriam sonhos de "sufocação", "grandes aglomerações e fugas", com caráter de "pesadelo". Os distúrbios digestivos suscitariam sonhos relacionados com "o prazer ou com a repulsa pela alimentação".[159] Freud opunha-se

---

158 A. Strumpell (1883-1884). *Lehrbuch der speziellen Pathologie und Therapie der inneren Krankheiten* [Tratado de patologia e de terapia especificas das doenças internas].
Citado por S. Freud (1900b). A interpretação dos sonhos, *E.S.B.*, IV, p. 70.
159 Citado por S. Freud (1900b). A interpretação dos sonhos, *E.S.B.*, IV, p. 70.

184 VISÕES FREUDIANAS

a essas leituras, contrapondo a essas *interpretações simbólicas*, que atribuíam a cada imagem onírica um significado determinado e constante, a ideia de que uma fonte do sonho poderia ser representada de diferentes maneiras, dependendo das características, da história e dos mecanismos oníricos do sonhador. A interpretação dos elementos do sonho seria absolutamente idiossincrática, dependendo das associações do sujeito.

Segundo Freud, a teoria das fontes somáticas dos sonhos era a preferida das autoridades médicas de sua época. Essa concepção, que atribuía a sensações orgânicas vegetativas a origem dos sonhos, permitia considerar uma etiologia única para os sonhos e as doenças mentais, pois muitos sustentavam que mudanças cenestésicas e estímulos provenientes dos órgãos internos seriam também os maiores responsáveis pela origem das psicoses. Krauss, por exemplo, em 1859, atribuiu a sensações organicamente determinadas tanto a origem dos sonhos, como de *deliria* (alucinações) e dos delírios. Ele dividia essas "sensações" em duas classes: "(1) as que constituem a disposição de ânimo geral (cenestesia) e (2) as sensações específicas oriundas dos sistemas vegetativos, entre as quais se encontram: (a) sensações musculares, (b) respiratórias, (c) gástricas, (d) sexuais e (e) periféricas".[160]

Reconhecendo a importância das observações de todos esses autores, Freud passa a teorizar sua própria experiência, insistindo no fato que não apenas as doenças, mas qualquer sensação orgânica pode ser representada nos sonhos, e que esses fenômenos ocorrem em qualquer pessoa, sadia ou enferma. Ao comentar as fontes dos sonhos dentro do organismo, ele afirma,

---

160 A. Krauss (1859). *Der Sinn im Wahnsinn* X [O sentido que existe na loucura]. Citado por S. Freud (1900b). A interpretação dos sonhos, *E.S.B.*, IV, p. 73.

*... quase todos os nossos órgãos internos, embora mal
nos dêem qualquer informação sobre seu funcionamento
enquanto sadios, tornam-se uma fonte de sensações
predominantemente penosas quando se acham no que
descrevemos como estados de excitação, ou durante as
doenças. Essas sensações devem ser equiparadas aos estímulos sensoriais ou penosos que nos chegam do exterior.*

*... o interior do corpo, quando se acha enfermo, torna-se
uma fonte de estímulos para os sonhos,... durante o sono,
a mente, estando desviada do mundo exterior, pode dispensar maior atenção ao interior do corpo,... os órgãos
internos não precisam estar doentes para provocar excitações que atinjam a mente adormecida – excitações que,
de algum modo, transformam-se em imagens oníricas.*

... o trabalho do sonho está sujeito à exigência de combinar em uma unidade os estímulos do sonhar que estiverem simultaneamente em ação.[161]

Também inspirado por Schopenhauer, ele afirma que a *cenestesia, sensibilidade geral difusa* aos sistemas orgânicos, existe na vida de vigília, mas, à noite, ela é ampliada devido à retirada dos interesses do mundo exterior, tornando-se mais vigorosa e capaz de produzir imagens oníricas. Mais tarde, ele descreve esse processo afirmando que o movimento narcísico e a regressão, condições necessárias ao fenômeno do sono e do sonho, são ao mesmo tempo os fatores responsáveis pela ampliação da cenestesia e pela maior sensibilidade do aparelho psíquico às fontes somáticas de excitação.

---

161 S. Freud (1900b). A interpretação dos sonhos, *E.S.B.*, IV, p. 70.

186 VISÕES FREUDIANAS

Assim, em 1915, é com naturalidade que Freud explicita as marcas da experiência hipocondríaca nas relações entre os sonhos e as fontes somáticas. Retomando sob o ângulo da metapsicologia suas hipóteses apresentadas no Capítulo VII de *A interpretação dos sonhos*, ele examina em um novo artigo os efeitos produzidos pelo estado de sono sobre os diferentes "sistemas" da mente, concentrando-se no fenômeno da alucinação e numa investigação do modo como, no estado normal, realiza-se a distinção entre a fantasia e a realidade. Ressaltando o caráter narcísico do sonho e a função da projeção como o mecanismo central do processo onírico, Freud atribui à dinâmica hipocondríaca uma parte importante do trabalho representativo do sonho:

> ... *sabemos que os sonhos são inteiramente egoístas e que a pessoa que desempenha o principal papel em suas cenas deve sempre ser reconhecida como aquela que sonha. Isso é agora facilmente explicado pelo narcisismo do estado de sono.*

> ... *A capacidade de "diagnóstico" dos sonhos – um fenômeno geralmente reconhecido, mas considerado enigmático – se torna igualmente compreensível. Nos sonhos, a doença física incipiente é com freqüência detectada mais cedo e mais claramente do que na vida de vigília, e todas as sensações costumeiras do corpo assumem proporções gigantescas.* Essa amplificação é por natureza hipocondríaca; *depende da retirada de todas as catexias psíquicas do mundo externo para o ego, tornando possível o reconhecimento precoce das modificações corporais que, na vida de vigília, permaneceriam inobservadas ainda por algum tempo.*

Um sonho é..., entre outras coisas, uma projeção: *uma externalização de um processo interno.* Podemos recordar *que já encontramos a projeção em outra parte, entre os meios adotados para defesa.*[162]

É difícil dizer em que medida Freud, ao escrever esse artigo, entre abril e maio de 1915, tinha em mente as imagens do sonho com Irma. Porém a menção à capacidade diagnóstica do sonho e à amplificação hipocondríaca das sensações corporais dificilmente encontraria melhor exemplo do que o daquele sonho inaugural, que provavelmente, vinte anos depois, continuava a reverberar no espírito de Freud.

É importante considerar que essa ampliação das sensações corporais promovida pela dinâmica sono/sonho tem também seus inconvenientes. Subjacente a essa dinâmica, o movimento narcísico-hipocondríaco é, do ponto de vista econômico, perturbador do equilíbrio psicossomático. Ele concentra no corpo quantidades de libido que podem se tornar excessivas e fonte de desprazer, e, dessa forma, perturbar a função do sono. Nessas condições, por meio da projeção, o sonho pode se formar como uma defesa que, exteriorizando o processo desprazeroso, visa afastar essa fonte de perturbação, preservando o sono. Freud reitera e amplia essas posições na *Conferência XXVI*, sobre a teoria da libido e sobre o narcisismo. Discutindo o conflito entre o inconsciente recalcado que se opõe ao desejo do ego de dormir e a forma como esse inconsciente se liga aos restos diurnos e às fontes somáticas, ele comenta:

A doença orgânica, a estimulação dolorosa ou a inflamação de um órgão criam a condição que resulta

---

162 S. Freud (1917b). Suplemento metapsicológico à teoria dos sonhos, *E.S.B.*, XIV, p. 230. Sublinhado por mim.

188 VISÕES FREUDIANAS

*nitidamente em um desligamento da libido, de seus obje-
tos. A libido que é retirada, é encontrada novamente no
ego, como catexia aumentada da parte doente do corpo.
Na realidade,... a retirada da libido de seus objetos,
nessas circunstâncias, é mais visível do que o desvio
do interesse egoísta em relação ao mundo externo. Isto
parece nos oferecer um caminho para a compreensão da
hipocondria, na qual um órgão, de forma semelhante,
atrai a atenção do ego, sem que, pelo menos na medida
em que podemos perceber, esse órgão esteja doente.*[163]

Existe, portanto, uma tensão permanente entre as tendências
narcísicas e objetais da economia libidinal. Fonte das pulsões, que
buscam objetos para serem satisfeitas, o corpo pode também ser
tomado como objeto autoerótico para essa satisfação. Por outro lado,
ele pode igualmente se constituir como um polo natural de atração da
libido investida nos objetos, a partir do núcleo narcísico necessário
à sobrevivência. Ao mesmo tempo que solicitam o investimento e a
satisfação pelo objeto, o corpo, os órgãos, as sensações, as funções
somáticas convidam ao desinvestimento objetal. Por meio desse
movimento, de natureza hipocondríaca, percebemos, no processo do
adormecer, a articulação característica do humano entre a dimensão
da *necessidade* (o funcionamento fisiológico que assinala o cansaço
e o imperativo de repouso) e a dimensão *pulsional* (que desencadeia
o movimento narcísico e regressivo, permanentemente convocado
pelo corpo erógeno). A perturbação dessa articulação, sobretudo
da dimensão pulsional do sono, é uma das principais fontes dos
distúrbios do sono e da atividade onírica.[164]

---

163 S. Freud (1916-1917d). Conferência XXVI: a teoria da libido e o narcisismo.
Conferências introdutórias à psicanálise, *E.S.B.*, XVI, p. 489.
164 N.C.P. Ganhito (2001). *Distúrbios do sono.*
C. Smadja (1993). A propos des procédés autocalmants du moi.

A hipocondria e a constituição do psiquismo

A alucinação, do corpo à pulsão

Desde seus primeiros escritos, Freud destacava que as experiências corporais constituíam as fontes a partir das quais se formam as funções e instâncias do psiquismo. Ele revela que o aparelho psíquico resulta da necessidade do organismo de lidar com exigências e excitações provenientes tanto de seu interior como do mundo externo.[165] Já na gestação, o corpo do feto é palco de experiências sensoriais e perceptivas do ambiente intrauterino. Posteriormente, para o bebê e para a criança, essas experiências se ampliam para o ambiente que o cerca, nas relações com o mundo, com seus semelhantes e consigo mesmo. Por meio do contato com o próprio corpo e com o corpo do outro, mediante satisfações e frustrações de suas necessidades biológicas, estruturam-se não apenas as primeiras formas de organização do psiquismo, mas também de toda a economia psicossomática.[166]

A passagem da estabilidade do meio uterino para o mundo confronta o recém-nascido com suas necessidades fisiológicas, que não podem mais ser automaticamente satisfeitas pelo corpo materno. Ele também é confrontado com a imaturidade de seu organismo e com o desconforto e as perturbações decorrentes de sua nova condição pós-natal. Essas vivências caracterizam a condição de *desamparo* do bebê que, por um bom tempo, o condiciona à dependência de um outro humano, mais competente, que possa lhe propiciar os elementos necessários à satisfação das exigências oriundas de seu corpo, sua proteção e sobrevivência. Para diminuir

---

Cf. também a discussão sobre a insônia precoce em R. M. Volich (2000/2022). *Psicossomática, de Hipócrates à psicanálise.*

165 S. Freud (1895e). Projeto de uma psicologia científica, *E.S.B.*, I, pp. 365 e 368.

166 P. Marty (1990). *A psicossomática do adulto.*

R. M. Volich (2000/2022). *Psicossomática, de Hipócrates à psicanálise.*

190 VISÕES FREUDIANAS

ou eliminar o desprazer, fruto das excitações provocadas por tais exigências, é necessária uma *ação específica* que proporcione uma descarga eficiente para aquelas tensões, caracterizando, neste caso, a *experiência de satisfação*.[167]

Considerando a fome, por exemplo, Freud aponta que, pouco após a satisfação obtida no seio materno, o bebê começa a realizar com os lábios movimentos de sucção.[168] Esses movimentos podem passar a se repetir independentemente da presença do seio, mesmo durante o sono, indicando a existência de um registro rudimentar de memória, uma marca e uma lembrança do alívio propiciado pela ação específica, vivido como prazeroso, e, ao mesmo tempo, uma tentativa de reproduzir esse alívio. Observa-se dessa forma a passagem da necessidade corporal para a *alucinação primitiva*, uma experiência marcada pelo prazer, que inaugura a experiência erógena do corpo. Essas vivências também constituem os primórdios das dinâmicas e instâncias psíquicas.

A possibilidade de reproduzir, pela lembrança, pelo gesto, pela alucinação ou pelo sonho a experiência de satisfação fisiológica marca a possibilidade de uma representação do corpo que transcende o corpo biológico, cujas origens, porém, se remetem a esse corpo. Graças a esses processos, o ser humano ganha uma certa autonomia, limitada, sem dúvida, tanto com relação às suas necessidades corporais, como com relação aos objetos que podem satisfazê-las. Ao mesmo tempo, o psiquismo do bebê fica marcado por uma inscrição do objeto que propiciou a satisfação, e, por meio dele, por um registro do mundo externo. A alucinação primitiva é uma experiência primordial, a partir da qual se organiza a representação do outro e do mundo, a

---

167 S. Freud (1895e). Projeto de uma psicologia científica, *E.S.B.*, I, p. 370.
S. Freud (1900b). A interpretação dos sonhos, *E.S.B.*, V, especialmente capítulo VII.
168 S. Freud (1905b). Três ensaios sobre a teoria da sexualidade, *E.S.B.*, VII, p. 172.

atividade de fantasia e o sonho, e, especialmente, o aparelho psíquico e o funcionamento psicossomático.

O paradigma da alucinação primitiva perpassa toda a obra freudiana. Discutindo as pulsões, "matéria-prima" do funcionamento psíquico, Freud as define como

> *um conceito situado* na fronteira entre o mental e o somático, *como o representante psíquico dos* estímulos que se originam dentro do organismo *e alcançam a mente [psiquismo], como uma medida da* exigência feita à mente *no sentido de trabalhar* em conseqüência de sua ligação com o corpo.[169]

Esses processos são atravessados pelo fenômeno hipocondríaco, ao mesmo tempo que o constituem. É do corpo que emana permanentemente a exigência de trabalho, de transformação, a ser feita pelo psíquico. A fonte da pulsão é um "processo somático que ocorre num órgão ou parte do corpo". O *alvo* da pulsão é conseguir obter satisfação por meio de um *objeto*, que não precisa necessariamente pertencer ao mundo externo. Esse objeto "pode igualmente ser uma parte do próprio corpo do indivíduo". Freud afirma ainda que não existe nenhuma distinção de *natureza* entre as pulsões, quando se encontram na esfera somática ou quando se encontram representadas no psiquismo. Se diferenças podem ser observadas, elas dizem respeito às intensidades pulsionais, às quantidades de excitação em jogo, na esfera psíquica ou somática, a suas possibilidades (ou não) de ligação a representações e às repercussões de cada uma dessas contingências.

---

169 S. Freud (1915a). Instintos e suas vicissitudes, *E.S.B.*, XIV, p. 127. Sublinhado por mim.

192 VISÕES FREUDIANAS

O inconsciente, do corpo à palavra

Em seu artigo sobre o inconsciente, Freud propõe compreender a especificidade das dinâmicas e dos conteúdos desta instância psíquica a partir das manifestações das psiconeuroses narcísicas, e da esquizofrenia, em particular. Segundo ele, é possível observar nos pacientes esquizofrênicos, principalmente nas etapas iniciais da doença, modificações significativas na fala, que se mostra "afetada" e "preciosa", com frases "desorganizadas e incompreensíveis".[170] No discurso dessas pessoas, são frequentes e ganham destaque as "referências a órgãos corporais ou a inervações". Freud aponta que, nas manifestações esquizofrênicas, a relação entre as representações no discurso e os conteúdos inconscientes é diferente daquela observada nas psiconeuroses (histeria ou neurose obsessiva).

Ele menciona uma observação de uma paciente com esquizofrenia, feita por Victor Tausk, que evidenciava esses mecanismos. Após uma discussão com o amante, essa paciente queixava-se "de que seus [próprios] olhos não estavam direitos, estavam tortos", seguida de uma série de acusações. Ela acusava o amante de ser hipócrita e responsável por lhe ter "entortado os olhos". Em consequência disso, seus olhos "não eram mais os olhos dela", razão pela qual ela "via o mundo com olhos diferentes". Na opinião de Freud, esse fragmento permite compreender o significado e a gênese da formação de palavras esquizofrênicas. Concordando com Tausk, Freud aponta que o órgão corporal (o olho) arrogou para si a representação de todo o conteúdo dos pensamentos da paciente. Nesse discurso esquizofrênico, o modo de pensamento apresenta "uma característica hipocondríaca", tornando-se "fala do órgão".[171]

---

170 S. Freud (1915b). O inconsciente, *E.S.B.*, XIV, p. 202.
171 S. Freud (1915b). O inconsciente, *E.S.B.*, XIV, p. 203.

Essa mesma paciente relatara que, estando de pé na igreja, sentiu repentinamente "um solavanco [e] teve de mudar de posição, como se alguém a estivesse pondo numa posição". Esse relato referia-se a uma nova série de acusações contra o amante: "ele era vulgar, ele a tornara vulgar também, a fizera igual a ele, dera uma falsa impressão da posição dele; agora ela era igual a ele (por identificação), a pusera numa falsa posição". Freud observa que também nessas construções "todo encadeamento de pensamento é dominado por um elemento que possui como conteúdo uma inervação do corpo (ou, antes, a sensação dessa inervação)". Acompanhando um movimento narcísico, a fala do órgão corresponderia então à capacidade hipocondríaca de um órgão, ou de uma parte do corpo, de mobilizar o universo de representações.

Essas vinhetas e também outros relatos feitos por Bleuler e por Jung ilustram o que Freud denomina de *fala hipocondríaca* ou *fala do órgão*, presente no discurso esquizofrênico, mas também, em menor medida, em outros modos de comunicação. Nesse tipo de discurso,

> *as palavras estão sujeitas a um processo igual ao que interpreta as imagens oníricas dos pensamentos oníricos latentes – que chamamos de processo psíquico primário. Passam por uma condensação, e por meio de deslocamento transferem integralmente suas catexias de umas para as outras. O processo pode ir tão longe que uma única palavra [se adequada devido a suas conexões] assume a representação de todo um encadeamento de pensamento.*[172]

---

172 S. Freud (1915b). O inconsciente, *E.S.B.*, XIV, pp. 203 e 204.

194 VISÕES FREUDIANAS

Freud aponta que a estranheza da formação substitutiva e do discurso na esquizofrenia pode ser compreendida como uma característica mais geral dos processos inconscientes. Essa estranheza pode ser atribuída à predominância das *representações de palavras* sobre as *representações de coisas*.[173] Ele observa que a representação consciente, que obedece ao processo secundário, é formada da combinação das representações de coisa com as representações de palavra, propiciada pelo pré-consciente. As representações conscientes distinguem-se das inconscientes pelo fato de que estas, obedecendo ao processo primário, são formadas apenas pelas representações de coisa. O trabalho do recalcamento consiste, portanto, na perturbação da ligação entre as representações de coisa e as de palavra, o que impede o acesso das representações de coisa à consciência.

Segundo Freud, as representações de coisa originam-se das percepções sensoriais, de imagens mnêmicas diretas de experiências e de marcas das vivências corporais do sujeito, sobretudo nos primeiros tempos de seu desenvolvimento. Para tornarem-se conscientes, num primeiro momento, as representações de coisa precisam ser investidas e nomeadas (inscrição das palavras) por um outro humano, que, dessa forma, promove a constituição do pré-consciente, diferenciando-o do inconsciente. O investimento das sensações e das representações de coisa pelas representações de palavras do outro e do pré-consciente é uma das principais características dos processos de pensamento. A experiência de satisfação propiciada pelo objeto e a alucinação primitiva são os protótipos desse processo de diferenciação progressiva e de constituição das instâncias psíquicas, bem como da ligação entre as vivências do corpo e o universo representativo.

---

173 S. Freud (1915b). O inconsciente, *E.S.B.*, XIV, p. 205.
"O que dita a substituição não é a semelhança entre as coisas denotadas, mas a uniformidade das palavras empregadas para expressá-las. Onde as duas – palavras e coisas – não coincidem, a formação de substitutos na esquizofrenia diverge do que ocorre nas neuroses de transferência."

Na esquizofrenia, como no sonho, as representações de palavra são tratadas como representações de coisa, segundo as leis do processo primário.[174] Em alguns momentos de desorganização, resultantes de movimentos regressivos ou de experiências traumáticas, é também possível observar essa transmutação de palavras em coisas, no extremo, na própria coisa corporal. O dedo levado instantaneamente à boca, quando de um corte, ou a expressão "aperto no coração", que utilizamos em um momento de angústia, são pequenos exemplos, cotidianos, dessa capacidade de utilização urgente do corpo como primeira linha de defesa contra ameaças a nossa integridade ou, mesmo, contra o desprazer provocado por uma frustração.

O ego, superfície corporal

Presente em todos os textos da metapsicologia, o paradigma hipocondríaco prepara a elaboração de Freud de seu segundo modelo do aparelho psíquico. Em 1915, no artigo sobre as pulsões, e também em 1917, ampliando suas concepções sobre os sonhos, ele destaca a importância das experiências corporais como aquelas que propiciam a distinção entre o interno e o externo, e que organizam o princípio de realidade.

> ... atribuímos ao organismo ainda inerme a capacidade de efetuar uma primeira orientação no mundo por meio de percepções, distinguindo "externo" e "interno" de acordo com a relação entre essas percepções e a ação muscular do organismo. Uma percepção que desaparece por meio de uma ação é reconhecida como externa,

---

174 S. Freud (1915b). O inconsciente *E.S.B.*, XIV.
S. Freud (1911a). Formulações sobre os dois princípios do funcionamento mental.

196 VISÕES FREUDIANAS

como realidade; nos casos em que tal ação [não] tem influência, a percepção se origina dentro do próprio corpo do indivíduo – não é real. É valioso para o indivíduo possuir um meio como esse, que lhe permita reconhecer a realidade...[175]

As dinâmicas psíquicas viriam, portanto, responder à necessidade do organismo de contar, com relação aos instintos e pulsões (fontes de estímulos "do interior"), com um recurso equivalente às ações musculares, que permitem discriminar e lidar com os estímulos oriundos "do exterior". O mecanismo da *projeção*, correlato à alucinação primitiva, visa preencher essa função, transpondo para fora o que é fonte de desprazer oriunda de dentro do sujeito. Freud considera que o sistema percepção-consciência (Pcpt.-Cs.), situado na fronteira entre o interno e o externo, é responsável tanto pelo teste de realidade como pelo desencadeamento do mecanismo de projeção. É dessa forma que ele descreve as principais funções do ego, bem como sua localização.[176]

A partir dessas concepções, ele descreve, em 1923, sua nova compreensão da tópica psíquica e das relações entre o ego e o superego, ambos desenvolvidos a partir do id. Freud reitera a importância das experiências corporais nesse processo. Tendo ressaltado anteriormente a função do aparelho muscular na distinção entre as sensações internas e externas, em o *Ego e o id* ele descreve o papel

---

175 S. Freud (1917b). Suplemento metapsicológico à teoria dos sonhos, *E.S.B.*, XIV.

176 "Essa função de orientar o indivíduo no mundo pela discriminação entre o que é interno e o que é externo deve... ser exclusivamente atribuída ao sistema Cs. (Pcpt.). O Cs. deve ter à sua disposição uma inervação motora que determina se se pode fazer que a percepção desapareça, ou se ela oferece resistência... Situaremos o teste da realidade entre as principais instituições do ego, ao lado das censuras que viemos a reconhecer entre os sistemas psíquicos."
S. Freud (1917b). Suplemento metapsicológico à teoria dos sonhos, *E.S.B.*, XIV.

da superfície do corpo, da pele, do tato, para essa discriminação. As sensações e os investimentos internos e externos dessa superfície podem tanto ser fonte de prazer como de desprazer. Também nesse caso a projeção surge, como na alucinação e no sonho, como forma de afastar, colocando "para fora" o aumento de excitações fonte de desprazer. Essa forma de projeção promove a formação do ego, uma nova instância discriminada a partir do id (reservatório natural das pulsões), e que comporta também, por meio da introjeção, uma representação interna e distinta do mundo exterior. O ego carregará para sempre as marcas dessas suas origens, desse duplo movimento e da mediação das experiências corporais.

> *O próprio corpo de uma pessoa e, acima de tudo, a sua superfície, constitui um lugar de onde podem originar-se sensações tanto externas quanto internas. Ele é visto como qualquer outro objeto, mas, ao tato, produz duas espécies de sensações, uma das quais pode ser equivalente a uma percepção interna... Também a dor parece desempenhar um papel no processo, e a maneira pela qual obtemos novo conhecimento de nossos órgãos durante as doenças dolorosas constitui talvez um modelo da maneira pela qual em geral chegamos à ideia de nosso corpo. O ego é, primeiro e acima de tudo, um ego corporal; não é simplesmente uma entidade de superfície, mas é, ele próprio, a projeção de uma superfície.*[177]

Como vimos, a doença orgânica, a estimulação dolorosa ou ainda a inflamação de um órgão foram explicitamente mencionados por Freud como processos que desencadeiam os movimentos de retraimento narcísico e que permitem também compreender a dinâmica

---

177 S. Freud (1923b). O ego e o id, *E.S.B.*, XIX.

198   VISÕES FREUDIANAS

hipocondríaca, ou seja, a capacidade de um órgão saudável atrair a atenção do ego.[178] Ele convoca esse mesmo paradigma para conceber seu novo modelo tópico, mencionando a função dos "processos dolorosos" na discriminação entre o interno e o externo, e, sobretudo, na forma de "conhecimento dos órgãos" e do próprio corpo.

O corpo, capaz de catalisar o investimento narcísico, pode também mobilizar o desinvestimento da libido colocada no mundo, promovendo dentro do ego, pela introjeção, a constituição dos representantes psíquicos dos objetos do mundo. Por outro lado, o investimento narcísico do corpo atrai a atenção do ego para os processos e para diferentes dimensões da experiência corporal, no limite da dor e do prazer. Dessa forma, a relação do sujeito com o mundo e com seus objetos fica marcada pelas dinâmicas de investimento e desinvestimento, de projeção e de introjeção permeadas, desde suas origens, pela experiência hipocondríaca.

---

178 Cf. *Narcisismo e hipocondria*, acima, neste capítulo.

3. O corpo, outro em si

Queixando-se de algumas fantasias sádicas e outras masoquistas, um jovem de 22 anos apresentou-se à consulta de um psicanalista. Durante seu relato, ele fez uma leve referência a uma cirurgia que sofrera recentemente para a remoção de um testículo atacado pela tuberculose. Meses depois, ele consultou novamente esse analista para perguntar-lhe se devia acatar o conselho de um cirurgião e retirar o outro testículo, que também havia sido acometido pela doença. Diante dessa pergunta dramática, o analista ficou particularmente intrigado ao perceber que, ao invés da preocupação, do medo, ou mesmo de uma certa depressão que poderiam ser esperados nessas circunstâncias, o paciente mostrava-se eufórico, "num estado de grande excitação". Ele solicitava realizar um tratamento psicanalítico depois da cirurgia, pois imaginava que "após a eliminação da libido orgânica seria mais fácil restabelecer os desvios patológicos da [sua] psiquê". Surpreso com essa observação despropositada, dissociada do caráter trágico da situação, o analista sugeriu deixar a decisão sobre a cirurgia nas mãos do cirurgião, questionando ao mesmo tempo a utilidade da análise partindo de tais pressupostos. Dias mais tarde, o paciente foi operado.

Algum tempo depois, o analista foi procurado pelo pai do rapaz, que, desesperado, relatava grandes mudanças no caráter e no modo de vida de seu filho. Ele apresentava um comportamento bizarro, negligenciava os estudos e a música (que antes o apaixonava), não se preocupava com horários, não queria ver seus pais. O jovem justificava esta atitude dizendo estar enamorado de uma jovem cujo pai era um burguês eminente da cidade.

Diante da insistência do pai, o analista recebeu novamente o jovem constatando "o caráter erotomaníaco e interpretativo" de suas atitudes. Ele enumerava os indícios do amor da jovem por ele, ao mesmo tempo que afirmava que "o mundo inteiro interessava-se [por] seus órgãos genitais". A ideia de que "algumas pessoas, inclusive, referiam-se diretamente a eles" levou-o a desafiar um rapaz em duelo. O paciente afirmava também que sua mãe era "inconscientemente apaixonada" por ele, tendo comunicado a ela sua impressão. O quadro clínico agravou-se, revelando rapidamente o fundo homossexual de suas ideias paranoicas. O paciente acabou sendo internado em um sanatório.

Em outra ocasião, esse mesmo analista foi consultado por uma jovem estrangeira que apresentava "crises de angústia particularmente intensas". Sem poder ficar só nem por um segundo, ela queixava-se de sensações corporais generalizadas e do medo de morrer. Ela relatava a impressão de ter "algo na garganta", que sentia alguns "pontos" saindo de seu couro cabeludo, que suas orelhas alongavam-se, que sua cabeça se destacava para a frente, que seu coração batia etc. Todas essas sensações eram consideradas por ela como sinais de sua morte iminente. Além dessas fantasias e sensações, a jovem pensava também em suicidar-se.

A análise dessa paciente evidenciou a relação entre seus sintomas hipocondríacos e sua angústia de morte, revelando um quadro misto de sintomas puramente hipocondríacos e sintomas histéricos. O analista chamou a atenção para o fato de que, no início do tratamento, o quadro clínico parecia configurar-se como uma esquizofrenia, mas aos poucos revelou-se como um esboço de um quadro paranoico. O analista interpretou as queixas hipocondríacas da paciente a partir de um registro simbólico. As sensações na garganta corresponderiam "ao desejo de fazer escutar e admirar sua bela voz de contralto", os pontos do couro cabeludo representariam "os parasitas que um dia foram descobertos em sua cabeça e foram motivo de grande vergonha", o alongamento das orelhas foi associado ao fato de que, na escola, "uma vez a chamaram de burra".

O que haveria em comum entre esses dois casos? No primeiro, constatamos a repercussão de uma doença e de um episódio cirúrgico no desenvolvimento de um quadro grave de paranoia, enquanto, no segundo, sensações corporais, de natureza hipocondríaca, inicialmente consideradas como manifestações esquizofrênicas, com o tempo, revelaram-se associadas a dinâmicas histéricas. Até aqui, aparentemente, poucas semelhanças poderiam ser apontadas entre esses dois pacientes.

Não era essa, porém, a opinião de Sandor Ferenczi, o analista desses dois pacientes. Discutidos em momentos diferentes de sua obra, esses casos são evocados por ele para destacar a importância das concepções freudianas sobre o narcisismo e sobre a hipocondria em particular. Segundo Ferenczi, eles convidam à reflexão sobre a compreensão psicanalítica das doenças orgânicas e de seus desdobramentos psíquicos.[1]

---

1 S. Ferenczi (1917). Des pathonévroses, p. 268.
   S. Ferenczi (1919). Psychanalyse d'un cas d'hypocondrie hystérique, p. 73.

202   O CORPO, OUTRO EM SI

Hipocondria, patoneurose, neurose de órgão

Poucos discípulos de Freud se dispuseram tanto como S. Ferenczi (1873-1933) a se aventurar na clínica para além do terreno das psiconeuroses, até então delimitado como o campo exclusivo de ação da psicanálise.[2] Aceitando o desafio de tratar psicóticos, pacientes com doenças orgânicas e mesmo com doenças neurológicas, Ferenczi sustentava que a teoria psicanalítica oferecia preciosos instrumentos conceituais para compreender as dinâmicas de tais pacientes e, sobretudo, para desenvolver novos recursos clínicos a fim de tratá-los em contextos psicoterapêuticos. Por meio de diferentes manejos dos dispositivos clínicos, do enquadre e da técnica psicanalítica clássica (alvo de inúmeras polêmicas, inclusive com Freud), Ferenczi pôde, a partir da clínica com esses pacientes, ampliar a clínica psicanalítica para além das fronteiras estabelecidas por seu mestre vienense.

Inspirado pelo caso do jovem com tuberculose nos testículos, Ferenczi ampliou as formulações freudianas sobre o narcisismo apontando que o retraimento narcísico provocado por uma doença ou sintoma orgânico pode tanto ser a fonte de uma manifestação psicopatológica como de um outro sintoma orgânico. Segundo ele, o caráter traumático da castração cirúrgica do jovem teria desencadeado seus transtornos mentais. Admitindo que o quadro apresentado pelo jovem pudesse ser considerado como o de uma *paranoia traumática*, Ferenczi sugere também uma outra perspectiva para compreendê-lo. A experiência com outros pacientes com doenças orgânicas levou Ferenczi a caracterizar um grupo específico de neuroses consecutivas a essas doenças, que denomina *neuroses de doenças* ou *patoneuroses*. Segundo ele, "em muitos casos, a libido, retirada do mundo exterior, volta-se não para o ego, mas para o

---

2 Cf. *As psiconeuroses e as neuroses atuais*, no Capítulo 2.
  Ver também Nosografia psicanalítica e A clínica do recalcamento, em R. M. Volich (2000/2022). *Psicossomática, de Hipócrates à psicanálise*.

órgão doente ou ferido, e provoca nesse órgão sintomas que devem ser atribuídos ao aumento local da libido".[3] As patoneuroses são

> *neuroses especificamente narcísicas, que provocam algumas vezes a doença ou a lesão de uma parte do corpo ou de um órgão, vitais ou particularmente importantes para o ego, especialmente as zonas erógenas. [Nas patoneuroses] as quantidades de libido podem se acumular não apenas no ego, mas no próprio órgão doente (ou em seu representante psíquico) e essas quantidades de libido desempenham um papel importante nas tendências orgânicas à regeneração e na cura.*[4]

Ferenczi aponta para algumas condições nas quais o ego e o corpo encontram-se separados, nas quais tanto um como outro pode se constituir, distintamente, como objeto para a regressão narcísica libidinal. Cada uma delas desencadeia manifestações patológicas diferentes. Ele acrescenta que a perturbação libidinal decorrente de uma doença orgânica não é apenas narcísica, mas também transferencial, ressaltando a importância da dimensão relacional no processo do adoecer. Essas dinâmicas, oscilantes entre a clássica histeria de conversão e a *histeria da doença*, convidam também à reflexão sobre os estados hipocondríacos:

> *uma doença orgânica pode produzir uma perturbação da libido não apenas narcísica, mas eventualmente também transferencial (histérica, sendo que a relação libidinal de objeto é preservada. Eu denominarei esse estado de*

---

3 S. Ferenczi (1917). Des pathonévroses, p. 268, traduzido por mim.
4 S. Ferenczi (1922). La psychanalyse et les troubles mentaux de la paralysie générale, pp. 156-157.

histeria de doença (patohisteira) em oposição à neurose sexual de Freud na qual a perturbação da libido é primária e o distúrbio funcional orgânico secundário. É mais difícil distinguir esses estados da hipocondria. A diferença é que na hipocondria não há e nunca houve uma modificação detectável dos órgãos.[5]

Por meio dessas hipóteses etiológicas, Ferenczi amplia a compreensão das relações entre o ego e a experiência corporal. A ideia de um "ego corporal" deveria também considerar a possibilidade de dissociação entre o ego e suas fontes corporais, uma condição que necessariamente repercute sobre os modos de organização narcísicos e objetais e, consequentemente, sobre as manifestações hipocondríacas.

No caso da "jovem estrangeira", foi essa leitura que permitiu a Ferenczi vislumbrar com naturalidade que as sensações hipocondríacas oscilavam entre manifestações esquizofrênicas, histéricas e paranoicas. Na discussão desse caso, ele descreve as parestesias hipocondríacas da paciente como "[originalmente] uma preferência narcísica pelo corpo próprio, que se tornaram, mais tarde – como uma complacência somática – meios de expressar processos histéricos". Sem poder evidenciar a existência de bases orgânicas nas manifestações hipocondríacas, Ferenczi sugere que nessa paciente observava-se uma combinação de uma superestrutura hipocondríaca e histérica, provocada pela estase da libido de órgão.[6]

---

5 S. Ferenczi (1917). Des pathonévroses, p. 272.

6 Essa hipótese de Ferenczi sintoniza com uma constatação semelhante feita por Freud na mesma época, evidenciando as oscilações observadas nas neuroses mistas entre manifestações psiconeuróticas e das neuroses atuais, que comentamos anteriormente.
S. Freud (1916-1917b). Conferência XXIV: o estado neurótico comum. Conferências introdutórias à psicanálise, *E.S.B.*, XVI, p. 454.
Cf. *A hipocondria, as neuroses narcísicas e de transferência*, no Capítulo 2.

A descrição das patoneuroses também permitiu a Ferenczi abordar as repercussões patológicas de paralisias orgânicas, revelando as dinâmicas narcísicas subjacentes a muitas dessas manifestações.[7] Os sintomas psíquicos das paralisias corresponderiam a uma *patoneurose cerebral*, constituindo-se como "tentativas de regular a libido mobilizada pela lesão cerebral". Segundo ele, em alguns casos, as primeiras manifestações da doença, principalmente a debilitação física e psíquica, assemelham-se aos sintomas da neurastenia. Nas formas depressivas das paralisias, destacam-se as sensações hipocondríacas, como queixas de "pedras no estômago", a impressão de que a cabeça "transformou-se em um buraco vazio", que o corpo "é permanentemente atormentado por vermes" etc. Ferenczi aponta ainda que a caracterização da hipocondria não deve ser apenas atribuída aos "indivíduos cujos órgãos são intactos do ponto de vista anatômico (hipocondria neurótica)", mas que também pessoas que apresentam lesões e doenças manifestas podem desenvolver sintomas hipocondríacos como forma de "contrainvestir o processo orgânico" visando à manutenção do equilíbrio libidinal e à organização do processo de cura.[8] Dessa forma, ele evidencia a função dessas manifestações como tentativas de reorganização da economia psicossomática, quando perturbada.

A reflexão de Ferenczi sobre as relações entre as manifestações orgânicas e psíquicas das doenças é principalmente construída em torno das dinâmicas narcísicas e objetais. Reconhecendo a importância das contribuições de Freud para a compreensão das psiconeuroses e das neuroses atuais, Ferenczi dedicou-se a ampliar tanto o conhecimento como a clínica das neuroses atuais, que, em princípio, segundo Freud, seriam inacessíveis ao método psicanalítico. Em

---

7 S. Ferenczi (1922). La psychanalyse et les troubles mentaux de la paralysie générale, pp. 156-157.

8 S. Ferenczi (1922). La psychanalyse et les troubles mentaux de la paralysie générale, pp. 159-160.

206   O CORPO, OUTRO EM SI

função disso, em diferentes momentos Ferenczi se dedica a melhor compreender as relações entre a histeria, a neurastenia, a neurose de angústia e a hipocondria. É a partir dessa perspectiva que ele descreve as *neuroses de órgão* como um grupo de manifestações específicas com estruturas próximas da neurastenia e da neurose de angústia, porém distintas das neuroses clássicas como a histeria.[9] Entre essas neuroses de órgão, ele enumera as neuroses cardíacas, as enxaquecas, a asma, os distúrbios intestinais funcionais, considerados por Freud como manifestações daquelas duas neuroses atuais.[10]

Segundo Ferenczi, mesmo quando sua etiologia é orgânica, as doenças podem também manifestar-se na esfera psíquica. Por outro lado, "inúmeras doenças possuem uma origem psíquica, mas se manifestam mediante uma perturbação real de um ou mais órgãos". Retomando uma ideia de Freud, na discussão sobre a perturbação psicogênica da visão,[11] Ferenczi aponta que, nas *neuroses de órgão*, o investimento erógeno do órgão pode ser excessivo, a ponto de perturbar sua função fisiológica. Essas neuroses "apresentam perturbações objetivas e subjetivas", que em muitos casos assemelham-se tanto a manifestações da hipocondria como da histeria. A dificuldade de distingui-las da histeria, ou mesmo de algumas doenças orgânicas, se deve à natureza indissociável das dimensões psíquicas e orgânicas. Assim, a exemplo do que já havia apontado com relação às patoneuroses, é possível encontrar sintomas histéricos associados a doenças orgânicas ou "a neuroses de órgão que se veem reforçadas pela histeria", da mesma forma que as dinâmicas hipocondríacas podem prestar-se à organização de dinâmicas psicóticas, neuróticas ou mesmo primordialmente orgânicas.

---

9 S. Ferenczi (1926). Les névroses d'organe et leur traitement, p. 371.

10 Cf. *As psiconeuroses e as neuroses atuais*, no Capítulo 2.

11 S. Freud (1910a). A concepção psicanalítica da perturbação psicogênica da visão, *E.S.B.*, XI.

Discutindo e ampliando as concepções de Freud sobre as neuroses atuais e desenvolvendo os conceitos de patoneuroses e de neuroses de órgão, Ferenczi contribuiu de maneira significativa para o desenvolvimento do campo da psicossomática moderna.[12] A compreensão propiciada por esses conceitos evidencia a dificuldade do diagnóstico diferencial das manifestações comumente consideradas "psicossomáticas" e a importância de compreendê-las segundo uma perspectiva dinâmica e funcional, muito mais do que como uma estrutura, como vimos, um aspecto já sinalizado por Freud ao discutir as características das neuroses mistas.[13]

Além do narcisismo, Ferenczi ressaltava também o papel do autoerotismo na dinâmica das doenças, especialmente no delírio megalomaníaco do esquizofrênico, "na tendência a ninar-se do hipocondríaco" e nos sintomas psíquicos das neuroses traumáticas.[14] Segundo ele, na hipocondria, em particular, a libido se liga a alguns órgãos que, geralmente, não são diretamente ligados à atividade sexual. A dinâmica hipocondríaca colocaria em evidência um "despertar do autoerotismo", anterior à organização do narcisismo que confere a certos órgãos um valor e uma importância excessivos em detrimento do organismo como um todo. Nessas condições, a libido pode se ligar mesmo à mais ínfima lesão ou parte corporal, ou mesmo à representação psíquica destas, atraindo toda a atenção

---

12 R. M. Volich (2000/2022). *Psicossomática, de Hipócrates à psicanálise.*

13 S. Freud (1916-1917b). Conferência XXIV: o estado neurótico comum. Conferências introdutórias à psicanálise, *E.S.B.*, XIV.
Cf. *A hipocondria, as neuroses narcísicas e de transferência*, no Capítulo 2.
Essa compreensão evidencia a continuidade observada na economia psicossomática entre formas de funcionamento predominantemente corporais (mal mentalizadas e de mentalização incerta) e outras predominantemente mentais (bem mentalizadas).
P. Marty (1990). *A psicossomática do adulto.*
Cf. Funções do préconsciente e mentalização. In R. M. Volich (2000/2022). *Psicossomática, de Hipócrates à psicanálise.*

14 S. Ferenczi (1933). Présentation abrégée de la psychanalyse, pp. 170-171.

do doente para as parestesias, dores ou outras alterações mais ou menos importantes dos órgãos, ou mesmo fazendo que as imagine. Dessa forma, diferentes graus de desenvolvimento da dinâmica psíquica e de regressão/fixação libidinal provocam formas distintas de manifestação hipocondríacas.

Ferenczi sugeria ainda que a hipocondria pode vir a se tornar o núcleo de uma doença psíquica. "Queixas hipocondríacas absurdas" podem ser os primeiros sinais de algumas psicoses graves, como a esquizofrenia ou a paralisia. Expressões hipocondríacas podem igualmente participar dos estágios iniciais de neuroses traumáticas, patoneuroses consecutivas a uma lesão ou mutilação corporal, e doenças dos tiques. Ele apontava ainda que, do ponto de vista clínico, o melhor prognóstico para as manifestações hipocondríacas seria o daquelas relacionadas às neuroses de transferência.[15]

O corpo, das sensações à imagem

As concepções freudianas sobre o narcisismo e as contribuições de Ferenczi repercutiram de maneira significativa nos estudos de Paul Schilder (1886-1940) sobre a imagem corporal. Partindo da clínica de pacientes com lesões cerebrais e dificuldades de lateralidade, ele insistia na importância de também considerar, além da neurologia e da fisiologia, as contribuições da psicanálise para "elucidar problemas da patologia do cérebro".[16] Apontando para as relações existentes entre o modelo postural, a sensorialidade, a erogeneidade e a interação de nosso próprio corpo com o corpo dos outros, ele defendia que na constituição da imagem do corpo participariam não apenas as dimensões anatômicas e fisiológicas, mas também dinâmicas libidinais que encontrariam expressões específicas na histeria, na

---

15 S. Ferenczi (1933). *Présentation abrégée de la psychanalyse*, p. 171.
16 P. Schilder (1923). *A imagem do corpo*, p. 5.

neurastenia, nas doenças orgânicas, nos casos de despersonalização e nos estados dolorosos.

Por intermédio de suas hipóteses, Schilder resgatou e enriqueceu o conceito de *cenestesia*, que ocupara um lugar de destaque na medicina do século XIX. Sugerido em 1794 por Johan-Christian Reil, a *cenestesia* foi definida em 1844 por Peisse como o "conjunto das sensações corporais experimentadas pelo indivíduo que constituem a consciência de si e de sua existência". Essa ideia foi posteriormente retomada por Théodule Ribot (1839-1916), que afirmou que toda a estrutura da personalidade repousa sobre as mensagens, em parte inconscientes, oriundas da experiência corporal.[17]

Segundo Schilder, a constituição da imagem corporal, suas oscilações e perturbações encontram-se intimamente relacionadas aos movimentos da economia libidinal.[18] O *modelo postural do corpo* é formado por um contorno, por uma superfície (limite

---

17 Atualmente, a cenestesia é definida como "sentimentos vagos, mas perceptíveis, do funcionamento vegetativo do organismo, resultante de sensações internas difusas, indefiníveis, mas profundamente marcadas por uma tonalidade afetiva. O ser humano não sente a respiração nem a digestão, mas graças à sensação cenestésica, no limite do consciente, ele tem noção de que seus órgãos funcionam espontânea e normalmente".

R. Diatkine aponta para o caráter revolucionário da noção de cenestesia, uma vez que ela introduziu a ideia de que as fontes da consciência encontram-se, antes de tudo, nas experiências corporais, cuja variação poderia explicar diferentes estados da patologia e da consciência. A partir do início do século XX, essas concepções foram retomadas pela neurologia, inspirando também o desenvolvimento posterior das pesquisas em psicomotricidade, bem como das teorias sobre os distúrbios da consciência corporal em quadros psicopatológicos e sobre a importância do contato corporal mãe-criança na estruturação do psiquismo.

Encyclopédie Hachette (1999).

R. Diatkine (1981). Les problèmes du corps: avant propos.

Cf. também "O trajeto do conceito de cenestesia" em S. J. Cazeto (2001). *A constituição do inconsciente em práticas clínicas na França do século XIX*, pp. 55 e seguintes.

18 P. Schilder (1923). *A imagem do corpo*, p. 255.

210   O CORPO, OUTRO EM SI

sensorial-perceptivo entre o interior e o exterior) e pela massa corporal (interior do corpo), vivida e percebida principalmente através do sistema muscular. A dor, a doença e o prazer estão relacionados ao modelo postural do corpo, podendo modificá-lo.

Ele lembra ainda que a *experiência do corpo próprio* está em permanente construção, a partir de quatro níveis: 1. nível fisiológico, simpático, periférico, medular; 2. atividades focais do cérebro relacionadas a esse primeiro nível, mas ligadas também à consciência; 3. atividades orgânicas gerais, relacionadas à região cortical; 4. processos da esfera psíquica em interação constante com a esfera somática. Os investimentos libidinais de funções ou partes do corpo regulam as relações entre esses níveis, promovendo-as, permitindo seu equilíbrio ou perturbando-as. Todas essas dinâmicas evidenciam a participação da experiência hipocondríaca na constituição da imagem do corpo, porém Schilder, em suas reflexões sobre a hipocondria, privilegiou a abordagem nosográfica dessa questão.

Hipocondria, despersonalização, neurastenia e dor

Schilder compara as manifestações da imagem corporal na neurastenia, na despersonalização e na hipocondria e ressalta que a distinção entre elas decorre de diferentes configurações da economia narcísica libidinal e pela concentração de libido em certas partes do corpo, que dessa forma encontram-se, em alguns casos, genitalizadas. Essa concentração pode ser determinada por estruturas cujas "funções possam estar prejudicadas do ponto de vista somático", insistindo, porém, na importância em compreender "o papel do órgão [hipocondríaco] na estrutura global e na vida do indivíduo". Apesar de ocupar a maior parte da atenção do sujeito, a queixa hipocondríaca é fruto de sua história, própria e única.

Ele afirma que os sintomas hipocondríacos são especialmente frequentes na neurastenia e em estados de despersonalização.[19] Na hipocondria a libido narcísica é transposta para um determinado órgão. Nela, como na neurastenia, as partes genitalizadas do corpo comportam-se como se fossem autônomas. Os sintomas neurastênicos ocorrem em órgãos que anteriormente propiciaram um prazer sexual exagerado, desencadeando uma falha na estrutura libidinal da imagem corporal.

Schilder ressalta que a imagem do corpo é um elemento fundamental da identidade do sujeito. Os estados de despersonalização revelam o estranhamento da pessoa com relação a si mesma. Ele se sente "diferente do que era antes", não se reconhece como [possuindo] uma personalidade:

> *Suas ações lhe parecem automáticas, e ele as observa como se fosse um espectador exterior. O mundo externo parece-lhe estranho, novo e menos real do que antes... O self parece sem alma porque não pode se desenvolver separadamente do ego.*

A modificação da percepção do mundo externo é acompanhada de mudanças em suas percepções de seu próprio corpo. Segundo o autor, na despersonalização, "o indivíduo não ousa colocar sua libido nem no mundo externo nem em seu próprio corpo".[20] Algumas vezes, a vertigem de causa orgânica provoca fenômenos psíquicos próximos à despersonalização do corpo. Ele aponta também que toda neurose apresenta, em alguma fase de seu desenvolvimento, sinais de despersonalização, de estranhamento das sensações corporais. Nesses momentos, as queixas hipocondríacas são extremamente frequentes.

---

19 P. Schilder (1923). *A imagem do corpo*, p. 126.
20 P. Schilder (1923). *A imagem do corpo*, pp. 124-125.

212 O CORPO, OUTRO EM SI

Como vimos, os delírios de Schreber apresentavam algumas dessas características.[21] Em 1919, descrevendo o que denominou de *aparelho de influenciar*, Victor Tausk (1879-1919) também apontou para a existência de uma fase hipocondríaca na gênese de manifestações de natureza paranoica, observadas em alguns casos de esquizofrenia.[22] Na dinâmica do aparelho de influenciar, o ego afastar-se-ia do órgão, desenvolvendo um sentimento de estranheza e de medidas defensivas contra as angústias hipocondríacas. A falha dessas defesas desencadearia os mecanismos projetivos, alimentando a paranoia. Assim, o aparelho de influenciar poderia ser compreendido como uma projeção do corpo próprio, uma despossessão desse corpo em benefício de um outro.[23]

Schilder aponta para a função defensiva da hipocondria, contra a ameaça representada pelo incremento do investimento libidinal no órgão, e, também, para sua relação com a projeção. Ele observa que o órgão hipocondríaco se comporta como um corpo independente, que, na verdade, "luta" contra a libido narcísica: "o indivíduo se defende contra a excessiva tensão libidinal do órgão hipocondríaco, e tenta isolar o órgão doente para tratá-lo como um corpo estranho na imagem corporal".[24] Tanto na despersonalização como no mecanismo da projeção observa-se a tentativa de expelir esse órgão. Os sintomas hipocondríacos correspondem a partes que não podem ser expelidas na despersonalização, conservando sua carga narcísica.

A auto-observação compulsiva é outra característica marcante da hipocondria e da despersonalização. Na hipocondria, o corpo e o órgão ocupam o centro da atenção. O mesmo pode ser observado quando de uma doença orgânica, que atrai para si a libido. Os

---

21 Cf. *Schreber: corpo transmutado, alma perseguida*, no Capítulo 2, acima.
22 V. Tausk (1919). De la genèse de l'"appareil à influencer" au cours de la schizophrénie.
23 A. Fine (1995). Figures psychanalytiques de l'hypocondrie, p. 58.
24 P. Schilder (1923). *A imagem do corpo*, p. 127.

traumas, principalmente físicos, são também acompanhados de sintomas hipocondríacos. Porém, Schilder sugere que "traumatizar-se [pode também ser frequentemente] um método... para transferir mais facilmente a libido para um órgão que, antes do acidente, era objeto de atenção narcísica".[25]

Para Schilder, a hipocondria, as cenesiopatias, as parestesias e a dor possuem algumas dinâmicas comuns, em particular o sobre-investimento da região corporal ou de sua representação. Como Freud e Ferenczi, ele considera que a alteração libidinal do órgão não é apenas psíquica, mas que a inervação vasovegetiva e a vasomotora são também modificadas. Da mesma forma, mudanças orgânicas podem provocar sensações hipocondríacas e alterações cenestésicas. Em função do incremento do investimento libidinal, tais manifestações fazem que o órgão ou parte do corpo implicados nelas destaquem-se na imagem corporal. Esse fenômeno pode ser observado nos fenômenos dolorosos:

> *Sempre que uma parte da imagem corporal recebe importância excessiva, a simetria e o equilíbrio internos da imagem corporal são destruídos. [...Na dor], o modelo postural do corpo fica sobrecarregado de libido narcísica... O órgão dolorido torna-se um centro de renovada experimentação com o corpo, cumprindo um papel que normalmente pertence às zonas erógenas.*[26]

Apesar de pouco reconhecido pelo movimento psicanalítico oficial e da animosidade existente na primeira geração de psicanalistas contra ele,[27] Paul Schilder trouxe contribuições significativas

---

25 P. Schilder (1923). *A imagem do corpo*, p. 127.
26 P. Schilder (1923). *A imagem do corpo*, p. 113.
27 P. Roazen (1978). *Freud e seus discípulos*, p. 378.

214　O CORPO, OUTRO EM SI

para a compreensão da experiência psíquica e libidinal relacionada à doença orgânica. Não apenas ele compartilhou muitas das visões de Ferenczi (como a de que a doença de qualquer órgão sempre repercute em reações psíquicas específicas), mas também foi um dos primeiros a sugerir que as diferenças individuais de sensibilidade à dor (uma questão que até hoje intriga os neurologistas) podem ser compreendidas como uma diferença no grau de investimento libidinal da lesão ou do estímulo nervoso implicados no fenômeno doloroso.

A hipocondria entre os objetos externos e internos

É significativo que o conceito de *introjeção* tenha sido introduzido na teoria psicanalítica por Ferenczi, um dos discípulos de Freud que mais se preocupou em criar condições clínicas e teóricas para uma abordagem psicanalítica das manifestações orgânicas.

Partindo dos comentários de Freud no caso Dora sobre a "transferência sobre o médico" na histeria,[28] Ferenczi comparou as manifestações dessa transferência na neurose e na demência precoce. Ele contrapôs os mecanismos da paranoia, por meio dos quais o sujeito *projeta* no mundo exterior seus desejos e seu interesse, expulsando-os de seu ego, aos mecanismos da neurose, que "busca incluir na esfera de interesse [do sujeito] uma parte tão grande quanto possível do mundo exterior". Esse processo foi denominado por ele introjeção.

---

28 "Durante o tratamento psicanalítico, pode-se dizer com segurança que uma nova formação de sintomas fica regularmente sustada. A produtividade da neurose, porém, de modo algum se extingue, mas se exerce na criação de um gênero especial de formações de pensamento, em sua maioria inconscientes, às quais se pode dar o nome de '*transferências*'.
...toda uma série de experiências psíquicas prévia é revivida, não como algo passado, mas como um vínculo atual com a pessoa do médico".
S. Freud (1905a). Fragmento da análise de um caso de histeria, *E.S.B.*, VII, p. 110.

O neurótico encontra-se perpetuamente em busca de objetos de identificação, de transferência;... ele atrai tudo que pode para sua esfera de interesses, ele os "introjeta". O paranóico também procura objetos, mas para "colar"... neles a libido que o perturba. É esta a origem da oposição entre o caráter do neurótico e do paranóico. O neurótico se interessa por tudo, espalha seu amor e seu ódio pelo mundo inteiro; o paranóico se fecha, desconfia, sente-se observado, perseguido, amado ou odiado pelo mundo inteiro. O "ego" do neurótico é patologicamente dilatado, enquanto o paranóico sofre de um retraimento do "ego".[29]

Ferenczi ressalta que a projeção e a introjeção participam não apenas das manifestações patológicas, mas também fazem parte do desenvolvimento normal do sujeito. Presentes desde os primeiros contatos do bebê com o mundo, essas duas dinâmicas configuram a apreensão do mundo pelo bebê e a estruturação de seu psiquismo, constituindo-se igualmente como modos de proteção contra as ameaças internas e externas vividas por ele. No início, o bebê experimenta suas próprias sensações e o mundo de maneira indiferenciada. Apenas em um segundo momento ele pode reconhecer a diferença entre sensações que lhe são próprias e outras, do mundo exterior, "rebeldes a sua vontade". A partir de então, ele experimenta a possibilidade de "excluir objetos da massa de percepções", discriminando um "mundo exterior" de um "ego que lhe pertence mais diretamente". "Quando pela primeira vez ele distingue uma percepção objetiva da vivência subjetiva, ele efetua sua primeira operação projetiva, a 'projeção primitiva'".[30] A partir de então, expulsar para o exterior

---

29 S. Ferenczi (1909). Transfert et introjection, p. 100.

30 S. Ferenczi (1909). Transfert et introjection, p. 101. Traduzido por mim.

216   O CORPO, OUTRO EM SI

será um recurso disponível para lidar com os afetos e sensações desagradáveis oriundas do interior.

Porém, ao mesmo tempo, o mundo exterior se revela como uma fonte de elementos necessários à sobrevivência do bebê impondo-se ao ego, que, por meio da introjeção, o absorve. Assim, em busca de fontes de satisfação, o ego estende seu interesse ao mundo exterior, constituindo, dessa forma, a *introjeção primitiva*. Inicialmente, diz Ferenczi, a criança ama apenas a *saciedade* que aplaca a fome que a tortura. Apenas num segundo momento ela consegue reconhecer e amar a mãe, objeto que propicia a satisfação da fome. "O primeiro amor objetal, o primeiro ódio objetal são, portanto, a raiz de toda transferência ulterior, que não é apenas uma característica da neurose, mas o exagero de um processo mental normal".[31]

Em 1909, Freud ainda não havia publicado seu artigo sobre Schreber (1911) e tampouco seus estudos sobre o narcisismo.[32] Porém as ideias que os inspiraram já circulavam entre seus discípulos a ponto de motivar Ferenczi a formular de maneira própria, e com essa clareza, a descrição das funções estruturantes e defensivas das relações pré-objetais e objetais. Essas primeiras concepções produziram marcas profundas no pensamento freudiano e frutificaram na teoria psicanalítica. Elas inauguram uma nova perspectiva para compreender a constituição das representações internas dos objetos e do mundo exterior e dos modos de relação com os objetos externos, marcados pelo amor e pelo ódio, afetos resultantes da gratificação ou da frustração de necessidades e desejos.

Essa perspectiva também evidenciou os processos de constituição das representações corporais e as relações entre o corpo e os objetos

---

31 S. Ferenczi (1909). Transfert et introjection, p. 101. Traduzido por mim.

32 S. Freud, (1911b). Notas psicanalíticas sobre um relato autobiográfico de um caso de paranoia (*dementia paranoides*), *E.S.B.*, XII.

S. Freud, (1914). Sobre o narcisismo: uma introdução, *E.S.B.*, XIV.

internos e externos. Para além da experiência anatômica e fisiológica do corpo, por meio da projeção e da introjeção, o corpo é também palco de uma pluralidade de outras vivências: pode ser vivido como objeto fantasmático e como representante de objetos externos, pode constituir-se como objeto interno autoerótico ou narcísico, exilar-se e ser considerado como parte do corpo do outro. As experiências percebidas e introjetadas do mundo exterior forjam a representação do corpo. Os objetos internos podem confundir-se com partes desse corpo. A percepção e a representação dos objetos externos se formam por meio do contato e de experiências corporais com esse objeto. As sensações corporais próprias, projetadas no mundo e nos objetos, podem ser percebidas e vividas fora do corpo do sujeito.

Mesmo não tendo sido desenvolvidas naquele primeiro artigo de Ferenczi, em seus trabalhos posteriores essas concepções gradualmente brotaram, floresceram e revelaram-se com toda a sua força na obra de Melanie Klein.

As angústias primitivas e a experiência hipocondríaca

Ao observar e refletir sobre as relações objetais primitivas, Melanie Klein (1882-1960) evidenciou a implicação do corpo e suas representações com os mecanismos de projeção e introjeção, organizadores da vida psíquica. O corpo estaria entremeado pelas fantasias do sujeito e submetido às mesmas dinâmicas determinantes do desenvolvimento e do equilíbrio do psiquismo. Assim como a experiência do mundo e dos objetos, também o corpo é marcado pelos mecanismos esquizoparanoides e depressivos e pelos afetos e defesas que eles mobilizam.

Considerando, brevemente, as principais concepções kleinianas, lembremos que o início do desenvolvimento caracteriza-se por vivências de fragmentação e de dissociação em partes boas (gratificantes) e más (frustrantes). Na *posição esquizoparanoide*, assim como

218 O CORPO, OUTRO EM SI

o ego e como a fantasia, a experiência do corpo é permeada pela impossibilidade inicial de discriminação entre o sujeito e o objeto externo e pela incapacidade de perceber tanto esse objeto como o próprio corpo como um todo. A experiência da clivagem desencadeia tentativas de projetar suas partes más para fora e preservar as boas dentro de si. Ao mesmo tempo, são também introjetadas as partes boas e capazes de satisfação dos objetos externos, mas igualmente seus aspectos frustrantes, vividos como destrutivos. Essa é uma das fontes de fantasias e angústias persecutórias, internas ou externas, e também da idealização do poder de gratificação dos objetos.[33]

A organização da *posição depressiva* propicia a vivência unificada dos objetos, de si mesmo e do próprio corpo. Esses podem ser percebidos e vividos como reunindo, ao mesmo tempo, partes boas e más, gratificantes e frustrantes, amorosas e destrutivas. São essas as fontes da ambivalência com relação aos objetos, mas também com relação ao próprio corpo. A partir dessas experiências, torna-se possível a discriminação entre o sujeito e o objeto externo. Na posição depressiva, predominam as angústias depressivas, sendo os mecanismos maníacos formas de defesa importantes contra elas.

A agressividade (inata, segundo M. Klein), fonte do sadismo, é um dos principais elementos que precisam ser elaborados em cada uma dessas posições. A projeção do sadismo sobre os objetos externos faz que sejam percebidos, principalmente na posição esquizoparanoide, como persecutórios que, quando introjetados, são vividos como perseguidores internos. Na posição depressiva, os ataques contra os objetos desencadeiam também a culpa por tê-los danificado, mobilizando os movimentos de reparação que buscam restaurar a integridade desses objetos, podendo, assim, diminuir a culpa. As instâncias psíquicas, ego e superego, estariam presentes desde o nascimento, sendo sua organização determinada pelas dinâmicas

---

33 M. Klein (1952). Algumas conclusões teóricas sobre a vida emocional do bebê.

específicas de cada posição, esquizoparanoide e depressiva, mais ou menos fragmentados ou unificados, marcados pelas experiências paranoides ou depressivas etc.[34]

O fenômeno hipocondríaco é abordado por M. Klein a partir dessas referências. O corpo, objeto da fantasia hipocondríaca, corresponde a um objeto interno, que, dependendo das dinâmicas da posição esquizoparanoide ou depressiva, pode ser vivido de maneira mais ou menos unificada, persecutória, reparadora, ambivalente e outras.

Discutindo a gênese da esquizofrenia, ela aponta para o papel fundamental da violência excessiva das primeiras situações de angústia nesse quadro.[35] Essa violência intensifica o caráter terrificante do superego que, projetado sobre os objetos, aumenta tanto o ódio como o medo do sujeito quanto a esses objetos. Estes últimos, assim como o mundo, tornam-se ameaçadores e fontes de perseguição. Dessa forma, é intensificada a angústia persecutória oriunda dos objetos externos e também dos internos. Como recurso extremo, a perseguição externa pode tentar ser evitada colocando fora de ação os processos projetivos e introjetivos. Porém, o curto-circuito da projeção e da introjeção tem como consequência a ruptura do contato com a realidade, induzindo o sujeito a tentar refugiar-se em seus bons objetos internos. Diante da precariedade desses objetos, a pessoa fica ainda mais à mercê dos perseguidores já introjetados, aumentando o terror de ser atacado por eles. Por ter sido colocada

---

34 Este breve resumo dos ricos e férteis conceitos kleinianos busca apenas apresentar para os menos familiarizados com o pensamento de M. Klein alguns pontos de referência para facilitar a compreensão de sua abordagem dos fenômenos hipocondríacos. Uma apresentação mais detalhada e sistemática desses conceitos pode ser encontrada em:
H. Segal (1975). *Introdução à obra de Melanie Klein*, e nos próprios trabalhos de M. Klein, como:
M. Klein (1952). Algumas conclusões teóricas sobre a vida emocional do bebê e nas referências a seguir.
35 M. Klein (1932). *Psicanálise da criança*, p. 197.

220 O CORPO, OUTRO EM SI

fora de ação, a projeção não pode ser utilizada para tentar colocar os perseguidores internos à distância. Segundo M. Klein, esse terror intenso provocado pelos inimigos internos seria uma das fontes mais profundas da hipocondria.[36] O órgão hipocondríaco constituir-se-ia então a partir de uma falha do mecanismo projetivo, aquele que teria permitido expelir para o exterior os perseguidores internos, e que, diante dessa impossibilidade, passam a ser identificados com partes do corpo.

As concepções kleinianas e as formulações de Freud sobre a hipocondria possuem uma raiz comum que aponta para a existência de uma relação entre a dinâmica projetiva, a hipocondria e a homossexualidade. Em 1932, M. Klein relatou o caso de um paciente com cerca de 30 anos "bem dotado intelectualmente" cuja personalidade tivera, aparentemente, um desenvolvimento normal.[37] Porém, ele queixava-se de uma profunda depressão e de uma grave inibição no trabalho, que o conduziu, inclusive, a abandonar um cargo de professor. Geralmente, ele conseguia dissimular com sucesso seus sintomas, mas, na análise, revelou que a depressão constante que viveu durante toda a vida remontava à primeira infância. Ele queixava-se de sua aparência, receando que ela afugentasse as pessoas, o que aumentava seu isolamento. Ele apresentava também "uma grave e penosa mania de dúvida". Segundo M. Klein, essas manifestações escamoteavam "uma profunda hipocondria e fortes ideias de perseguição", que às vezes chegavam a assumir um caráter delirante, além de graves sintomas obsessivos. Essas dinâmicas tinham sua origem em ideias e sentimentos homossexuais. As preocupações desse paciente com sua aparência nada mais eram do que o deslocamento para o exterior de suas preocupações quanto ao interior de seu corpo e de sua angústia hipocondríaca.

---

36 M. Klein (1952). Algumas conclusões teóricas sobre a vida emocional do bebê, nota na p. 245.

37 M. Klein (1932). *Psicanálise da criança*, p. 342.

RUBENS M. VOLICH   221

Angústias hipocondríacas: da paranoia à depressão

Já em 1934, ao descrever os estados maníacos depressivos, M. Klein apontava para a importância de distinguir dois tipos de hipocondria. O primeiro seria caracterizado pela retirada da libido dos objetos externos que, voltando-se para os objetos internos, os transforma em perseguidores. No segundo, de natureza depressiva, os aspectos bons dos objetos internos são atacados pelos maus e pelo id, resultando em preocupações depressivas ligadas ao órgão hipocondríaco.[38] A primeira forma caracteriza-se por sentimentos persecutórios que geram o desejo de desvencilhar-se do órgão em sofrimento. Nesses processos, as partes do corpo são identificadas a objetos internos parciais ou totais que sofrem ou fazem sofrer, gerando relações persecutórias ou depressivas com os órgãos, acompanhadas de angústias hipocondríacas.

Comparando diferentes sentimentos de desintegração observados nos estados maníacos depressivos, M. Klein ressalta que, na posição depressiva, a vivência de desintegração é marcada pela dor e pela ansiedade pelo objeto desintegrado acompanhadas da tentativa de reuni-lo em um todo. Na posição esquizoparanoide, essa vivência é caracterizada pela persistência da fragmentação de uma multiplicidade de perseguidores.

As manifestações hipocondríacas podem assim tanto ser consideradas como resultado de ataques tipicamente paranoides de objetos perseguidores internos contra o ego, como também apresentar elementos depressivos.

Os sintomas derivam, por um lado, dos ataques dos objetos maus internos e do id contra os bons. [Quando

---

38 M. Klein (1934). Uma contribuição à psicogênese dos estados maníaco-depressivos.

222   O CORPO, OUTRO EM SI

> *existe] uma luta interna em que o ego se identifica com*
> *o sofrimento dos objetos bons, [os sintomas] são tipica-*
> *mente depressivos.*[39]

A partir de uma hipótese de Clifford Scott, M. Klein sugere distinguir as manifestações hipocondríacas na esquizofrenia ("mais numerosas e estranhas [e] vinculadas às perseguições e funções dos objetos parciais") daquelas observadas nos estados depressivos (com sintomas hipocondríacos "menos variados e mais relacionados com as funções do ego").

O processo analítico modifica o conteúdo e a natureza das ansiedades hipocondríacas. M. Klein relata o caso de um paciente que manifestava intensas ansiedades hipocondríacas e paranoides. Na infância ele havia sofrido de lombriga e desenvolvera mais tarde uma angústia intensa por acreditar que tinha um câncer. Na época em que analisava suas fantasias persecutórias relacionadas às lombrigas, o paciente apresentou uma diarreia que imaginou estar misturada com sangue, que o fez temer a agravação do processo cancerígeno. Em suas interpretações, M. Klein fazia constantemente referência a fantasias de ataques aos corpos parentais e ao próprio corpo do paciente. Esses ataques provocavam nele o medo da retaliação contra seu corpo e o medo de ataques de perseguidores internos.

A análise promoveu uma maior integração de suas funções egoicas, diminuindo a desconfiança do paciente para com M. Klein e permitindo que manifestasse preocupação e gratidão para com ela. Essa evolução dos sentimentos depressivos foi acompanhada pela mudança das características dos sentimentos hipocondríacos. No início do processo analítico, o paciente temia que "o câncer perfurasse seu estômago". Essa ansiedade foi gradativamente se transformando

---

39 M. Klein (1934). Uma contribuição à psicogênese dos estados maníaco-depressivos, p. 368.

em "necessidade de proteger [sua analista-mãe interiorizada] dentro dele, que [o paciente] sentia estar sendo atacada pelo pênis do pai e por seu próprio id". Assim, segundo M. Klein:

> *Enquanto predominaram as ansiedades paranoides e as dos objetos maus unificados, o paciente só sentia ansiedades hipocondríacas pelo seu próprio corpo. Quando a depressão e a tristeza começaram, o amor e o interesse pelo objeto bom se colocaram em primeiro plano e o conteúdo de ansiedade, assim como todos os sentimentos e defesas, sofreram alteração.*[40]

No caso acima relatado, as queixas, ansiedades e os afetos deixam de referir-se a partes do próprio corpo para orientar-se para objetos amados interiorizados e para o ego. Um outro paciente apresentava queixas hipocondríacas caracterizadas por um extenso relato de distúrbios na garganta, nariz, orelhas, peito, intestino e dos remédios que tomava para combatê-los. Sua análise revelou que as queixas referentes a esses órgãos se constituíam como tentativas de curar seus irmãos e suas irmãs interiorizados e identificados a esses órgãos, com relação aos quais se sentia culpado (por tê-los atacado em sua fantasia), razão pela qual se sentia obrigado e esforçava-se para mantê-los perpetuamente em vida.

Nesses dois casos, é possível observar o medo da perseguição interna identificada com partes do corpo, em função de "ataques pelos objetos persecutórios internalizados, ou danos causados a objetos internos pelo sadismo do sujeito", vividos como danos físicos infligidos ao ego.[41] Essas dinâmicas sinalizam, segundo M. Klein, a

---

40 M. Klein (1934). Uma contribuição à psicogênese dos estados maníaco-depressivos, pp. 370-371.

41 M. Klein (1952). Algumas conclusões teóricas sobre a vida emocional do bebê, p. 245.

224 O CORPO, OUTRO EM SI

existência de raízes comuns entre a ansiedade hipocondríaca e os sintomas histéricos de conversão.

Em 1952, Melanie Klein destacou a dimensão narcísica da hipocondria que a aproxima da vivência melancólica. Segundo ela, a frustração real ou imaginária pelo objeto externo (seio) provoca o ódio pelo objeto que se transforma em objeto perseguidor temido. Essa dinâmica conduz ao abandono do objeto e à busca de satisfação nas fontes internas ao sujeito, nos órgãos corporais. A limitação da satisfação conduziria ao sobreinvestimento compensatório e a uma idealização do órgão (identificado ao objeto interno) pela libido. Assim, de certa forma, poderíamos considerar que a bondade do objeto interno que é tratado pelo ego e representado como parte do corpo do sujeito se alimenta da melancolia do objeto exterior.

As manifestações hipocondríacas podem, portanto, emergir como reações a falhas nas relações de objeto, à dificuldade de constituir bons objetos ou ainda de consolidar as vivências depressivas. Assim, como aponta M. Klein, é compreensível que queixas hipocondríacas sejam bastante frequentes na infância, um período de grande labilidade dessas dinâmicas. Em 1931, a partir de outro ângulo, Ferenczi sublinhava o mesmo fenômeno. Referindo-se a crianças que viveram intensos sofrimentos morais e físicos, ele revelava que elas podem manifestar uma tendência a tentar proteger outras pessoas, crianças ou adultos, estendendo a estes o conhecimento que adquiriram de seu próprio sofrimento. Porém, diante da precariedade no desenvolvimento desse recurso, algumas crianças podem permanecer fixadas à auto-observação de seus males, inclusive cristalizando-os sob a forma de queixas hipocondríacas.[42]

Em 1952, ao constatar a frequência das ansiedades hipocondríacas em crianças órfãs, Anna Freud acrescentou uma nova dimensão a tais hipóteses. Segundo ela, essas crianças identificam-se com a

---

42 S. Ferenczi (1931) Analyses d'enfants avec des adultes, p. 107.

mãe perdida enquanto o corpo passa a representar a criança, que precisa ser cuidada.[43] Por outro lado, é importante também considerar que as ansiedades hipocondríacas podem igualmente ser desencadeadas pelo excesso de preocupação materna com a saúde de seus filhos, como aponta Herbert Rosenfeld, um dos autores que mais se dedicaram ao estudo dessas manifestações.[44]

Hipocondria, defesas e impasses terapêuticos

Herbert Rosenfeld sugere relativizar a leitura de M. Klein de que o sofrimento hipocondríaco é fruto do conflito entre a tentativa de projetar seus órgãos vividos como danificados e a incapacidade de fazê-lo. Ele considera que a dificuldade do hipocondríaco em fazer uso da projeção é apenas aparente. Segundo ele, as ansiedades hipocondríacas resultam da estimulação das ansiedades psicóticas infantis precoces, principalmente as ansiedades paranoides, que precisam ser elaboradas pelo sujeito. A necessidade de adaptação a cada etapa do desenvolvimento (como a puberdade ou o envelhecimento) ou a acontecimentos específicos da vida (separações, perdas, mudanças profissionais) pode mobilizar aquelas ansiedades primitivas. As ansiedades hipocondríacas seriam uma forma de tentar elaborar essas ansiedades psicóticas primitivas.[45]

Rosenfeld lembra que muitos autores, como H. A. Thorner, destacam a importância da introjeção na hipocondria,[46] porém, ele

---

43 A. Freud (1952). The role of bodily illness in the mental life of children.

44 Michel Fain também destacou o papel tanto do excesso como da insuficiência de investimento materno na gênese da hipocondria. Cf. *Função materna e experiência hipocondríaca*, no Capítulo 6.

45 H. Rosenfeld (1964). A psicopatologia da hipocondria, p. 206.

46 H. A. Thorner (1955). Três defesas contra a perseguição interna: a ansiedade ao exame, a despersonalização e a hipocondria.

226   O CORPO, OUTRO EM SI

também considera importante a função específica da projeção na constituição dessas manifestações. M. Klein, por exemplo, afirma que a criança é capaz de experimentar ansiedades mentais dentro do corpo, podendo viver as ansiedades dos pais com relação à sua saúde e a seu corpo como um elemento cristalizador de suas ansiedades hipocondríacas. Por sua vez, Rosenfeld aponta que

> *o paciente hipocondríaco projeta, constantemente, partes do seu eu mental e algumas vezes de seu eu físico do mesmo modo que seus objetos internos, dentro dos objetos externos, mas é característico da doença que o objeto externo, após a projeção, [seja] imediatamente reintrojetado pelo ego e expelido para dentro do corpo e órgãos do corpo.*[47]

Referindo-se aos trabalhos de Paula Heimann e de H. A. Thorner, Rosenfeld reflete sobre a função específica do objeto hipocondríaco, assim como sobre sua relação com a mente e com o corpo. Para Heimann, a experiência e a auto-observação hipocondríacas seriam fruto de uma constelação narcísica na qual o objeto interno representado pelo órgão corporal teria uma primazia de investimentos em detrimento dos objetos externos.[48] Ao ser vivido como danificado, o objeto interno pode também ser odiado, e, nesse caso, a hostilidade reprimida em relação ao ambiente converte-se em sensação de órgão. Por sua vez, H. A. Thorner considera que na hipocondria "os objetos persecutórios não são percebidos dentro do núcleo do ego, mas dentro do ego corporal". A partir da análise de uma mulher na qual

---

47 H. Rosenfeld (1964). A psicopatologia da hipocondria, p. 211.
48 P. Heimann (1952). Preliminary notes on some defence mechanisms in paranoid states.

predominavam os sintomas histéricos e que apresentava também inúmeras queixas hipocondríacas, ele ressalta que, na hipocondria,

> *a divisão do ego acompanha a linha divisória corpo-mente e os objetos internos persecutórios [são] expelidos do núcleo do ego para o corpo, isto é, [são] impedidos de penetrar no ego como um todo. Às vezes [são] também expelidos do ego corporal, e então [surge] um estado de desrealização; isto é, a hipocondria [é] aliviada, mas o mundo [parece] mau (ou morto). A forma peculiar da perseguição interna que [leva] à hipocondria (doença física) se [mantém] perceptível numa sensação de desrealização.*[49]

H. A. Thorner aponta assim para uma outra dimensão da função defensiva do objeto hipocondríaco. Ele lembra que a perseguição interna é parte de qualquer manifestação interna, neurótica ou psicótica. A partir do momento que os objetos persecutórios internos não mais ficam limitados ao corpo, eles invadem o ego de maneira maciça, passando a ameaçá-lo de desintegração. Nesse caso, é possível que a hipocondria se converta em psicose.

Segundo H. Rosenfeld, essa perspectiva revela que os delírios e sensações hipocondríacas nas psicoses, e na esquizofrenia em particular, não são apenas condições regressivas, mas que possuem

---

49 H. A. Thorner (1955). Três defesas contra a perseguição interna: a ansiedade ao exame, a despersonalização e a hipocondria, pp. 323 e 328.

O autor parte do pressuposto de que é *"amplamente aceita"* a ideia de que *"o corpo é uma parte do 'eu', mas não idêntica a ele"*. Uma ideia importante que merece ser discutida à luz da noção de corpo erógeno e de ego corporal, e de diferentes configurações da economia psicossomática e desdobramentos clínicos.

Cf. O corpo, entre o biológico e o erógeno. In R. M. Volich (2000/2022). *Psicossomática, de Hipócrates à psicanálise.*

228 O CORPO, OUTRO EM SI

uma verdadeira função defensiva contra uma condição paranoide ou esquizofrênica aguda.[50]

H. Rosenfeld examina também o papel de dinâmicas e fantasias específicas nas manifestações hipocondríacas. Como vários autores, ele reconhece o papel de impulsos e fantasias sádicos, orais e uretrais nessas manifestações, mas ele considera o sadismo oral de natureza onipotente (ligado à inveja oral) como o elemento central da hipocondria. Segundo ele, a escopofilia sádica é um outro componente importante na auto-observação hipocondríaca. Ela pode assumir um caráter compulsivo, como consequência da vigilância mental que tenta manter as ansiedades insuportáveis fora da esfera mental. Contrapondo-se aos autores que consideram a função da angústia de castração na hipocondria, H. Rosenfeld aponta que a organização genital dos pacientes hipocondríacos é bastante precária, o que resulta na predominância da sexualidade sádica. Segundo ele,

> ... os processos de divisão infantis precoces relacionados tanto às ansiedades confusionais como à inveja sádico--oral constituem um dos pontos de fixação dos estados hipocondríacos. O ego parece incapaz de elaborar, no aparelho mental, o estado confusional, inclusive os objetos internos e partes do eu – tais como o sadismo oral – nos objetos externos, que são imediatamente reintrojetados no corpo ou órgãos do corpo. Estes processos primitivos influenciam continuamente o desenvolvimento sexual genital final. Uma característica do hipocondríaco crônico é sua dificuldade de alcançar uma gratificação oral adequada, que se estende também à esfera genital. A ansiedade constante, oriunda da frustração genital

---

50 H. Rosenfeld (1964). A psicopatologia da hipocondria, p. 214.

*do paciente, aumenta-lhe a tendência para a regressão e
lhe mobiliza as ansiedades confusionais orais primitivas.
Como defesa contra esse perigo é que se manifesta o
estado hipocondríaco.*[51]

Para H. Rosenfeld, é importante o diagnóstico diferencial dos
estados hipocondríacos. Ele sugere distinguir a *entidade mórbida
hipocondria* ("uma psicose nitidamente crônica" de mau prognóstico), dos *estados hipocondríacos* (temporários, que podem ser de
natureza neurótica ou psicótica). Esses últimos podem ser encontrados na histeria, na neurose obsessiva, nos quadros depressivos,
na neurastenia, na esquizofrenia e também nos estágios iniciais da
psicose orgânica.[52]

Ele acrescenta que, com pacientes que apresentam uma hipocondria grave, é importante distinguir se a hipocondria é uma
manifestação que participa do quadro mais amplo de uma doença
mental, como uma depressão senil, ou se domina completamente a
sintomatologia, devendo ser considerada uma entidade mórbida.[53]
Quando se constata que se trata de uma entidade mórbida, é ainda
necessário diferenciar duas formas dessa manifestação: a primeira, a
hipocondria caracterizada por delírios bizarros referentes ao estado
de funcionamento do corpo e dos órgãos corporais, caracterizando
uma doença pertencente ao grupo da esquizofrenia, muito difícil
de ser tratada pela psicanálise. Na segunda forma, são raros os
delírios bizarros, mas o paciente fica constantemente aflito, com
medo de sofrer de algumas doenças como o câncer, a tuberculose ou
uma doença cardíaca. A maior parte desses pacientes preocupa-se
com uma doença de cada vez. Quando a angústia referente a uma

---

51 H. Rosenfeld (1964). A psicopatologia da hipocondria, p. 225.
52 H. Rosenfeld (1964). A psicopatologia da hipocondria, p. 205.
53 H. Rosenfeld (1987). La structure de caractère narcissique omnipotent: un cas
d'hypochondrie chronique, nota p. 381.

230 O CORPO, OUTRO EM SI

doença começa a minguar, surgem angústias referentes a doenças completamente diferentes afetando outro órgão. A maior parte dos psiquiatras considera essa hipocondria crônica como uma psicose de tipo indeterminado. Muitas vezes ela aparece associada a uma doença física que pode ser completamente negligenciada, pelo fato de as queixas hipocondríacas serem mais proeminentes.[54]

Transferência e hipocondria

Rosenfeld chama a atenção para os efeitos das manifestações hipocondríacas sobre a dinâmica transferencial e, em particular, sobre a reação terapêutica negativa. Ao analisar um paciente que apresentava uma estrutura de caráter narcísica onipotente,[55] ele observava que as tentativas desse de desenvolver relações de objeto mais amorosas e valorizadas encontravam como obstáculo a parte narcísica onipotente de sua personalidade. Nos momentos em que essas partes comprometidas se manifestavam, surgiam os sintomas hipocondríacos. Os deslocamentos constantes de sintomas e conflitos podiam claramente ser observados na transferência. Para lidar com essas dinâmicas, Rosenfeld trabalhava a intensidade da inveja do paciente, que era estimulada por uma boa relação de dependência do analista, por meio de uma rápida desvalorização e de um deslocamento constante de relações de objeto diferentes, e mesmo de países diferentes.

---

54 Em *Os estados hipocondríacos e suas nuances*, no Capítulo 6, são analisados outros elementos que permitem discriminar as manifestações hipocondríacas de outras dinâmicas psicopatológicas.

55 Para H. Rosenfeld, a *relação de objeto narcísico onipotente* é um modo de relação utilizado por pacientes psicóticos no qual *"eles utilizam os outros (os objetos) enquanto continentes nos quais, sentindo-se onipotentes, eles projetam partes deles mesmos que eles sentem como indesejáveis ou que lhe causam sofrimento e angústia"*.
H. Rosenfeld (1987). Une approche psychanalytique du traitement de la psychose, p. 33.

Nesse paciente, ele apontava para o estado psicótico subjacente, facilmente reconhecível. As angústias hipocondríacas não podiam ser simplesmente consideradas como conversões do estado psicótico em sintomas físicos, pois as angústias hipocondríacas intensificavam-se a cada vez que a análise ou as experiências exteriores tinham um impacto sobre o estado narcísico psicótico, ameaçando-o com seu controle rígido. Nesse caso, a hipocondria seria mais corretamente descrita como uma expressão do conflito entre a parte normal, não psicótica, da personalidade e a organização psicótica narcísica que tentava dominar toda a personalidade. Esse conflito provocava a intensificação das reações terapêuticas negativas, que, por sua vez, aumentavam as manifestações da hipocondria.

H. Rosenfeld ressalta que, para pacientes como esse, é muito difícil suportar o sofrimento de uma ambivalência normal. Eles são lentos para aceitar seu amor e sua inveja em uma relação continente que os ajude a suportar a angústia depressiva que poderia conduzir a uma diminuição progressiva do poder da estrutura narcísica e da hipocondria. Mesmo com os pacientes cujo tratamento é bem--sucedido, a melhora é bastante lenta e gradual, frequentemente interrompida por reações terapêuticas negativas que devem ser cuidadosamente interpretadas.[56]

A relação entre as manifestações hipocondríacas e as dinâmicas transferenciais, evidenciadas por Rosenfeld no caso apresentado, ilustram claramente que essas manifestações são sinalizadoras de fragilidades dos recursos de integração psique-soma. Essa mesma perspectiva orienta a compreensão de Ferenczi, Schilder, M. Klein e outros autores previamente mencionados neste capítulo. Os fenômenos de despersonalização, os estados confusionais e os sentimentos de fragmentação são diferentes expressões da dificuldade de consolidação do que Winnicott descreve como *processo de maturação*, aquele que

---

56 H. Rosenfeld (1964). A psicopatologia da hipocondria, pp. 108-109.

232 O CORPO, OUTRO EM SI

permite a constituição, ao longo do desenvolvimento, "uma elaboração imaginativa de um funcionamento puramente corporal".[57]

A lembrança de Winnicott neste contexto é importante, pois ele ressalta, justamente, que, mesmo almejando a integração, os estados de não integração não são necessariamente nocivos. Ao contrário, a experiência de não integração é precursora da *capacidade de estar só*, no adulto e na criança, "um dos sinais mais importantes da maturidade e do desenvolvimento afetivo".[58] A condição para o desenvolvimento da integração, e também para suportar a não integração e mesmo a solidão, é a possibilidade de a criança ter experimentado desde os primeiros momentos da vida a existência de um outro, de uma "mãe suficientemente boa" que graças a sua presença, do *holding*, oferece-lhe o suporte e a confiança para tolerar os estados de desintegração, a violência pulsional, os contatos desprazerosos com o mundo. A partir dessa presença inicial significativa, a criança torna-se capaz de desenvolver um ambiente interno, constituído por recursos de integração dos impulsos amorosos e destrutivos, dos objetos e do corpo fragmentado. A possibilidade de abrigar "um outro em si", tolerando sua capacidade de amar e de destruir, é uma condição essencial para a maturação e para o desenvolvimento da *personalização*, "momento de instalação da psique no soma", momento em que, segundo Winnicott, o corpo se torna lugar de residência do *self*.[59]

Estranhar e reconhecer o outro é correlato à experiência de sentir-se estrangeiro e familiar a seu próprio corpo. O desenvolvimento, o amadurecimento e a integração pressupõem a capacidade de cada um de entregar-se à ameaçadora experiência do encontro com um

---

57 D. W. Winnicott (1962). Intégration du moi au cours du développement de l'enfant.
58 D. W. Winnicott (1958). A capacidade para estar só.
59 D.W. Winnicott (1949). A mente e sua relação com o psique-soma.

estranho, abrindo-lhe as portas de nossa morada, de nosso corpo, de nossa subjetividade.

A experiência hipocondríaca pode ser fruto da dificuldade de suportar esse estrangeiro, esse outro em nós. Ao expulsá-lo para além de nossas fronteiras, descobrimos que a violência persiste e que o sofrimento permanece, só restando ao corpo, solitário, clamar por uma salvação que sozinho não pode alcançar, e que, paradoxalmente, quando oferecida por um outro, ele não pode aceitar.

4. O corpo entre o trauma e os ideais[1]

Todos os dias, as redes sociais e a mídia nos oferecem uma legião de pessoas sorridentes, bonitas, bem-humoradas, exibindo algumas vezes de maneira ostensiva sua beleza, seu poder, sua inteligência, seu dinheiro. Cidadãos do mundo, viajam, valorizam seus dotes, cultivam seus corpos, enaltecem seus feitos, divulgam suas fórmulas de sucesso. Pessoas que convocam a admiração, suscitam a inveja, alimentam as especulações em torno de sua vida, monetizam sua marca e suas imagens, fazendo a fortuna de uma verdadeira indústria de celebridades, de produtos e de empresas de tecnologia que os promovem. Parecem felizes, exibindo uma satisfação, aparentemente, sem fim... Sofreriam?

Misturam-se nesses comportamentos diferentes doses de vaidade, de autoestima elevada, a busca de novas formas de relacionar-se com o outro e de ganhar seu sustento, ou ainda, para alguns, apenas o

---

1 Este capítulo amplia algumas hipóteses desenvolvidas no artigo "Sofrer, gozar, idealizar. O corpo entre os traumas e os ideais", publicado em *Viver Mente&Cérebro*, junho de 2005, pp. 28-36.
Agradeço a Ananda Honorato a atualização e ampliação de algumas das informações e perspectivas desenvolvidas nesta nova versão.

desejo de registrar momentos de bem-estar e de satisfação. É claro que é bom sentir-se bem consigo mesmo, com seu corpo, com a vida social e profissional, sonhar e fazer projetos, ter sucesso em suas realizações. Porém, muitas vezes, chama a atenção o excesso. A exuberância e a insistência de sorrisos que parecem nunca se desfazer, de biografias que não registram derrotas, dúvidas nem decepções. Uma felicidade muitas vezes plastificada, impermeável às intempéries do existir.

Mais do que o próprio prazer, tais pessoas solicitam permanentemente o reconhecimento e o encantamento do outro. Entretanto, mesmo a admiração esperada, quando recebida, rapidamente se revela insuficiente, desencadeando novas ações para a superação de seus feitos, alimentando uma busca sem fim por likes, seguidores e notoriedade.

Vislumbramos nessas cenas as tramas nas quais, desde o nascimento, se tecem as relações do ser humano com seu semelhante e consigo mesmo. As marcas de satisfações e prazeres, os traços narcísicos, o interjogo entre as forças pulsionais, os afetos e seus objetos de satisfação, os anseios e frustrações que forjam a subjetividade, as dinâmicas identificatórias, a busca por um lugar satisfatório no mundo e nas relações sociais. A luta para existir para si, de existir para o outro.

A aparência física, a inteligência, as habilidades, os sinais de poder e de riqueza são apenas alguns dos meios pelos quais o sujeito busca ser reconhecido pelo outro e por si mesmo. Entre esses atributos, o corpo e as experiências a ele relacionadas se constituem como referências especiais para a apreensão das relações com o mundo, com o outro e consigo. Matriz da subjetividade humana, o corpo guarda as marcas de nossa chegada ao mundo, das formas como fomos acolhidos, cuidados, reconhecidos, satisfeitos ou frustrados em nossas necessidades e desejos. O corpo é nosso principal "patrimônio".

Nem todos podem oferecer ao olhar do outro o poder, o sucesso, o dinheiro. Em busca do reconhecimento, todos podemos oferecer nossos corpos a esse olhar, assim como também somos solicitados pelo corpo do outro a reconhecê-lo com nosso olhar.

Como vimos, a partir de dois corpos somos concebidos, o corpo materno nos abriga, desde o início, ainda no ventre, em nossos corpos mutantes registramos as primeiras impressões.[2] Após o nascimento, no corpo ficam marcadas as experiências que temos do mundo: cheiros, sabores, luzes, sons, calor, frio. São estados e movimentos desse corpo que estabelecem nossas primeiras formas de comunicação, muito antes do pensamento e da linguagem. Nele se constrói uma história, marcada por sensações, movimentos, percepções e traços do encontro com o desconhecido. É o corpo, ainda, o último reduto ao qual nos recolhemos nos momentos de dificuldade, tristeza, desamparo e de dor. Essas e outras dimensões hipocondríacas de nossas relações com o mundo e com aqueles com quem convivemos acompanham-nos ao longo de toda a vida.

Não surpreende, portanto, encontrarmos o corpo na linha de frente dos modos de expressão do modo de existir contemporâneo, e, particularmente, como porta-voz privilegiado, das dificuldades do sujeito em lidar com o outro, com suas expectativas, com suas próprias condições de vida.

Insatisfeitos com a degradação de nossas formas de existir e do meio ambiente, com a radicalização de ideias, discursos e com a violência crescente e indiscriminada com a qual convivemos, inseguros quanto à situação econômica, solitários e empobrecidos por relações pessoais e sociais esgarçadas e vazias, incapazes de constituir valores, símbolos e identidades organizadoras de nossa vida individual e coletiva, uma vez mais, buscamos o reconforto em nossos corpos... Porém, nesses tempos em que, como nunca, se promove o culto, a

---

2 Cf. *A hipocondria e a constituição do psiquismo*, no Capítulo 2.

238   O CORPO ENTRE O TRAUMA E OS IDEAIS

exibição e os cuidados do corpo, surpreendentemente, também ele nos decepciona. É fato: estamos de mal com nossos corpos.

Mal-estar no corpo

Uma pesquisa realizada na França em 2003, com mil mulheres pelo *Observatoire Cidil des Habitudes Alimentaires (OCHA)*, revela que 86% das mulheres se diziam insatisfeitas com suas formas anatômicas. Apenas 14% afirmavam sentir-se bem com seu corpo sem terem para isso utilizado qualquer procedimento.

No Brasil, nos últimos vinte anos, esse quadro não é diferente. Nesse período, o país tem oscilado entre os três países que mais realizam cirurgias plásticas estéticas. Em 2003, ele se situava em segundo lugar no mundo, tendo realizado cerca de 400 mil cirurgias.[3] Naquele ano, uma pesquisa mencionada por C. Finger revelava que 50% dos entrevistados estavam insatisfeitos com seu corpo, enquanto uma outra, realizada pelo Instituto InterScience com uma amostra de 12.477 entrevistados, mostrava que 90% das mulheres e 65% dos homens afirmavam sonhar com mudanças no próprio corpo. Entre os pesquisados, 5% já tinham feito alguma plástica, dos quais 90% deles pretendiam fazer outra. Entre aqueles que nunca haviam realizado um procedimento dessa natureza, 30% declararam que esperavam criar coragem para realizá-la.[4]

Em 2009, o Brasil ocupou o terceiro lugar na realização de cirurgias plásticas estéticas, depois dos Estados Unidos e da China, um aumento significativo para mais de um milhão de procedimentos estéticos cirúrgicos, enquanto em todo o mundo foram realizadas

---

3   R. Valladares, B. Moherdaui, M. Jaggi & S. Brasil (2004). Mudança radical.

4   C. Finger (2003). Brazilian beauty.
    R. Valladares, B. Moherdaui, M. Jaggi & S. Brasil (2004). Mudança radical.

cerca de 8,5 milhões.[5] Em 2020, voltou a ocupar o segundo lugar, com cerca de 1,9 milhão de procedimentos, depois dos Estados Unidos (4,7 milhões), enquanto no mundo foram realizadas cerca de 10 milhões dessas cirurgias estéticas.[6] No Brasil, as mais frequentes foram a lipoaspiração, plásticas de mama e rinoplastias.

Dos simples tratamentos cosméticos às cirurgias mais radicais, é ampla a gama de recursos utilizados para tentar ficar de bem com seu corpo. Adereços, roupas, maquiagens, tatuagens, piercings, atividades esportivas, musculação, cirurgias plásticas e todas as expressões das modas e hábitos fitness buscam dar conta de um mal-estar que, mesmo que referido e centrado no corpo, muitas vezes, não está apenas relacionado a ele. Tentativas muitas vezes vãs de aplacar inquietações, angústias e experiências mais profundas de vazio que tornam o corpo um porta-voz quase exclusivo de mensagens incompreensíveis, de pedidos de socorro que não conseguem se fazer ouvir de outra forma. Diante da dificuldade de encontrar em si mesmo imagens e referências que satisfaçam, busca-se no olhar do outro, nos likes dos seguidores e no espaço social a imagem que possa agradar.

É frequente a experiência de cirurgiões plásticos que recebem mulheres em seu consultório com um retrato de atrizes e celebridades pedindo para ficar iguais a elas. Em sua prática, eles assistem a um desfile de muitas que anseiam poder encontrar refletidas no espelho imagens de outros corpos que não os seus: os seios turbinados de Danielle Winits ou de Deborah Secco, o delicado nariz de Cléo

---

5 A. N. B. Campana, L. Ferreira & M. C. G. C. F. Tavares (2012). Associações e diferenças entre homens e mulheres na aceitação de cirurgia plástica estética no Brasil.
ISAPS. International Society of Aesthetic Plastic Surgery (2010). International survey on aesthetic cosmetic procedures 2010.

6 ISAPS. International Society of Aesthetic Plastic Surgery (2021). International survey on aesthetic cosmetic procedures 2021.

240   O CORPO ENTRE O TRAUMA E OS IDEAIS

Pires ou de Bruna Marquezine, toda a exuberância de Anitta, Gisele Bündchen ou de Angelina Jolie. Muitos cirurgiões plásticos consideram com naturalidade esses pedidos, lembrando que a beleza, hoje, é um componente essencial no competitivo mercado de trabalho, nos negócios, na sociedade e nas relações afetivas.

Para responder a expectativas e a ideais de beleza, não se medem esforços, despesas, e, menos ainda, os riscos físicos e psíquicos implicados em tais transformações. Cada vez mais, homens, mulheres e pessoas de todos os gêneros procuram os tratamentos estéticos e a cirurgia plástica.

Há alguns anos realizadas quase que exclusivamente por mulheres, as cirurgias estéticas passaram a ser também cada vez mais demandadas por homens. Segundo a Sociedade Brasileira de Cirurgia Plástica, nos últimos cinco anos, no Brasil, o número de homens que buscavam tais procedimentos cresceu de 5% para 30%, sendo a lipoaspiração, a rinoplastia e a otoplastia os mais procurados por eles.[7]

Há mais de vinte anos, cada vez mais adolescentes e até crianças também vêm se preocupando com as formas de seus corpos. Apesar de ainda viverem a perspectiva de transformação natural de sua estrutura física, desde muito cedo eles solicitam intervenções para adequá-la a padrões estéticos e culturais. Já em 2004, o número de jovens que colocaram próteses para "turbinar" seus peitos havia progredido em 300% em dez anos.[8] Na última década, potencializado pelas redes sociais, esse aumento foi de 141% entre jovens de 13 a 18 anos, com predominância de demandas por implantes de silicone, a rinoplastia e a lipoaspiração.[9] Segundo a Sociedade Brasileira de Cirurgia Plástica, nessa faixa etária, o Brasil é líder mundial na

---

7 M. Garcia (2022). Mamas, rinoplastia e lipo: Brasil está entre países que mais fazem cirurgias plásticas.

8 A. Kormann (2004). Meninas turbinadas.

9 M. Lourenço (2021). Cresce em mais de 140% o número de procedimentos estéticos em jovens.

realização desses procedimentos: dos quase 1,5 milhão de cirurgias estéticas feitas em 2016, no país, 97 mil (6,6%) foram realizados em pessoas com até 18 anos de idade.

Nesse contexto, é importante lembrar a distinção entre as cirurgias estéticas e reparadoras. É inegável que os progressos da traumatologia, da reabilitação e da cirurgia plástica propiciam para milhões de pessoas de todas as idades recuperações significativas de sequelas de acidentes, catástrofes, guerras, malformações congênitas e de características anatômicas deletérias.[10] Mesmo para alguns jovens, algumas conformações pessoais como mamas excessivamente volumosas, desproporções marcantes em partes do rosto, como nariz e orelhas, podem ser fontes de discriminação e mesmo de *bullying*, comprometendo a autoestima e o convívio social, particularmente importante, nessa fase da vida. Nesses casos, a cirurgia estética pertinentemente indicada após a escuta do jovem pode contribuir de maneira positiva para evitar tais experiências.

Porém, em muitos casos, os especialistas em dermatologia, cirurgia estética e cirurgia bucomaxilofacial, entre outras, têm dificuldade em compreender a natureza de conflitos, histórias pessoais e familiares e do chamado "sofrimento emocional" (que condensa muitos outros) que fazem parte das demandas dos pacientes. Essa dificuldade perturba ou mesmo impede a distinção entre procedimentos reparadores e estéticos, algumas vezes com consequências adversas para o processo terapêutico e cirúrgico. Como apontam Fernanda Coelho e colaboradores, muitas pessoas buscam a cirurgia estética reparadora em função de insatisfações com vistas a

---

10 Nessa perspectiva, cabe lembrar a importância e o alcance do trabalho do Dr. Ivo Pitanguy, pioneiro da cirurgia plástica no Brasil, que desde os anos 1950, paralelamente a cirurgias estéticas de celebridades do mundo inteiro, defendeu e promoveu um trabalho precioso de acesso aos benefícios da cirurgia plástica reparadora à população menos favorecida, até hoje desenvolvido por alguns de seus discípulos no Instituto que leva seu nome.

242 O CORPO ENTRE O TRAUMA E OS IDEAIS

"corrigir" características vividas como "defeituosas" e exacerbadas por distúrbios da imagem corporal, como o transtorno dismórfico corporal.[11] O mesmo fenômeno é constatado por Luciana Conrado na clínica dermatológica e por Ana Flávia Almeida na demanda de muitas cirurgias bucomaxilofaciais. Em tais condições, mesmo a realização de múltiplos procedimentos não diminui os níveis de insatisfação corporal dessas pessoas, como demonstram a clínica e inúmeras pesquisas mencionadas por esses autores.[12]

Alguns profissionais mais sensíveis a essas questões convidam seus pacientes à reflexão sobre o exagero de muitas solicitações que lhes são dirigidas, ponderando sobre a necessidade de levar em conta a singularidade e a estrutura anatômica de cada paciente e, mesmo, dispondo-se a uma escuta ou orientação mais cuidadosa quanto à natureza de tais demandas. Eles reconhecem que cirurgia

---

11 O transtorno dismórfico corporal é caracterizado por uma insatisfação extrema do sujeito com o próprio corpo ou com uma parte específica deste, frequentemente acompanhada de sentimentos de baixa autoestima e comportamentos compulsivos em relação à aparência. No DSM-5 é descrito como uma "profunda preocupação relacionada a um defeito *imaginário* na aparência física", que, como veremos, deixa transparecer seu atravessamento por dinâmicas próximas às da hipocondria.

American Psychiatric Association (2013). Diagnostic and Statistical Manual of Mental Disorders, 5th Edition: DSM-5.

Cf. *Classificar*, no Capítulo 5.

12 F. D. Coelho, P. H. B. Carvalho, S. T. Paes & M. E. C. Ferreira (2017). Cirurgia plástica estética e (in)satisfação corporal: uma visão atual.

L. A. Conrado (2009). Transtorno dismórfico corporal em dermatologia: diagnóstico, epidemiologia e aspectos clínicos.

A. F. M. G. Almeida (2019). O Eu e a face operada.

C. Lambrou, D. Veale & G. Wilson (2012). Appearance concerns comparisons among persons with body dysmorphic disorder and nonclinical controls with and without aesthetic training.

J. W. Coughlin, C. C. Schreyer, D. B. Sarwer, L. J. Heinberg, G. W. Redgrave & A. S. Guarda. (2012). Cosmetic surgery in inpatients with eating disorders: attitudes and experience.

plástica não faz milagres, não salva casamentos, nem sempre acaba com angústia nem com a depressão. Porém, diante da insistência dos pedidos que lhes são feitos e da carga afetiva que os acompanha, muitas vezes, cedem àquelas solicitações, inclusive por saber que não será difícil para o paciente encontrar um colega que se disponha a realizar a intervenção procurada, mesmo que descabida.

Os ímpetos de transformação corporal alcançam ainda manifestações extremas. Sintonizada com o espírito dos tempos, já há bastante tempo a mídia transforma em espetáculo os dramas humanos. Na primeira década dos anos 2000, a rede norte-americana ABC exibia semanalmente *Extreme Makeover*, um reality-show que mostrava a transformação radical de pessoas que se submetiam a cirurgias, tratamentos, dietas, ginástica, aulas de moda e cabeleireiros para apagar todo e qualquer defeito que sentiam existir em seu corpo. Antes das clássicas imagens do "antes" e "depois", eram também minuciosamente exibidas todas as etapas da "transformação": a consulta de avaliação, a ação do bisturi sobre os tecidos, detalhes de manipulações cirúrgicas, inchaços, expressões de dor, lágrimas de sofrimento e de encantamento diante dos "milagres" operados, a reação surpresa e fascinada de familiares e amigos.[13] Na mesma época, um outro programa, *The Swan*, promovia um concurso em que as concorrentes passavam por vários recursos estéticos, mas sem poder jamais se olhar no espelho durante o processo. Apenas

---

13 Segundo a Sociedade Americana de Cirurgia Plástica Estética, entre 2003 a 2004 os procedimentos estéticos nos Estados Unidos aumentaram em 44 por cento, coincidindo com as duas primeiras temporadas de *Extreme Makeover*, que, até 2007, contou com 52 episódios em quatro temporadas. Na mesma época, em um outro programa, *I Want a Famous Face*, os participantes se submetiam a procedimentos estéticos para ficar com a mesma aparência de seu ídolo. Um estudo realizado por RJ Crockett e colegas apontou uma influência significativa desses programas na decisão de realizar procedimentos estéticos. R. J. Crockett, T. Pruzinsky & J. A. Persing (2007). The influence of plastic surgery "reality TV" on cosmetic surgery patient expectations and decision making.

244 O CORPO ENTRE O TRAUMA E OS IDEAIS

ao final, as participantes podiam contemplar sua nova imagem. Naquele momento, era frequente uma delas declarar, entre supressa e assustada: "Essa não sou eu". Podemos reconhecer nesse comentário um *insight*, cujas repercussões, muitas vezes nefastas, não eram apresentadas no programa.

Descobrir-se, em um único instante, em um corpo radicalmente diferente daquele com o qual sempre se conviveu. De repente, passar a coabitar com um estranho em si... Em programas como aqueles, aparentemente, nenhum estranhamento, nenhum medo, nenhum horror... Apenas prazer, alegria, espetáculo. Na legitimação coletiva das fantasias mais onipotentes, na banalização de complexos desejos e de questões éticas envolvidas nessa prática médica, no insidioso convite à despersonalização, todos pareciam encontrar satisfação: os participantes, o público, muitas clínicas de estética e, naturalmente, as próprias redes de comunicação que ainda se comprazem ocupando o lugar de "fada madrinha", ao propiciar a realização de desejos daqueles que não têm condições próprias para realizá-los. Nada de novo nesse front. Há muito, e de maneira cada vez mais acentuada, a mídia e as redes sociais vêm preenchendo os vazios, formatando até mesmo a carne das vacilantes formas de subjetivação contemporâneas.

A experiência clínica nos convida a suspeitar de mundos encantados como esses. No âmago de cada protagonista dos dramas da transformação corporal, participando da radicalidade de todas aquelas manifestações e da banalização da violência de tais procedimentos, frequentemente encontramos brutalidade e violência comparáveis à negação dessas dinâmicas nefastas. Mesmo que comedidas e silenciadas, essas dinâmicas fermentam um potencial nocivo, desorganizador e algumas vezes letal para o sujeito. Com efeito, longe dos palcos, das telas, das câmeras e dos holofotes, solitárias ou na intimidade dos consultórios, entre sofrimento e vergonha, muitas vezes não são de felicidade as lágrimas que brotam ao contato com os estranhos que alguns pacientes descobrem em seus próprios corpos.

Como as lágrimas de repulsa de uma mulher que, após uma cirurgia plástica das mamas considerada perfeita pelo médico, impedia qualquer aproximação do marido. As de solidão e de arrependimento daquela adolescente que, após ter insistido muito com os pais, realizou a desejada plástica no nariz, passando a sentir-se "uma intrusa" em sua família na qual muitos parentes, de geração em geração, possuíam o formato característico do nariz que operara. Ou ainda as lágrimas que acompanhavam as intensas crises de angústia e alguns episódios delirantes que mantinham reclusa em sua casa uma bela mulher que realizara uma cirurgia de redução de estômago. Apesar de aconselhada por duas equipes de gastroenterologia a não a realizar, ela encontrou uma terceira que cedeu a sua obstinação e aceitou operá-la. Conseguiu assim perder os 20 quilos, como desejara, mas não conseguia mais olhar-se no espelho por nele encontrar o corpo que tanto imaginara.

Após alguns anos de grande sucesso, aos poucos vieram à tona alguns efeitos nocivos daqueles programas voltados para a modificação corporal em público. O estranhamento vivido por alguns participantes e as reações muitas vezes negativas de familiares e colegas de trabalho levaram muitos participantes a buscarem a reversão dos procedimentos a que se submeteram. Um questionamento cada vez maior de aspectos éticos e da radicalidade de algumas intervenções, tanto por leigos como por profissionais, contribuiu para a queda de audiência e para sua interrupção. Apesar disso, até hoje a mídia continua periodicamente explorando esse veio com programas e séries similares.[14]

---

14 Por exemplo, *Operação Autoestima: Antes e Depois, Glow Up: The next Make-up Star*, entre outros.

246 O CORPO ENTRE O TRAUMA E OS IDEAIS

Experiências semelhantes, antes silenciadas, passaram a ser reveladas por um número cada vez maior de pessoas que superaram seu constrangimento para reconhecer publicamente seus dissabores, intercorrências adversas, insucessos e decepções com os procedimentos estéticos que tanto desejaram.[15] Grande parte delas tentou revertê-los com novas intervenções, deixando em seus corpos múltiplas vezes remodelados também a alma marcada por conflitos, ambivalências e frustrações indeléveis.

Muitas vezes, os profissionais responsáveis pelos procedimentos estéticos têm dificuldade para alcançar a dimensão de tais decepções, fruto da intensa idealização das mudanças corporais demandadas por seus pacientes.[16] O descompasso observado entre a visão do médico, que considera o resultado técnico e estético de seu trabalho um sucesso, e o grau de insatisfação e perturbação do paciente com o resultado do mesmo procedimento, é frequentemente atribuído de maneira equivocada a "problemas psicológicos" e transtornos,

---

15 O aumento exponencial dos procedimentos estéticos vem sendo naturalmente acompanhado por um número correspondente de intercorrências indesejadas e até de incidentes fatais, principalmente em lipoaspirações. A atriz Deborah Secco, a apresentadora Eliana, a modelo Linda Evangelista, Preta Gil e Xuxa Meneghel são apenas algumas de uma longa lista de celebridades que tornaram públicos problemas de diferentes graus de gravidades, decepções e arrependimentos resultantes de lipoaspirações, preenchimentos faciais, mamoplastias e outros procedimentos. Em especial, o arrependimento de Xuxa convida à reflexão. Dois anos depois do nascimento de sua filha, ela realizou uma lipoaspiração na barriga e aplicação de silicone. A médica resolveu fazer uma "surpresinha", aplicando botox (que ela não havia solicitado) no rosto da apresentadora. I. Luisa (2022). Atenção à insatisfação mesmo após a plástica. Catraca livre (2023). Plásticas: 9 famosos se arrependem e falam abertamente sobre isso.

16 Uma pesquisa realizada em centenas de trabalhos dos anais da Sociedade Brasileira de Cirurgia Plástica de 2001 a 2005 aponta a ausência de artigos sobre aspectos subjetivos, questões psicológicas, inconscientes, culturais ou sociais relacionados às cirurgias plásticas. F. Romão Ferreira (2011). Cirurgias estéticas, discurso médico e saúde.

principalmente o dismórfico corporal, o que dificulta o reconhecimento e a compreensão dos dramas interiores vividos pelo paciente. Dramas que não têm como serem transformados, nem por uma escalada cirúrgica (nem mesmo de reversão do procedimento) e tampouco pelas estratégias farmacológicas experimentadas para lidar com tais reações tornadas patológicas.

Corpos sãos?

Na busca pela perfeição do corpo, também a atividade esportiva há bastante tempo é afetada por dinâmicas semelhantes. Para alcançar formas socialmente valorizadas, o esporte é frequentemente esvaziado de sua dimensão lúdica, de prazer e de vivência coletiva, tornando-se um imperativo social e estético: malhar horas a fio na academia, praticar esportes radicais, submeter-se a regimes draconianos, complementando essas atividades com o uso de anabolizantes, esteroides e outras substâncias para modelar a massa muscular e aumentar as performances esportivas. Ao longo das últimas décadas, diferentes gerações de sarados, bombados e malhados passaram a povoar as cenas de nosso cotidiano.[17] A combinação da testosterona natural da juventude com suplementos hormonais e alimentares e com a adrenalina, tanto a secretada pela vida urbana como a produzida pela atividade esportiva, muitas vezes aglutina e transforma essas

---

17 Apesar da pandemia da Covid-19, em 2021, o Brasil era ainda o segundo país do mundo em número de academias, com 35 mil unidades. Em 2012, em seis anos, esse número havia aumentado mais de três vezes, tendo passado de 7 mil unidades (2006) para 22 mil (2012). No mesmo período, a quantidade de alunos praticamente dobrou, de 3,5 milhões (2006) para 6,7 milhões (2012). Entre 2015 e 2017, o número de academias cresceu 11,3%, e o de clientes, 8,86%.
FIA (2021). Mercado fitness: evolução, desafios e tendências para 2023.
Gabriela Gasparin (2014). Número de academias no país sobe mais de três vezes em seis anos.
Afina Menina (2021). Mercado fitness no Brasil.

248 O CORPO ENTRE O TRAUMA E OS IDEAIS

tribos urbanas[18] em galeras, torcidas organizadas, em gangues e, como *skinheads, pitboys, black blocks* e rolezeiros, e ainda em facções criminosas, em busca de objetos para a descarga da poção explosiva que carregam dentro de si, facilitada pelo anonimato e suposta impunidade dos comportamentos de grupo.

A prática de atividade física muitas vezes extrapola para a dependência, adquirindo um caráter compulsivo. Cerca de 3% da população em geral e 10% entre os praticantes de corrida de alto desempenho e outros esportes apresentam esse comportamento, que para alguns transforma-se em verdadeira adicção. A descarga de tensões psíquicas e musculares pelo movimento e pelo esforço físico se soma à adrenalina e à endorfina liberadas por essas atividades, alimentando a dependência e, em alguns casos, tornando quase impossível a abstinência ou mesmo a diminuição dessas práticas. O monitoramento do exercício por meio de aparelhos e aplicativos e o compartilhamento do desempenho pelas redes sociais tornam a prática esportiva pública e competitiva, potencializando esses funcionamentos e a busca incessante por novas conquistas e pelo perfeccionismo.[19]

À sombra de corpos olímpicos, com habilidades e conquistas invejáveis, revelam-se frequentemente noites mal dormidas, fraturas por estresse, tendinites, ligamentos rompidos, articulações desgastadas e um sem-número de cirurgias para corrigi-las, com o constante desrespeito dos tempos de recuperação de cada uma. No extremo desses funcionamentos, surgem também o esgotamento físico e falhas do sistema imunológico e ainda, nas mulheres, a interrupção da menstruação, osteoporose e distúrbios alimentares – e,

---

18 M. Maffesoli (1998). O tempo das tribos: o declínio do individualismo nas sociedades de massa.

19 N. Kelly (2019). Vício em exercícios físicos: como o esporte pode se tornar uma obsessão nada saudável...

F. Bassette (2017). Quando malhar vira um vício (e um problema).

nos homens, a redução da libido. Em algum momento, os corpos máquina acabam desvelando sua verdadeira natureza: limitada, frágil, nem sempre confiável. Uma constatação insuportável para muitos que, na ânsia por mais uma disputa, vitória ou recorde, cedem à tentação de produtos dopantes, anestésicos e analgésicos com vistas a escamotear tais fragilidades, superar os limites do organismo, com mais riscos e sacrifícios dos próprios corpos.

A insatisfação de muitas mulheres com seus corpos, um dos principais fatores que contribuem para a realização intensa de exercícios físicos e de frequentes cirurgias estéticas, leva algumas a comportamentos que podem ser confundidos com os chamados transtornos dismórficos corporais.[20] Quanto aos homens, muitos utilizam produtos potencialmente perigosos, como esteroides anabolizantes e outras drogas para aumentar sua musculatura, mesmo quando robusta e saudável, porém percebida por eles mesmos como fraca e insuficiente, comportamentos que passaram a ser caracterizados como dismorfia muscular e vigorexia.[21] Todos esses funcionamentos

---

20 F. D. Coelho, P. H. B. de Carvalho, S. T. Paes, T. A. Hudsson & M. E. C. Ferreira (2017). Transtorno dismórfico corporal, insatisfação corporal e influência sociocultural em mulheres frequentadoras de academias de ginástica que realizaram cirurgia plástica estética.

F. D. Coelho, P. H. B. Carvalho, S. T. Paes & M. E. C. Ferreira (2017). Cirurgia plástica estética e (in)satisfação corporal: uma visão atual.

21 A dismorfia muscular é um subtipo do transtorno dismórfico corporal encontrado principalmente em homens. Em 1993, Pope e colegas analisaram uma amostra de 108 fisiculturistas e descreveram o que, na época, denominaram de "anorexia nervosa reversa". Deles, 8,3% se descreviam como muito fracos e pequenos, quando na verdade eram extremamente fortes e musculosos, todos relatavam uso de esteroides anabolizantes e dois tinham história anterior de anorexia nervosa.

H. G. Pope, D. L. Katz & J. I. Hudson (1993). Anorexia nervosa and "reverse anorexia" among 108 male bodybuilders.

H. G. Pope, K. A. Phillips & R. Olivardia (2000). O complexo de Adônis: a obsessão masculina pelo corpo.

S. S. M. Assunção (2002). Dismorfia muscular.

250   O CORPO ENTRE O TRAUMA E OS IDEAIS

têm em comum a compulsividade e o excesso para tentar eliminar ou transformar características corporais vividas como insatisfatórias.

Diferentemente da anatomia imaginária revelada pela histeria, que mostra um corpo marcado por fantasias, prazeres e dores, muitas vezes, aqueles belos corpos esculpidos por fármacos e exercícios extenuantes carecem de sonhos, de fantasias, encontrando-se, inclusive, anestesiados para tais afetos. Pura massa, volume e força bruta. Sem essência, sem alma. Para além das miragens de corpos esculturais despontam paisagens desérticas.

Marcada pelo excesso, essa ânsia pela busca do corpo ideal e as formas de alcançá-lo constitui apenas uma das pontas de um imenso iceberg que pode ser caracterizado como uma *psicopatologia do corpo na vida cotidiana*, como sugere Maria Helena Fernandes.[22] Essas manifestações evidenciam a precariedade de organizações subjetivas que encontram dificuldade para expressar psiquicamente o sofrimento. Manifestações que desafiam não apenas a clínica psicanalítica ou psicoterapêutica, mas, sobretudo, a clínica médica a escutar e compreender fenômenos primitivos, aquém da palavra, e que impelem permanentemente terapeutas e pacientes a atuações sem fim.[23]

---

22 M. H. Fernandes (2003). *Corpo.*

Mencionando a diversidade de expressões corporais encontradas em quadros clínicos neuróticos, depressivos, psicóticos, perversos, casos limites e os ditos psicossomáticos, a autora aponta que "se acrescentarmos a esse panorama a tendência de alguns pacientes a se submeterem a intervenções cirúrgicas de indicação duvidosa ou a se tornarem vítimas de acidentes mais ou menos graves, [e] a sensibilidade aumentada de alguns para as doenças contagiosas, não podemos deixar de constatar que implicar o corpo nas respostas dadas aos conflitos internos é um fato bastante banal naquilo que poderíamos denominar a *psicopatologia do corpo na vida cotidiana*" (p. 27, sublinhado por ela).

23 Cf. *Corpo a corpo*, no Capítulo 6.

Cf. também Por uma outra compreensão do sofrer. In R. M. Volich (2000/2022). *Psicossomática, de Hipócrates à psicanálise.*

O corpo entre a organização e as desorganizações

O desenvolvimento humano visa à superação de dimensões automáticas e programadas da ordem biológica para alcançar funcionamentos mais abstratos e complexos da ordem psíquica. Esse processo ocorre segundo movimentos de organização progressiva de estruturas, funções e comportamentos, das mais simples às mais complexas, simultaneamente a movimentos de desorganização, de sentido oposto aos primeiros. Todas as etapas e todos os níveis de funcionamento, anatômicos, fisiológicos, sensoriais, motores, afetivos e psíquicos são marcados por essas dinâmicas.

A anatomia, a fisiologia, as funções sensório-motoras e psíquicas obedecem a esses princípios, marcados pelas dinâmicas organizadoras das pulsões de vida e desorganizadoras das pulsões de morte. Por exemplo, a partir do nascimento, observamos no bebê a integração progressiva de movimentos e funções corporais antes desorganizados como a convergência ocular, a coordenação motora, a discriminação auditiva, o reconhecimento e a distinção entre seres familiares e estranhos, o desenvolvimento da linguagem e do pensamento, entre outros. Em diferentes medidas, conflitos e experiências traumáticas podem perturbar o equilíbrio psicossomático e provocar a perda da especificidade e da complexidade dessas mesmas funções (desorganização psíquica, regressões psíquicas e motoras, perturbação do sistema imunológico etc.).[24]

Nos primeiros tempos de vida, a sobrevivência e o desenvolvimento da criança dependem da presença de outro ser humano, bem como da qualidade dessa presença. A mãe (ou aqueles que exercem essa função) busca propiciar não apenas a satisfação das

---

24 P. Marty (1990). *A psicossomática do adulto*.
Cf. também Evolução, integração e desintegração. In R. M. Volich (2000/2022). *Psicossomática, de Hipócrates à psicanálise*.

necessidades vitais do bebê, mas também estimular seu desenvolvimento. Ela também funciona como uma espécie de "película" de proteção contra os estímulos internos e externos que o bebê ainda não é capaz de assimilar. Denominado por Freud de paraexcitações,[25] esse recurso tem um papel essencial nos processos de organização e desenvolvimento da criança. A qualidade da função materna exercida nessa presença configura a possibilidade de aquisição e a qualidade de competências específicas, da autonomia e dos recursos mais evoluídos e harmônicos de funcionamento.[26]

É também a qualidade dessas relações que modula a passagem da vivência biológica para a experiência do corpo erógeno: do instinto para a pulsão, da necessidade para o desejo, da excitação para a angústia, do sono fisiológico para o sonho. As características dessas primeiras relações objetais marcam igualmente a qualidade do desenvolvimento do narcisismo e de todas as instâncias, dinâmicas e funções do aparelho psíquico, bem como do equilíbrio entre as pulsões de vida (organizadoras) e de morte (desorganizadoras) e, ainda, como veremos, as dinâmicas hipocondríacas.[27]

Nesse contexto, forjam-se as representações do próprio corpo e as possibilidades de experimentá-lo como fonte de prazer para si e para o outro. Para além de critérios estéticos e de atributos anatômicos, a representação da beleza do corpo é também construída pelas experiências de satisfação e frustração, prazer e desprazer, de acolhimento e de rejeição que, no encontro com o semelhante, com o ambiente e com a cultura, o corpo pôde experimentar. A partir dessas experiências, configura-se um corpo erógeno e um corpo

---

25 S. Freud, (1895e). Projeto de uma psicologia científica, *E.S.B.*, I.
   S. Freud (1920). Além do princípio do prazer, *E.S.B.*, XVII.

26 L. Kreisler (1992). A nova criança da desordem psicossomática.
   Cf. O cuidar, o ambiente e a função materna. In R. M. Volich (2000/2022). *Psicossomática, de Hipócrates à psicanálise.*

27 Cf. *Função materna e experiência hipocondríaca*, no Capítulo 6.

imaginário, caixas de ressonância privilegiadas das relações com o outro e com o mundo.[28]

Desde experiência do desamparo, prototípica do nascimento, o ser humano é permanentemente solicitado por estímulos e excitações internos (fisiológicas, instintivas e pulsionais) e externos (realidade, ambiente e outras pessoas), que, se excessivos, são fontes de desprazer, de traumas e conflitos. As manifestações orgânicas, da motricidade e psíquicas, normais ou patológicas, são recursos do indivíduo para alcançar um equilíbrio entre tais solicitações. Segundo P. Marty, os recursos psíquicos, mentais, fantasmáticos, oníricos e representativos, mais evoluídos e complexos, são aqueles que, economicamente, melhor se prestam para lidar com tais solicitações às quais o humano é submetido. Porém, muitas vezes, diante da impossibilidade de utilização das funções e recursos mais organizados e consistentes, esse equilíbrio só pode ser alcançado mediante funcionamentos anacrônicos, primitivos e precários.[29]

Falhas no desenvolvimento, determinadas por elementos congênitos, pela precariedade de relações parentais primitivas e do ambiente, por vivências traumáticas e desorganizadoras comprometem a evolução, a estrutura e o funcionamento da economia psicossomática, de maneira duradoura ou temporária. Diante de insuficiências estruturais ou funcionais dos recursos psíquicos, mais evoluídos, tentativas de reorganização, com vistas a alcançar um equilíbrio, podem mobilizar descargas motoras e comportamentais, ou ainda, no extremo, manifestações e desorganizações orgânicas, como as

---

28 L. Kreisler, M. Fain & M. Soulé (1974). A criança e seu corpo.
C. Dejours (1989). *Repressão e subversão em psicossomática: investigações psicanalíticas sobre o corpo.*
C. Dejours (2001). *Le corps d'abord: corps biologique, corps érotique et sens moral.*
29 P. Marty (1990). *A psicossomática do adulto.*
Cf. também Instintos, organizações e desorganizações. In R. M. Volich (2000/2022). *Psicossomática, de Hipócrates à psicanálise.*

254 O CORPO ENTRE O TRAUMA E OS IDEAIS

doenças. É importante considerar que todos esses funcionamentos correspondem *ainda* a esforços de estabilização de movimentos desorganizadores vividos pelo sujeito.

As marcas dos ideais

Essas dinâmicas organizadoras e desorganizadoras marcam também a constituição subjetiva e consistência das instâncias e dinâmicas psíquicas da primeira e da segunda tópica reveladas por Freud.[30] Descrevendo o estágio do espelho, Lacan revelou que as primeiras experiências de subjetivação e de organização do eu são marcadas de maneira "ortopédica" pelo contato da criança com o desejo do outro,[31] dos pais e daqueles que dela cuidam. São eles que podem (ou não) antecipar, reconhecer e legitimar as vivências que ela tem de si mesma e do mundo. Essas experiências configuram aos poucos a passagem do *ego ideal* para o *ideal de ego*. O ego ideal é herdeiro dos desejos parentais e do outro que formam, pelas identificações primárias, as primeiras organizações do narcisismo. Por sua vez, o ideal de ego se forma a partir de identificações secundárias, evoluindo a partir do ego ideal. A combinação de ambos forma o superego.[32]

Primitivo, indiferenciado e fortemente marcado pelo desejo do outro, o *ego ideal* constitui o narcisismo primário, caracterizado pela onipotência compartilhada entre a fantasia parental e a organização subjetiva emergente da criança.[33]

---

30 S. Freud (1914). Sobre o narcisismo: uma introdução, *E.S.B.*, XIV.
   S. Freud (1923b). O ego e o id, *E.S.B.*, XIX.
31 J. Lacan (1949). O estádio do espelho com formador da função do Eu.
32 S. Freud (1916-1917d). Conferência XXVI: a teoria da libido e o narcisismo. Conferências introdutórias à psicanálise, *E.S.B.*, XV.
   S. Freud (1917a). Luto e melancolia, *E.S.B.*, XIV.
33 S. Freud (1914). Sobre o narcisismo: uma introdução, *E.S.B.*, XIV, p. 100.
   "Esse ego ideal é... alvo do amor de si mesmo (*self-love*) desfrutado na infância pelo ego real. O narcisismo do indivíduo surge deslocado em direção a esse

Dependendo da forma como são representadas pelos próprios pais e cuidadores, as experiências de frustração, de falta e o contato com o desamparo podem, por um lado, promover o movimento que visa reencontrar a perfeição narcísica do ego ideal. Em outra direção, ainda dependendo daquelas representações, tais experiências podem propiciar o rompimento da ilusão fusional do narcisismo primário e a experiência de um terceiro e da Castração, promovendo a abertura para a obtenção do amor do outro por meio de identificações com seus objetos de amor. Dessa maneira, constitui-se o ideal de ego e a abertura para alteridade, aquela que permite que a busca de satisfação, de reconhecimento e amor possa ser feita para além dos horizontes parentais.[34]

As diferentes proporções entre formas mais primitivas e organizadas do ego ideal e do ideal de ego, de organizações narcísicas primárias e secundárias, de relações objetais ou narcísicas e o grau de autonomia do sujeito nas vivências de alteridade ao mesmo tempo são marcados pelos níveis de evolução da economia psicossomática alcançados pelo sujeito ao longo de sua história.[35]

A precariedade da organização dessa economia frequentemente se manifesta por meio de expressões narcísicas, onipotentes e

---

novo ego ideal, o qual, como o ego infantil, se acha possuído de toda perfeição de valor... sempre que a libido está envolvida, mais uma vez aqui o homem se mostra incapaz de abrir mão de uma satisfação de que outrora desfrutou. Ele não está disposto a renunciar à perfeição narcisista de sua infância; e quando, ao crescer, se vê perturbado pelas admoestações de terceiros e pelo despertar de seu próprio julgamento crítico, de modo a não mais poder reter aquela perfeição, procura recuperá-la sob a nova forma de um ego ideal. O que ele projeta diante de si como sendo seu ideal é o substituto do narcisismo perdido de sua infância na qual ele era o seu próprio ideal."

34 Como aponta Freud, "em muitos indivíduos, a separação entre o ego e o ideal do ego não se acha muito avançada e os dois ainda coincidem facilmente; o ego amiúde preservou sua primitiva autocomplacência narcisista".
S. Freud (1921). Psicologia de grupo e análise do ego, *E.S.B.*, XVIII, p. 163.

35 P. Marty *(1990). A psicossomática do adulto.*

256 O CORPO ENTRE O TRAUMA E OS IDEAIS

indiferenciadas do ego ideal, assim como de dimensões tirânicas e cruéis do superego, além de dificuldades de sua superação para a constituição do ideal de ego.[36] Como aponta P. Marty, o ego ideal evidencia um estado de exigências do sujeito com relação a si mesmo sem nuances e sem ambivalência, sem negociação, sem possibilidade de adaptação a circunstâncias exteriores, a não ser as de uma realidade ou mesmo de relações interpessoais "operatórias".[37]

Esses funcionamentos denotam a fragilidade dos recursos do sujeito para lidar tanto com exigências e demandas oriundas dos outros, de grupos, de ideologias e modelos culturais, como também com aquelas provenientes de instâncias internas, tirânicas e onipotentes. A dificuldade em responder a todas essas exigências é vivida por ele como uma ferida narcísica intolerável e desorganizadora que, algumas vezes, pode provocar perturbações graves na esfera somática, ou ainda descargas impulsivas pelo comportamento, colocando em risco tanto a integridade como, no extremo, a própria vida do sujeito.[38]

Várias manifestações individuais e coletivas do sofrimento contemporâneo brotam da combinação explosiva de muitos desses elementos. O caráter imperativo do ego ideal e a predominância tirânica do superego frequentemente tornam irrefreável a busca do gozo absoluto em detrimento de qualquer consideração ou respeito por nuances e diferenças pessoais ou sociais. Essas formas de

---

36 Aprofundo a discussão dessas questões em O ego ideal e as desorganizações psicossomáticas. In R. M. Volich (2000/2022). *Psicossomática, de Hipócrates à psicanálise.*

37 P. Marty (1990). *A psicossomática do adulto*, p. 28

38 Ao destacar o caráter mortífero do ego ideal, P. Marty se situa na linhagem de Freud e de M. Klein que, a partir de outras perspectivas, também evidenciaram o papel da pulsão de morte e da destrutividade nas dinâmicas tirânicas do superego.

S. Freud (1923b). O ego e o id, *E.S.B.*, XIX.

M. Klein (1933). O desenvolvimento inicial da consciência a criança. In M. Klein (1981). *Contribuições à psicanálise.*

funcionamento podem resultar, por um lado, em manifestações de culpa, autodepreciação e violência dirigidas contra si mesmo, como nos quadros melancólicos, nas anorexias, nas automutilações corporais, nos comportamentos de risco e no suicídio. Por outro, a violência e a destrutividade dessas dinâmicas podem ser dirigidas contra o outro, contra o grupo e contra instituições, como no assassinato, nos atos de vandalismo e de violência social, que facilmente são manipulados e potencializados pelos efeitos de dinâmicas de grupos e das massas.[39]

Em diversas situações, as dinâmicas narcísicas mais primitivas marcadas pelo ego ideal capturam o sujeito em processos alienantes que facilitam sua adesão a promessas mirabolantes de amor, de gozo e de reconhecimento para tamponar suas vivências de vazio, para escamotear seu terror e acobertar sua fragilidade.

É no contexto de dinâmicas primitivas como essas e de deficiências, fragilidades e falhas relacionais que perturbam a constituição subjetiva e a economia psicossomática que manifestações corporais marcadas pelo excesso, pela repetição, por fragilidades narcísicas e identificatórias e por vazios representativos fazem sua aparição, encontrando um terreno fértil para proliferar e, muitas vezes, capturar o sujeito.

As galés voluntárias

Houve um tempo em que as "galeras" eram outras. Na Antiguidade, a galés eram embarcações de guerra impulsionadas por cerca de quinze a trinta grandes remos por bordo, cada um manejado por três a cinco homens. Geralmente, os remadores eram escravos ou pessoas sentenciadas a trabalhos forçados. Acorrentadas a seus postos, essas pessoas remavam cerca de 12 a 16 horas por dia, às vezes mais.

---

39 S. Freud (1921). Psicologia de grupo e análise do ego, *E.S.B.*, XVIII.

Em nossos dias, uma multidão de homens e mulheres, apesar de livres, inocentes e sem grilhões, espontaneamente se submete a uma permanente repetição de ações, atividades e gestos para além do prazer que aparentam suscitar. Como aponta G. Szwec, essas pessoas, verdadeiros *galés voluntários*, parecem fascinadas por uma certa robotização de seus corpos e de suas vidas que têm tudo de operatória.[40] Tais modos de funcionamento carecem de sentido e de prazer, e, frequentemente, são utilizados como anteparos contra situações de perigo e de desamparo.

A atividade esportiva, a música estridente e ritmada, os esportes de risco, os filmes que produzem "adrenalina", e mesmo simples gestos cotidianos como bater portas, dirigir bruscamente no trânsito ou o tabagismo podem exercer a função de maneiras automáticas para descarregar os níveis de tensão, ainda que, ao mesmo tempo, paradoxalmente promovam o aumento da tensão. Geralmente, essas atividades se realizam em um clima imperativo de urgência, exigindo do sujeito uma constante repetição.

Esses procedimentos, denominados *autocalmantes*, são um dos frutos da precariedade da organização subjetiva e da carência de recursos psíquicos para lidar com situações e exigências da vida. Automáticos, eles curto-circuitam a via representativa e de fantasia, utilizando a realidade de maneira específica, bruta, fatual, operatória, sem carga simbólica.[41] Eles consistem em comportamentos motores ou perceptivos que, passando pela dor, podem inclusive chegar a automutilações físicas, fazendo também parte da atração exercida por situações de perigo sobre algumas das pessoas que constantemente

---

40 G. Szwec (1983). Les procédés autocalmants par la recherche de l'excitation: les galériens volontaires.
   P. Marty & M. M'uzan (1963). La pensée opératoire.
41 C. Smadja (1983). A propos des procédés autocalmants du moi.
   G. Szwec (1983). Les procédés autocalmants par la recherche de l'excitation: les galériens volontaires.

procuram excitar-se com os riscos que elas podem constituir para sua integridade física e mesmo suas vidas.

Como consequência de um ego fragilizado e carente de um paraexcitações autônomo, os procedimentos autocalmantes buscam, de modo paradoxal, trazer a calma ao aparelho psíquico, quando ameaçado pelo potencial traumático do excesso de excitações. Eles se assemelham a tentativas de uma mãe que tenta acalmar seu bebê a qualquer custo, sem, no entanto, propiciar-lhe experiências de satisfação, aquelas que poderiam verdadeiramente tranquilizá-lo abrindo o caminho para a autonomia psíquica e subjetiva.

Carências nas relações primitivas podem promover na criança a internalização das tentativas de apaziguamento pela excitação promovida pelo embalo "calmante-não gratificante" da mãe, que busca evitar as experiências depressivas do vazio, vividas a partir do próprio desamparo da criança, mas também, muitas vezes, no contato com a depressão e o vazio maternos.[42] A aproximação ou o contato com os núcleos primitivos de desamparo ou com experiências de vida desorganizadoras podem desencadear esforços para reduzir a tensão resultante por meio da exacerbação da excitação materna internalizada. Essas tentativas são, entretanto, frustradas pela incapacidade da criança de prescindir da presença real do corpo materno, ou de seus sucedâneos, como objeto calmante. Tanto nas experiências da mãe com o bebê, como nos procedimentos autocalmantes, tais comportamentos são esvaziados de fantasia e de prazer.

Percebemos a intimidade dessas dinâmicas com as que encontramos em alguns estados-limite, condutas aditivas (toxicomanias, transtornos alimentares etc.) e com as *neonecessidades*, descritas por

---

42 M. Fain (1971). Prélude à la vie fantasmatique.
M. Fain & L. Kreisler (1970). Discussion sur la genèse des fonctions représentatives.

Denise Braunschweig e Michel Fain.[43] Estas se caracterizam como uma tentativa persistente da mãe de propiciar satisfações ao bebê *independentemente de existir nele uma necessidade a ser satisfeita*, evidenciando muito mais o desejo da mãe de acalmar seu filho a qualquer preço do que de realmente de satisfazê-lo. Cria-se assim na criança uma falsa necessidade, imperativa como as que caracterizam os instintos de autoconservação, que determina uma dependência acentuada do sujeito ao objeto real de satisfação, em detrimento da experiência alucinatória, que pode promover a autonomia da criança. Por esse caminho, ficam também perturbados a formação de um objeto interno satisfatório, o desenvolvimento do autoerotismo e dos recursos representativos.

A precariedade do mundo interno e dos recursos representativos resulta na hipervalorização da realidade e na grande dependência do sujeito dos objetos externos de satisfação. Nessas condições, agradar o outro, satisfazê-lo, corresponder a suas expectativas e a seus ideais torna-se, em alguns momentos, uma questão de sobrevivência. A possibilidade de questionar esse imperativo e essas expectativas (muitas vezes sociais) é perturbadora, impensável. A tentativa de desafiar o outro ou contradizê-lo, impossível. O sujeito torna-se refém de pessoas, de instituições, e, nos últimos tempos, das redes sociais investidas de um poder que beira a onipotência. Com facilidade, ele é dominado pelos ideais veiculados por esses meios, cativo de modelos e padrões sociais de beleza, de modismos, comportamentos, ideologias culturais e de consumo.

A fragilidade narcísica, a presença maciça do ego ideal, a precariedade de recursos internos e a extrema dependência formam uma combinação explosiva que torna o sujeito presa fácil de qualquer pessoa, imagem ou produto que lhe prometa a possibilidade de

---

43 D. Braunschweig & M. Fain (1975). *La nuit, le jour: essai psychanalytique sur le fonctionnement mental.*

afastar-se de seus terrores, de suas dores, de seu sofrimento. Presa fácil de qualquer um que lhe ofereça próteses de identidade, de corpo, de vida, de qualquer um que emplastre e mascare seu desamparo e suas dolorosas feridas.

Tornam-se imperativas a aquisição, a imitação e a ostentação de marcas, sinais e condutas socialmente valorizados que favoreçam o reconhecimento e a aceitação do sujeito pelo outro. Manter a todo custo aparências e comportamentos forjados por ideais, expectativas e pressões de um grupo, esquivar-se e refutar qualquer experiência que possa aproximá-lo de seu vazio existencial ou da castração passam a ser questões de sobrevivência. A possibilidade de uma falha nessa complexa, mas frágil, montagem, insuportável.

Vive assim o sujeito uma luta inglória, sem fim, na qual, por melhor que sejam, a aparência e o desempenho são sempre insatisfatórios, e qualquer nova conquista, insuficiente. Uma escalada na qual, a cada etapa, algo mais deve ser acrescentado, exibido, consumido, sacrificado: um novo carro, um novo milhão, uma nova mulher, um novo corpo, um novo recorde.

Marcado pela excitação e pela angústia inesgotáveis, acelera-se esse circuito infernal, impossível de ser interrompido pelo próprio sujeito. Como o jogador que, para bancar suas apostas, nada mais tem a oferecer a seus parceiros, esses escravos da excitação, submissos e indolentes, oferecem a seus tiranos sua liberdade, sua alma, sua carne, sua vida.

5. Horizontes médicos

O período das Grandes Navegações pelos misteriosos oceanos da vida humana ainda não foi concluído. Os horizontes da medicina foram imensamente ampliados desde a Antiguidade. A Renascença propiciou a descoberta de novos continentes e, nos últimos dois séculos, inúmeras terras se revelaram, num ritmo cada vez mais acelerado, aos investigadores dos processos do viver. Das descobertas anatômicas de Vesalius (1543), passando pela do sistema circulatório de Harvey (1628), a pesquisa médica e biológica vem traçando atlas cada vez mais minuciosos, com paragens antes desconhecidas. Nos séculos XIX e XX, a fisiologia, o sistema nervoso, a genética, os sistemas neuro-hormonoimunológicos foram apenas alguns dos continentes mais explorados para desvendar os mistérios do humano.[1]

Em nosso século, vivemos particularmente as esperanças depositadas nas novas paisagens da biologia molecular e da genética. O mapeamento completo do genoma humano continua permitindo aprofundar o conhecimento dos mecanismos fisiológicos, anatômicos

---

1 Cf. Perspectiva histórica. In R. M. Volich (2000/2022). *Psicossomática, de Hipócrates à psicanálise.*

264 HORIZONTES MÉDICOS

e biológicos de inúmeras doenças e desenvolver o tratamento de muitos males que escapavam ao nosso conhecimento.

As teorias dos "vapores", da "simpatia",[2] da "vizinhança" aparentemente não mais ocupam as mentes nem os debates científicos, mas a presença de sua herança no imaginário das mais modernas teorias da medicina é ainda perceptível. Os cientistas do projeto Genoma Humano confrontaram-se, por exemplo, com a surpreendente constatação de que as áreas consideradas "desertas" de informação, ou o DNA-lixo, supostamente sem serventia, influem de uma forma ainda não completamente compreendida sobre as áreas denominadas "urbanas", carregadas de informações, até então consideradas como as únicas significativas para o deciframento do código genético.[3] Eles se depararam ainda com a surpreendente descoberta de que é a função que deveria resultar da ação de um certo gene que, de certa maneira, determina a ação do gene, numa verdadeira inversão da causalidade antecipada por suas hipóteses. Além disso, a epigenética tem revelado que estímulos ambientais e a experiência podem ativar determinados genes e silenciar outros, produzindo transformações

---

2 Cf. *Simpatia, vapores e doenças dos nervos*, no Capítulo 1.

3 Lançado em 1988, o Projeto Genoma Humano tinha como missão realizar o sequenciamento completo dos pares de DNA humano. Concluído em 2003, ele revelou que cerca de 45% do genoma é composto de DNA não codificante (muitas vezes denominado "DNA-lixo") que, em princípio, não contém nenhuma informação passível de ser traduzida em uma proteína cuja função inicialmente não foi compreendida. Com o tempo, a pesquisa vem mostrando que essa parte do DNA tem uma importante função na regulação e no controle da expressão dos genes, determinando, por exemplo, a diferenciação de células-tronco em neurônios, ou ainda provocando a formação de tumores, se expressa de modo ou em tempo errados.
Human Genome Project.
A. C. Souza Góes & B. V. X. de Oliveira (2014). Projeto Genoma Humano: um retrato da construção do conhecimento científico sob a ótica da revista *Ciência Hoje*.

profundas no organismo, não apenas na expressão fenotípica de um gene, mas também no DNA e no código genético.[4]

Se a localização do gene e a decodificação de suas sequências não permitem explicar completamente a ação dos processos genéticos, se o ambiente também pode influenciar esses processos, até há pouco considerados determinantes e imutáveis, que tipos de relação a distância e de causalidade permitir-nos-iam compreender uma organização que escapa aos minuciosos modelos e técnicas da pesquisa do Genoma?

"Calma"

Não precisamos ir tão longe, até a escala molecular, para percebermos que algo falha no modelo predominante de compreensão dos processos vitais, da doença e do sofrimento humano. Apesar dos reconhecidos e importantes progressos diagnósticos e terapêuticos da medicina, é ainda grande o número de pacientes que apresentam sintomas e manifestações cujas causas permanecem inexplicadas, mesmo após as mais minuciosas investigações, e para as quais são inócuos os tratamentos prescritos ou paradoxais os efeitos que produzem. Até mesmo a saúde ou os quadros benignos apresentados por muitos doentes confrontam os médicos com situações surpreendentes.

Um número significativo de estudos aponta que muitos pacientes simplesmente não acreditam nas boas notícias comunicadas por seus médicos.

I. G. McDonald e colaboradores relatam que, apesar de terem sido comunicados por seus médicos quanto à normalidade de seus exames cardiológicos, muitos pacientes continuavam "inexplicavelmente"

---

4 R. C. Francis (2011). *Epigenetics: How environment shapes our genes.*

ansiosos a respeito de sua saúde.[5] Em um estudo prospectivo, R. Mayou indica que, nos três meses seguintes ao recebimento do resultado normal de exames cardiológicos, um terço dos pacientes permanecia ansioso por temer padecer de algum problema cardíaco.[6] R. Fitzpatrick e A. Hopkins apontam que 40% dos pacientes que consultaram serviços especializados de neurologia queixando-se de dores de cabeça e que receberam um diagnóstico benigno para seus sintomas ainda continuavam preocupados um mês após a consulta, considerando que aquelas dores seriam reflexo de uma "doença séria". Essa preocupação persistia apesar das tentativas de tranquilização por seus médicos.[7] J. L. Donovan e D. R. Blake constataram reações semelhantes em serviços de reumatologia. Um grande número de pacientes considerava ineficaz o esforço dos médicos em diminuir a ansiedade que eles sentiam insistindo no caráter benigno dos sintomas, ressaltando o bom prognóstico quando da detecção da doença em seu estágio inicial, ou ainda as grandes probabilidades de cura. Alguns desses pacientes, inclusive, relacionavam tais tentativas de tranquilização com a emergência futura de dor ou de uma piora de seu estado funcional.[8] Numa pesquisa com mulheres assintomáticas que apresentavam risco pessoal ou familiar de desenvolverem uma patologia da mama, pude constatar que, muitas dessas mulheres permaneciam preocupadas e com medo de abrigarem uma doença maligna, apesar dos resultados negativos de exames para o controle e a detecção precoce de sinais suspeitos.[9]

---

5 I. G. McDonald, J. Daly, V. M. Jelinek, F. Panetta & J. M. Gutman (1996). Opening the Pandora's box: The unpredictability of reassurance by a normal test result.

6 R. Mayou (1976). The nature of bodily symptoms.

7 R. Fitzpatrick & A. Hopkins (1981). Referrals to neurologist for headaches not due to structural disease.

8 J. L. Donovan & D. R. Blake (2000). Qualitative study of interpretation of reassurance among patients attending rheumatology clinics "just a touch of arthritis, doctor?"

9 R. M. Volich (1992). *Sein reel et sein imaginaire: une approche psychosomatique des pathologies mammaires et des risques oncologiques.*

Embora aparentemente paradoxais, trabalhos como esses permitem, pelo menos, reconhecer que médicos e pacientes costumam "interpretar as tentativas de tranquilização [do paciente] no contexto de seus próprios pontos de vista e percepções".[10]

Reassurance. É essa a palavra inglesa utilizada para descrever as estratégias empregadas pelos médicos visando tranquilizar, reassegurar, diminuir a ansiedade ou reações emocionais mais intensas de seus pacientes, principalmente daqueles cujo quadro clínico não justificaria tais preocupações ou sua intensidade. Para muitos, tranquilizar o paciente é considerado uma das principais tarefas da prática médica. Alguns médicos dedicam um tempo considerável da consulta tentando acalmar o paciente por meio da demonstração lógica e sistemática de evidências clínicas e de exames que demonstram serem os receios dele injustificados. Outros, menos pacientes, preocupam-se menos com essa tarefa, talvez por considerarem que o bom prognóstico do caso e sua evolução satisfatória acabarão por trazer o paciente à razão, ou ainda por acharem que cabe a outros profissionais, psicólogos ou psiquiatras, realizá-la. Um terceiro grupo recusa-se a considerar a dimensão emocional da experiência do paciente, por lhes ser desagradável lidar com ela ou por confiar que os recursos da medicina, do diagnóstico à terapêutica, permitem-lhes evacuar de modo eficiente as manifestações indesejáveis vividas pelo paciente, principalmente aquelas que, para os médicos, aparentemente nada têm a ver com o quadro da doença.

O cotidiano da clínica na medicina aponta para a fragilidade e para a inocuidade da maior parte dessas estratégias. Os pacientes são, sem dúvida, acompanhados, tratados, curados, mas poucas vezes a inquietação que vivem com relação a sua saúde ou a sua

---

R. M. Volich (1996). Repensando a prevenção do câncer de mama.

10 J. L. Donovan & D. R. Blake (2000). Qualitative study of interpretation of reassurance among patients attending rheumatology clinics "just a touch of arthritis, doctor?", p. 541.

268   HORIZONTES MÉDICOS

doença é compreendida ou significada. Muitas vezes, para lidar com essa preocupação são prescritos ansiolíticos e antidepressivos, provocando, como observamos nas últimas décadas, o aumento exponencial dessas prescrições por não psiquiatras.

Grande parte dos autores dos estudos acima apontam para os fracassos e para os paradoxos da *reassurance*. Geralmente tentam compreender e explicar esses fracassos como uma "falha da relação e da comunicação entre médicos e pacientes", um problema que, sem dúvida, merece ser mais profundamente considerado. Nenhum deles, porém, aprofunda o exame da natureza da relação ou da comunicação entre eles.

Sentir

Já em 1893 Freud apontava para a intrigante disparidade entre o afeto manifesto pelo paciente e o sintoma ou a representação aos quais ele se mostrava ligado.[11] O médico tenderia a menosprezar a importância desse afeto dedicando-se a resolver a queixa manifesta do paciente. O conhecimento das psiconeuroses, ao contrário, ensinaria ao médico atribuir toda a importância ao afeto manifesto pelo paciente, tomando-o como a bússola que pode orientá-lo para a compreensão da experiência recalcada, subjacente ao sintoma e determinante dos modos de reação do sujeito à vida e a sua doença. Por outro lado, como vimos, as neuroses atuais (neurastenia, neurose de angústia e hipocondria) desafiariam aqueles que buscavam utilizar o método psicanalítico em seu tratamento, uma vez que em sua sintomatologia predominam descargas pulsionais diretas no corpo em detrimento de manifestações psíquicas e representativas, derivadas do recalcamento.[12]

---

11 S. Freud (1894c). As neuropsiconeuroses de defesa, *E.S.B.*, III.
12 Cf. *As psiconeuroses e as neuroses atuais*, no Capítulo 2.

Como vimos, cerca de vinte anos mais tarde, ele retoma essa questão descrevendo o dilema enfrentado pelo médico perante as frequentes oscilações sintomáticas e de expressões psíquicas e corporais, psiconeuróticas e de neuroses atuais, observadas nas neuroses mistas.[13] Diante do desafio ao diagnóstico diferencial apresentado por esses quadros, Freud afirmava que o médico se via impelido a escolher entre duas linhas de tratamento,

> *Ou se esforçará por abolir a base orgânica, sem importar-se com a ruidosa elaboração neurótica; ou atacará a neurose que aproveitou essa oportunidade favorável para surgir, e prestará pouca atenção à sua causa precipitante orgânica. O resultado mostrará que uma ou outra linha de conduta está certa ou errada; é impossível fazer recomendações gerais para abordar esses casos mistos.[14]*

A teoria e a clínica psicanalíticas muito se desenvolveram desde essas primeiras concepções freudianas. Porém, o afeto permanece sendo um orientador importante para a compreensão do sofrimento do sujeito, tanto aquele que se manifesta predominantemente por meio de expressões psíquicas e representativas como o que se expressa pelo corpo, e também para a compreensão da experiência do paciente diante de seu médico. Seria mesmo a *reassurance*, a tranquilização, a melhor estratégia para o médico lidar com os afetos de seu paciente relacionados a sua saúde, a sua doença e a seu tratamento? Não seria o caso de considerar, como sugere Freud, os afetos do paciente como verdadeiros, mas referidos a experiências ou representações que

---

13 S. Freud (1916-1917c). Conferência XXIV: o estado neurótico comum. Conferências introdutórias sobre a psicanálise II, *E.S.B.*, XVI.

14 S. Freud (1916-1917c). Conferência XXIV: o estado neurótico comum. Conferências introdutórias sobre a psicanálise II, *E.S.B.*, XVI, p. 455.

270 HORIZONTES MÉDICOS

apenas tomam a doença ou a relação com o médico como suportes para manifestar-se?[15]

Por detrás das reações preocupadas e ansiosas dos pacientes, principalmente daqueles cuja condição clínica não justificaria preocupações tão intensas, não é difícil vislumbrar a sombra de dinâmicas hipocondríacas. É significativo, porém, constatar que poucos autores tenham considerado essas dinâmicas ao tentar explicar os paradoxos por eles revelados nos estudos acima citados.

Entre outros fatores, essa omissão evidencia o esvaziamento da compreensão psicopatológica na prática médica de nossos dias. Apesar de sua implicação direta com a medicina, pela especificidade e frequência das queixas corporais dos pacientes, as dinâmicas hipocondríacas também padecem, como muitas outras manifestações psicopatológicas, de uma espécie de interdito de representação que desconsidera ou mesmo exclui um grande número de manifestações da subjetividade e do sofrimento humano da experiência que o médico vive com seu paciente. Essa dificuldade de representação pelo médico da experiência psicopatológica é uma das principais responsáveis pela perturbação da relação terapêutica, pela distorção da comunicação

---

15 Cabe ainda considerar as situações de aparente tranquilidade, calma e normalidade apresentadas por alguns pacientes na vivência de seus sintomas e doenças. Para alguns, essa atitude, geralmente considerada "positiva" pelos médicos, é fruto de dinâmicas preocupantes resultantes de funcionamentos precários e desorganizados da economia psicossomática, como o pensamento operatório, a depressão essencial e a desafetação que denotam a impossibilidade do sujeito de entrar em contato com suas vivências, inclusive quando elas se constituem como riscos a sua integridade física ou a sua própria vida.
P. Marty & M. M'Uzan (1963). La pensée opératoire.
P. Marty (1968). La dépression essentielle.
J. McDougall (1984). The "dis-affected" patient: reflections on affect pathology.

entre médico e paciente, e, sobretudo, pela dificuldade de compreensão da queixa do paciente.[16]

Considerar a experiência psicopatológica subjacente a todo encontro terapêutico não tem por objetivo acrescentar mais uma modalidade diagnóstica àquelas possíveis de serem reconhecidas no sujeito pelo médico. O principal interesse dessa perspectiva é permitir compreender a função das dinâmicas psicopatológicas, da hipocondríaca em particular, como estruturantes da experiência corporal do paciente e de seus recursos de percepção e de representação de sua saúde e de sua doença e de suas formas de lidar com elas.

Compreender

Como vimos, ao longo da história, a compreensão da hipocondria frequentemente oscilou ao sabor das dificuldades de discriminar entre as fontes orgânicas e mentais das doenças. Das teorias dos humores às doenças dos nervos, essa compreensão permaneceu ainda subordinada a sua aproximação ora com a histeria, ora com a melancolia. Porém, apesar dessas oscilações, até o final do século XIX a hipocondria sempre teve seu lugar reconhecido em meio à diversidade de manifestações das experiências do ser humano.

O desinteresse pela dimensão hipocondríaca na prática médica em nosso tempo é fruto do desenvolvimento da medicina moderna e de sua crescente tendência à especialização, observada a partir da metade do século XX. A constituição da psiquiatria como uma

---

16 Em muitos casos, essa dissociação é também em grande parte responsável pelo que descrevi, inspirado por P. Fédida, como a "experiência melancólica do terapeuta".
Cf. A ética, o sintoma e a experiência do terapeuta. In R. M. Volich (2000/2022). *Psicossomática, de Hipócrates à psicanálise.*

especialidade médica autônoma, iniciada no início do século passado,[17] também contribuiu de maneira significativa tanto para a marginalização da hipocondria, enquanto quadro nosográfico, do panorama da medicina, como para a negligência das implicações do fenômeno hipocondríaco na representação da doença do paciente e na relação terapêutica.

Lembrar

No primeiro capítulo, acompanhamos o nascimento das concepções modernas da psicopatologia. Como vimos, na França, no início do século XX, Théodule Ribot (1839-1916) propôs compreender a psicologia normal a partir dos fatos patológicos.[18] Na Alemanha, Emil Kraepelin (1856-1926), criador do conceito de *demência precoce*, concebeu um sistema de classificação para as doenças mentais fundado não apenas nos sintomas, mas também nas noções de evolução e de prognóstico.[19] Observamos ainda, nos anos 1890, as tentativas de Freud de estabelecer uma nosografia psicanalítica do campo das neuroses,[20] sugerindo também a existência de relações entre as dinâmicas psicopatoológias e os fenômenos da vida normal, como os lapsos e os sonhos.[21]

O encontro dos primeiros psicanalistas austríacos com Eugen Bleuler, Carl Gustav Jung, Ludwig Biswanger e Max Eitington, de Zurique, promoveu as trocas iniciais entre a teoria psicanalítica e a psicologia e psiquiatria, que, naquela época, vinham se constituindo. Esse movimento marcou a orientação da psicopatologia da primeira

---

17 Até 1921, a Associação Psiquiátrica Americana era denominada American Medico-Psychological Association.

18 Cf. *A psiquiatria, a psicopatologia e a hipocondria*, no Capítulo 1.

19 E. Kraepelin, (1899). *Introduction à la psychiatrie clinique.*

20 Cf. Quadro 2.1, Nosografia psicanalítica em 1894, no Capítulo 2.

21 S. Freud (1901). Sobre a psicopatologia da vida cotidiana, *E.S.B.*, VI.

metade do século XX.[22] Em 1913, a partir de uma perspectiva fenomenológica, Karl Jaspers (1882-1962) publicou na Alemanha sua obra *Allgemein Psychopathologie* (Psicopatologia Geral),[23] inaugurando uma das mais influentes correntes da psicopatologia moderna, nas quais predominavam a orientação pelo *método clínico*, de inspiração francesa e alemã. Nos Estados Unidos, William Healy e William James desenvolveram suas teorias psicopatológicas considerando tanto a fisiologia como a metafísica. As correntes psicodinâmicas, inspiradas pela psicanálise, encontravam bastante receptividade no meio psiquiátrico e, em certa medida, no meio médico, tanto na Europa como nos Estados Unidos, onde apenas mais tarde, a partir da Segunda Guerra Mundial, os métodos experimentais e estatísticos passaram a predominar.

Nesse cenário, o fenômeno hipocondríaco era reconhecido como transversal a diversos quadros psicopatológicos. Já em 1905, no Congresso de Psiquiatria e Neurologia de língua francesa, foi proposto o abandono do termo *hipocondria* enquanto entidade nosográfica e sua substituição pela noção de *ideia hipocondríaca*. Buscou-se com isso ressaltar que a hipocondria não deveria ser considerada apenas como uma categoria diagnóstica da psiquiatria, mas sim compreendida em um contexto mais amplo, da neurologia e da patologia geral.[24]

O conceito de *ideia hipocondríaca* sugeria a combinação de um "temperamento hipocondríaco" com distúrbios da cenestesia.[25] Em 1911, Maillard questionou o caráter psicogênico das dores das

---

22 H. Beauchesne (1989). *História da psicopatologia*, p. 2.

23 K. Jaspers (1913). *Psicopatologia geral*.

24 C. Guedeney & C. Weisbrodt (1995). *Histoire de l'hypocondrie*, p. 48.

25 Uma articulação já discutida por inúmeros autores, inclusive Freud e Paul Schilder.
Cf. *O corpo, fonte e objeto do sonho* no Capítulo 2 e *O corpo, das sensações à imagem*, no Capítulo 3.

274 HORIZONTES MÉDICOS

cenesiopatias, sugerindo que elas seriam exclusivamente neurológicas. Por sua vez, em 1930, Abadie tentou resgatar a importância psicopatológica tanto da hipocondria como dos distúrbios cenestésicos. Ele descreveu a *hipocondria menor*, ou neurótica, atribuindo um lugar importante neste grupo à hipocondria constitucional. Ele chamava a atenção para a auto-observação permanente dos pacientes, mas também para a especificidade do modo de relação destes com o médico: "o paciente quer ser tratado, mas não quer ser curado".

Ao criar o conceito de esquizofrenia, E. Bleuler (1857-1939) apontou a hipocondria crônica como uma de suas características específicas. Por sua vez, Raeke, Westphal e Sommer Wolfsohn sugeriam considerá-la segundo uma perspectiva mais ampla, como "entidade mórbida psicótica".[26]

A partir dos anos 1960, um número crescente de autores de orientação psicodinâmica passou a reconhecer a extensão das manifestações hipocondríacas para além das fronteiras de quadros nosográficos específicos. Em 1961, S. Follin e J. Azoulay propuseram distinguir a hipocondria *cum materia*, caracterizada por uma percepção anormal de distúrbios corporais reais, da hipocondria *sine materia*, em que tais distúrbios reais não seriam observados.[27] Eles destacavam o caráter essencial da experiência subjetiva na hipocondria e a particularidade da relação que, nessa condição, se estabelece entre médico e paciente e que, muitas vezes, leva a uma colaboração quase delirante entre ambos.

Outros autores também ressaltaram o caráter transnosográfico da hipocondria. Segundo Jacques Postel, ela é bastante frequente nas depressões crônicas, expressando-se por meio de "formulações hipocondríacas", mas também se manifestando nos quadros

---

26 H. Rosenfeld (1964). A psicopatologia da hipocondria, p. 205.
27 S. Follin & J. Azoulay (1961). Les altérations de la conscience de soi, citado por C. Guedeney & C. Weisbrodt (1995). *Histoire de l'hypocondrie*, p. 48.

neuróticos, sobretudo sob a forma "nosofóbica" (medo de adoecer).
Nas psicoses, a hipocondria pode assumir formas delirantes, sendo
acompanhada de delírios paranoides esquizofrênicos com despersonalização, de ideias crônicas de perseguição e sobretudo em uma
forma de parafrenia fantástica com delírio de negação de órgãos de
danação e de imortalidade denominado *síndrome de Cotard*, próximo
da melancolia delirante.[28]

Henry Ey, defensor de uma concepção *organodinâmica* da doença
mental, propôs uma abordagem "dinâmica e dialética das relações
entre o físico e o moral". Ele apontava a existência de um complexo
hipocondríaco imanente à natureza humana. Afirmava serem o
"mistério e a fragilidade do corpo, a doença e a morte aspectos da
hipocondria humana que nos assolam a todos em nossas entranhas...
O complexo hipocondríaco é universal, opressivo e lancinante em
toda a humanidade". A fascinação das pessoas pelos artigos médicos
assim como o lugar ocupado pela medicina na mídia são algumas
das manifestações desse modo de funcionamento.[29] A partir dessa
perspectiva, em 1975, Maurel apontava o valor da hipocondria
como um modo do sujeito de situar-se no mundo, em suas relações
consigo mesmo e com seus semelhantes.

Desde os anos 1950, uma outra corrente se contrapôs a essas
leituras mais universais e fenomenológicas. Fortemente ancorada
nos Estados Unidos, ela buscou definir, circunscrever e discriminar

---

28 J. Postel (Ed.) (1993). *Dictionnaire de Psychiatrie et de Psychopathologie Clini-que*, p. 264.

A síndrome de Cotard é caracterizada por manifestações melancólicas acompanhada de ansiedade, delírios de não existência de parte do próprio corpo e
delírios de imortalidade.

J. Cotard (1880). Do delírio hipocondríaco em uma forma grave da melancolia
ansiosa.

29 Citado por C. Guedeney & C. Weisbrodt (1995). *Histoire de l'hypocondrie*, p. 49.

as categorias da nosografia, tentando distinguir de maneira clara os comportamentos patológicos daqueles considerados normais.

Esse movimento intensificou-se com a crescente influência da Associação Psiquiátrica Americana e das sucessivas versões do Manual Diagnóstico e Estatístico de Transtornos Mentais (DSM),[30] por ela desenvolvido. Em nome da clareza e buscando a discriminação das diferentes categorias psicopatológicas, as modificações introduzidas no DSM, a partir de sua terceira versão, transformaram a hipocondria em uma mera subcategoria nosográfica que restringiu a possibilidade de compreensão de suas manifestações, de suas funções e de seus significados, que, muitas vezes, passou a confundir o médico, o psiquiatra e o próprio paciente.

Entre outras consequências, essa visão contribuiu para intensificar, na prática médica e hospitalar, o interdito de representação da *experiência hipocondríaca* no âmbito da relação terapêutica. Com o tempo, essa tendência gradualmente produziu, como veremos, uma espécie de "retorno do interditado", produzindo manifestações e atuações corporais de gravidade crescente que chegam muitas vezes a colocar em risco a própria vida do sujeito.

Classificar

Desde Hipócrates até a atual Classificação Internacional de Doenças (CID),[31] da Organização Mundial da Saúde, muitos sistemas de

---

30 American Psychiatric Association. *Diagnostic and statistical manual of mental disorders – DSM-III, DSM-IV e DSM-5.*

31 A Classificação Estatística Internacional de Doenças e Problemas Relacionados com a Saúde (*International Statistical Classification of Diseases and Related Health Problems – ICD*), conhecida como CID, classifica por meio de códigos doenças e sinais, sintomas, aspectos anormais, queixas, circunstâncias sociais e causas externas para ferimentos ou doenças. Em 2019 uma nova versão, CID--11, foi aprovada pela OMS e entrou em vigor em 2022.

classificação e nomenclatura de doenças foram propostos, baseados tanto na sintomatologia como nos mecanismos etiológicos e de desenvolvimento das patologias. O mesmo interesse classificatório foi também observado no campo das doenças mentais. Devido às especificidades desse campo, muitas vezes essa proposta resultou em discrepâncias quanto à inclusão e à definição de quadros clínicos nessa categoria.

A influência de Esquirol, Charcot, Griesinger, Kraepelin, Maynert, Adolf Meyer, Karl Jaspers e Henry Ey foi marcante para muitas gerações de psiquiatras.[32] Até meados dos anos 1970, diferentes correntes da psiquiatria – neurológica, organicista, psicanalítica, existencialista, fenomenológica – coexistiam de maneira relativamente equilibrada. Dos pressupostos clínicos e conceituais de cada uma delas resultavam diferentes concepções etiológicas e semiológicas que influenciavam os sistemas classificatórios propostos.

A terceira versão do DSM (DSM-III), publicada em 1980, provocou uma mudança importante nesse panorama, iniciando uma tendência que se tornou quase hegemônica na psiquiatria mundial. Ela tinha como objetivo promover uma nomenclatura médica para clínicos e pesquisadores, introduzindo "critérios diagnósticos explícitos, um sistema multiaxial e uma tentativa de neutralidade com relação às teorias etiológicas".[33]

OMS (2008). Classificação Estatística Internacional de Doenças e Problemas Relacionados com a Saúde. CID-10.

M. S. C. Almeida, L. F. Sousa Filho, P. M. Rabello & B. M. Santiago (2020). Classificação Internacional das Doenças – 11ª revisão: da concepção à implementação.

32 Cf. *A psiquiatria, a psicopatologia e a hipocondria*, no Capítulo 1.

33 American Psychiatric Association (1994). *Diagnostic and statistical manual of mental disorders – DSM-IV*, p. XVII.

Para não nos desviarmos de nossos propósitos, a história e o desenvolvimento das diferentes versões do DSM são aqui apresentados apenas de modo sucinto. É interessante, porém, acompanhar, na parte introdutória do Manual, os

278   HORIZONTES MÉDICOS

O DSM é herdeiro de uma tradição norte-americana que valoriza a coleta de dados estatísticos e que, já no censo nacional de 1840, registrara a frequência de "insanos e de idiotas" na população. No início do século XX, a Associação Médica Americana ampliou, ainda com fins estatísticos, os critérios de classificação das doenças mentais e, paralelamente, desenvolveu uma nomenclatura psiquiátrica uniforme. A partir da Segunda Guerra Mundial, essa tendência foi acentuada com a inclusão dos transtornos mentais na sexta versão da Classificação Internacional de Doenças (CID-6) da Organização Mundial da Saúde.

Da convergência desses dois sistemas surgiu, em 1952, a primeira versão do Manual Estatístico e Diagnóstico dos Transtornos Mentais (DSM-I), que se propunha como "o primeiro manual oficial de distúrbios mentais, focados na utilidade clínica". Essa primeira versão ainda trazia uma grande influência da psiquiatria europeia representada pelas concepções psicobiológicas de Adolf Meyer, um dos mais influentes psiquiatras da primeira metade do século XX, presidente da Associação Psiquiátrica Americana (1927-1928) e um dos fundadores da Associação de Psicanálise Americana. Os quadros clínicos eram definidos pelo termo *reação*, uma vez que as doenças mentais eram consideradas como *reações* da personalidade a fatores psicológicos, sociais e biológicos. A segunda versão do DSM rompeu com as concepções de Adolf Meyer, eliminando o termo *reação* das descrições dos quadros sintomáticos,

Tanto o DSM-III como o DSM-IV foram desenvolvidos a partir de entrevistas semiestruturadas, da construção e validação de critérios diagnósticos explícitos e de um extenso trabalho empírico. Ambas tinham como objetivo primordial a neutralidade com relação às

---

detalhes dessa história, sobretudo o esforço de convergência cada vez maior entre as versões do DSM (classificação das doenças mentais) e as do CID (classificação médica das doenças), bem como as questões levantadas a respeito da homogeneidade e da validade das categorias diagnósticas.

teorias etiológicas. A quarta versão, publicada em 1994, resultou do aperfeiçoamento do DSM-III e de sua versão revisada (publicada em 1987), que haviam recebido muitas críticas pela "inconsistência" de suas categorias. Em 2000 foi lançada a quarta versão revisada (DSM-IV TR) e em 2013 uma 5ª versão do manual (DSM-5), revisado em 2022 (DSM-5-TR).

É interessante acompanhar a evolução e as transformações de suas categorias e dos princípios que determinaram cada uma dessas versões, sobretudo aqueles que se referem à sintomatologia e às queixas somáticas. Princípios que, esvaziando ainda mais a dimensão hipocondríaca da experiência do paciente, resultaram inclusive no completo desaparecimento dessa categoria diagnóstica do DSM-5 e do DSM-5-TR.

O DSM-IV tinha como objetivo sustentar-se "sobre evidências empíricas mais do que qualquer outra nomenclatura de transtornos mentais".[34] Ele apresentava uma simplificação e uma tentativa de clarificação dos conjuntos de critérios diagnósticos visando aumentar sua utilidade clínica e a praticidade de sua utilização. O conceito de transtorno mental, utilizado no DSM-IV, era definido como

> *um comportamento clinicamente significativo, ou como uma síndrome ou padrão psicológico que ocorre em um indivíduo e que está associado a um desconforto (distress) presente (p. ex. um sintoma doloroso) ou a uma deficiência (disability) p. ex., deficiência em uma ou mais áreas importantes de comportamento) ou com o aumento significativo do risco de sofrer morte, dor ou deficiência, ou uma perda importante de liberdade. Além disso,*

---

34 American Psychiatric Association (1994). *Diagnostic and statistical manual of mental disorders – DSM-IV*, p. XVI.

aquela síndrome ou o padrão não deve ser simplesmente uma resposta esperada e culturalmente sancionada a um acontecimento particular, por exemplo, a morte de um ser querido. Seja qual for sua causa original, ele deve ser considerado como uma manifestação de uma disfunção comportamental, psicológica ou biológica do indivíduo. Nenhum comportamento desviante (p. ex., *político, religioso ou sexual) nem tampouco conflitos primários entre o indivíduo e a sociedade são transtornos mentais a menos que o desvio ou o conflito seja um sintoma ou uma disfunção do indivíduo, como descrito acima.*[35]

Um dos principais objetivos do DSM-IV era ser "um guia útil para a prática clínica", por meio da "brevidade dos conjuntos de critérios, clareza de linguagem e declarações explícita dos conceitos utilizados e dos critérios diagnósticos". Ele se estruturava segundo um sistema multiaxial de classificação de cinco eixos, cada um deles reunindo informações visando auxiliar o clínico a planejar o tratamento e predizer a evolução do caso.[36] O DSM-IV se propunha a "facilitar a comunicação entre clínicos e pesquisadores", oferecendo também "um método de coleta de informação clínica e um instrumento de ensino da psicopatologia".[37]

---

35 American Psychiatric Association (1994). *Diagnostic and statistical manual of mental disorders – DSM-IV*, pp. XXI, XXII.

36 Eixo I: Transtornos clínicos, transtornos mentais, problemas do desenvolvimento e aprendizado.
Eixo II: Transtornos de personalidade ou invasivos e retardo mental;
Eixo III: Condições médicas agudas ou desordens físicas;
Eixo IV: Fatores ambientais ou psicossociais;
Eixo V: Avaliação Global das Funções ou Escala de Avaliação Global para Crianças, para menores de 18 anos.

37 American Psychiatric Association (1994). *Diagnostic and statistical manual of mental disorders – DSM-IV*, p. XV.

A "força-tarefa" que elaborou o DSM-5 considerou que as definições descritivas das versões anteriores do manual não refletiam suficientemente as evidências da pesquisa neurológica, biológica e genética dos transtornos mentais, assumindo o objetivo de aumentar o peso dessa leitura na nova versão.[38] Além disso, constatando a dificuldade dos clínicos e psiquiatras em discriminar e lidar com os diferentes eixos do sistema multiaxial do DSM-IV, decidiram aboli-lo apagando diferenças que, nas versões precedentes, esses eixos tinham tentado destacar.

A versão DSM-5-TR revisou totalmente o texto para cada transtorno, atualizando as seções sobre as características a eles associadas, prevalência, desenvolvimento e curso, bem como fatores de risco e prognóstico, cultura, marcadores de diagnóstico, suicídio, automutilação e diagnóstico diferencial, entre outros. Nessa revisão, foram introduzidas novas categorias, como o "Transtorno do Luto Prolongado", novos códigos para marcar e monitorar o comportamento suicida e sinalizar automutilações não suicidas. Foram também atualizados os critérios para intoxicação e a abstinência de substâncias, e a terminologia para descrever a disforia de gênero (o termo "gênero desejado" foi alterado para "gênero experimentado"). A nomenclatura da "deficiência intelectual foi transformada em 'Transtorno do Desenvolvimento Intelectual' enquanto o 'Transtorno de Conversão' passou a ser denominado "Transtorno dos Sintomas Neurológicos Funcionais".[39]

Muitos desses acréscimos e modificações foram criticados por seu caráter desubjetivante e por critérios excessivamente abrangentes

---

38 D. S. Charney, D. H. Barlow, K. Botteron, J. D. Cohen, D. Goldman, R. E. Gur, K.-M. Lin, J. F. López, J. H. Meador-Woodruff, S. O. Moldin, E. J. Nestler, S. J. Watson & S. J. Zalcman (2002). Neuroscience research agenda to guide development of a pathophysiologically based classification system.

39 American Psychiatric Association (2023). *Manual diagnóstico e estatístico de transtornos mentais – DSM-5-TR.*

282 HORIZONTES MÉDICOS

e pouco fundamentados, fazendo aumentar o número de pessoas que podem ser diagnosticadas com algum transtorno mental.[40] O transtorno do luto prolongado, por exemplo, ilustra tristemente essas características, e vem sendo uma das atualizações mais criticadas dessa nova versão. Por outro lado, cabe reconhecer a importância do acréscimo da discussão sobre o impacto do racismo e da discriminação no diagnóstico e nas manifestações dos transtornos mentais e sobre os problemas diagnósticos associados à cultura.

Analisar

Neutralidade e pragmatismo. Oficialidade e paralelismo com a Classificação Internacional de Doenças (CID). Sob os auspícios dessas divisas, também inspiradoras do DSM-5 e do DSM-5-TR, declinaram-se as descrições das categorias diagnósticas do DSM-IV.

O DSM-IV preocupou-se em alertar para a dificuldade em distinguir entre as dimensões mentais e orgânicas dos quadros sintomáticos, advertindo que o objeto da classificação não são as pessoas, mas os transtornos que essas pessoas têm. Os autores reconheceram as dificuldades quanto à homogeneidade e à imprecisão de limites entre as categorias, alertaram para os riscos da recuperação ideológica dos diagnósticos psicopatológicos (discriminação, perseguição de minorias), insistindo também na necessidade de treino e experiência clínica apropriada em diagnóstico para a utilização do manual.

Apesar de todos esses cuidados, objetividade e clareza eram os objetivos maiores do DSM. Assim, o clínico e o pesquisador eram convidados à observação *neutra e desapaixonada*, de modo a produzir,

---

40 Cf. as críticas de A. Frances a esses aspectos do DSM-5 em *Fragmentar ou indiscriminar?*, a seguir, neste capítulo.

para si mesmo e seus pares, uma descrição precisa de sinais, sintomas e comportamentos observáveis na sua mais simples expressão manifesta. O transtorno seria, acima de tudo, um "comportamento" a ser descrito e dissecado em todos os seus detalhes. A experiência subjetiva daquele que manifesta tal comportamento era quase que completamente negligenciada. Como apontam Collée e Quétel, as concepções do DSM são impregnadas pelo dualismo cartesiano e pela oposição entre o modelo biomédico e o modelo psicossocial, simplesmente "retomando o velho antagonismo entre as noções de organogênese e de psicogênese".[41]

Marcado por essas linhas de força, ao longo de suas diferentes versões, o Manual Diagnóstico e Estatístico de Transtornos Mentais progressivamente afastou-se das perspectivas psicodinâmicas, e das fontes clínicas e epistemológicas da psicopatologia.[42] Nesse contexto, a hipocondria dissolveu-se no DSM-IV entre os *Transtornos Somatoformes*, tendo sido esvaziada a possibilidade de compreensão de seu potencial representativo e de subjetivação.

No DSM-5, esse esvaziamento culminou na pura e simples eliminação da hipocondria enquanto classe diagnóstica. Nessa nova versão, as manifestações relacionadas a queixas somáticas foram todas reunidas nas categorias *Transtornos de Sintomas Somáticos*

---

41 M. Collée & C. Quétel (1994). *Histoire des maladies mentales*, p. 118.

42 Cf. *A psiquiatria, a psicopatologia e a hipocondria*, no Capítulo 1.

Pierre Fédida destacou a importância da dimensão do *pathos*, paixão e sofrimento, na vivência e na compreensão da experiência psicopatológica, sugerindo ser essa compreensão um paradigma para a psicopatologia fundamental: "... um projeto de natureza intercientífica", no qual o fundamental seria "um ideal de comunicação mais que o objeto de uma esperança de "ciência unificada". P. Fédida (1992). D'une psychopathologie générale à une psychopathologie fondamentale. Note sur la notion de paradigme, p. 295.

284 HORIZONTES MÉDICOS

e Transtorno de Ansiedade de Doença.[43] Todas as subcategorias Transtornos de Somatização, Transtornos Somatoformes Indiferenciados, Hipocondria e Transtornos Dolorosos, do DSM-IV, foram assimiladas por essas novas classificações.

Ainda na versão DSM-IV, um exame mais atento das diferentes subcategorias dos Transtornos Somatoformes permitia perceber a grande superposição de seus critérios diagnósticos, tornando questionáveis a verdadeira capacidade de discriminação dessas categorias. Esse exame permitia também perceber a presença subjacente das dinâmicas hipocondríacas, em todas as diferentes síndromes que aquela versão buscava discriminar.

O grupo que preparou o DSM-5 reconheceu o caráter problemático daquela sobreposição das categorias, atribuindo a esse fator fragilidades e falhas de muitos diagnósticos de transtornos somatoformes realizados a partir do DSM-IV. Propuseram, então, uma completa restruturação desse grupo diagnóstico, desconsiderando, porém, um dos elementos centrais utilizados para o diagnóstico diferencial dos fenômenos de somatização no DSM-IV, os sintomas e queixas "sem explicação médica". Em seu lugar, o DSM-5 define como critério central dos *Transtornos de Sintomas Somáticos* "pensamentos, sentimentos e comportamentos excessivos, relacionados a sintomas somáticos ou problemas de saúde associados".[44]

Um pouco de paciência para analisar as manifestações reunidas em torno dos Transtornos Somatoformes (DSM-IV) e dos Transtornos de Sintomas Somáticos (DSM-5/DSM-5-TR) é necessária para que possamos prosseguir nossa investigação.

---

43 American Psychiatric Association (2013). *Diagnostic and Statistical Manual of Mental Disorders (5ᵗʰ edition)*, p. 312.

44 American Psychiatric Association (2013). *Diagnostic and Statistical Manual of Mental Disorders (5ᵗʰ edition)*, p. 312.

Conhecer

Transtornos somatoformes

Lembremos o imperativo de objetividade e neutralidade que orientou a concepção do DSM-IV. Segundo ele, os Transtornos Somatoformes são definidos a partir da "presença de sintomas físicos que sugerem uma condição médica geral, mas que não são completamente explicados por uma condição médica geral, pelos efeitos diretos de uma substância ou por um outro transtorno mental". Eles se caracterizam pela manifestação de queixas orgânicas sugestivas de doenças sem apresentar, entretanto, um distúrbio orgânico periférico demonstrável.[45] Entre as características subsidiárias, o DSM-IV especifica:

A. *Os sintomas devem causar sofrimento clinicamente significativo ou prejuízo no funcionamento social ou ocupacional ou em outras áreas importantes.*

B. *Os sintomas físicos não são intencionais, diferentemente daqueles dos Transtornos Factícios e a Simulação,*

C. *Eles diferem dos Fatores Psicológicos que Afetam a Condição Médica, na medida em que não existe uma condição médica geral diagnosticável que explique plenamente os sintomas físicos.*

No DSM-IV, a categoria dos Transtornos Somatoformes passou a reunir cinco síndromes, já descritas nas versões anteriores do DSM, acrescentado mais duas:

---

45 F. G. Guggenheim & G. R. Smith (1995). Somatoform disorders.

1. *Transtornos de Somatização*
2. *Transtornos Conversivos*
3. *Transtornos Dolorosos*
4. *Hipocondria*
5. *Transtorno Dismórfico Corporal*
6. *Transtornos Somatoformes Indiferenciados*
7. *Transtorno de Somatização sem Outra Especificação*

O critério principal para a reunião desses transtornos na mesma categoria foi a utilidade clínica de excluir condições médicas gerais ocultas ou etiologias induzidas por substâncias para os sintomas físicos, muito mais do que a existência de uma etiologia ou dinâmicas comuns. A indefinição, resultante da pouca discriminação desses critérios, foi uma fonte contínua de crítica por profissionais, mas também de pacientes.[46]

Em razão dessa sobreposição significativa das síndromes dos transtornos somatoformes, da falta de clareza de seus limites e da dificuldade dos médicos não psiquiatras para utilizar os critérios do DSM-IV, o DSM-5 promoveu mudanças significativas nessa categoria. Foram eliminadas as categorias dos Transtornos Somatoformes Indiferenciados e do Transtorno de Somatização sem Outra Especificação, e a da Hipocondria foi dissolvida nas manifestações de ansiedade relacionadas a doenças. Eles passaram a ser designados como *Transtornos de Sintomas Somáticos*, com um menor número de desordens e subcategorias:

---

46 R. Mayou, L. J. Kirmayer, G. Simon, K. Kroenke & M. Sharpe (2005). Somatoform disorders: Time for a new approach in DSM-V.
American Psychiatric Association (2013). *Diagnostic and Statistical Manual of Mental Disorders (5th edition)*.

1. *Transtornos de Sintoma Somático*
2. *Transtornos de Ansiedade Relacionados a Doenças*
3. *Transtorno Conversivo (Transtorno de Sintoma Neurológico Funcional)*
4. *Fatores Psicológicos Afetados por uma Condição Médica*
5. *Transtornos Factícios*
6. *Transtornos Relacionados a Outros Sintomas Somáticos Específicos*
7. *Transtornos Somático-Sintomáticos sem Outra Especificação*

Os transtornos reunidos nessa nova categoria do DSM-5 têm em comum a proeminência de sintomas somáticos associados a sofrimentos, o comprometimento significativo à vida da pessoa, e também a existência de pensamentos, sentimentos e comportamentos excessivos e desproporcionais com relação a esses sintomas, com duração superior a seis meses.

Examinemos, inicialmente, os critérios das subcategorias dos Transtornos Somatoformes que eram utilizados no DSM-IV.

1. Transtornos de Somatização

Os Transtornos de Somatização caracterizavam-se por múltiplas queixas somáticas recorrentes e clinicamente significativas, ou seja, queixas que resultavam em tratamento médico ou que causavam prejuízo significativo no funcionamento social, ocupacional ou em outras áreas importantes da vida do indivíduo. O DSM-IV definia os seguintes critérios diagnóstico para esses transtornos:

A. *As queixas somáticas devem ter iniciado antes dos 30 anos e ocorrer por um período de vários anos.*

B. *As queixas somáticas caracterizam-se pelos seguintes históricos clínicos:*

B1. *Dor relacionada a pelo menos quatro sítios (p. ex., cabeça, costas, articulações, extremidades, tórax, reto) ou funções (p. ex., menstruação, intercurso sexual, micção) diferentes;*

B2. *Pelo menos dois sintomas gastrintestinais outros que não dor, muitos dos indivíduos relatando náusea e inchaço abdominal, e, de forma menos frequente, vômitos, diarreia e intolerância a alimentos. As queixas gastrintestinais frequentemente levam a exames radiográficos e cirurgias gastrintestinais desnecessários.*

B3. *Pelo menos um sintoma sexual ou reprodutivo outro que não dor. Em mulheres, isto pode consistir de irregularidades menstruais, menorragia ou vômitos durante toda a gravidez. Em homens, pode haver sintomas tais como disfunção erétil ou ejaculatória. Tanto as mulheres quanto os homens podem estar sujeitos à indiferença sexual.*

B4. *Pelo menos um sintoma, outro que não dor, sugerindo uma condição neurológica (sintomas conversivos tais como prejuízo na coordenação ou equilíbrio, paralisia ou fraqueza localizada, dificuldades para engolir ou nó na garganta, afonia, retenção urinária, alucinações, perda da sensação de tato ou dor, diplopia, cegueira, surdez ou convulsões; sintomas dissociativos* tais como amnésia ou perda da consciência, excetuando desmaios).

C. As múltiplas queixas somáticas não podem ser plenamente explicadas por qualquer condição médica geral conhecida ou pelos efeitos diretos de uma substância. Caso ocorram na presença de uma condição médica geral, as queixas físicas ou o prejuízo social ou ocupacional resultante excedem o que seria esperado a partir da história, exame físico ou testes laboratoriais.

D. Os sintomas inexplicáveis no transtorno de somatização não são intencionalmente produzidos ou simulados (como no transtorno factício ou na simulação).

2. Transtornos Conversivos

Os Transtornos Conversivos eram os herdeiros diretos da histeria de conversão, ainda presente como categoria diagnóstica nas versões anteriores do DSM-III. Os critérios diagnósticos do DSM-IV eram os seguintes:

A. Presença de sintomas ou déficits afetando a função motora ou sensorial voluntária, que sugerem uma condição neurológica ou outra condição médica geral.

B. Existência presumível de fatores psicológicos associados com o sintoma ou déficit; sendo este julgamento fundamentado na observação de que o início ou a exacerbação do sintoma ou déficit é precedido por conflitos ou outros estressores.

290 HORIZONTES MÉDICOS

C. *Os sintomas não são intencionalmente produzidos ou simulados, como no transtorno factício ou na simulação.*

D. *Inexistência de uma condição neurológica ou outra condição médica geral, não sendo os sintomas efeitos diretos de uma substância, ou comportamentos ou experiências culturalmente sancionados.*

E. *O problema deve ser clinicamente significativo, o que é evidenciado por acentuado sofrimento, prejuízo no funcionamento social ou ocupacional ou em outras áreas importantes da vida do indivíduo, ou pelo fato de indicar avaliação médica.*

F. *O transtorno conversivo não é diagnosticado se os sintomas se limitam a dor ou disfunção sexual, se ocorrem exclusivamente durante o curso de um transtorno de somatização, ou se são melhor explicados por outro transtorno mental.*

Rompendo definitivamente com a genealogia desse quadro clínico desde a histeria de conversão, o DSM-5 modificou a nomenclatura do Transtorno Conversivo (DSM-IV), passando a identificá-lo como Transtorno de Sintomas Neurológicos Funcionais (DSM-5). Ele passou a ser descrito a partir das seguintes características:

A. *Um ou mais sintomas de função motora ou sensorial alterada.*

B. *Achados físicos evidenciam incompatibilidade entre o sintoma e as condições médicas ou neurológicas encontradas.*

C. O sintoma ou déficit não é mais bem explicado por outro transtorno mental ou médico.

D. O sintoma ou déficit causa sofrimento clinicamente significativo ou prejuízo no funcionamento social, profissional ou em outras áreas importantes da vida do indivíduo ou requer avaliação médica.

3. Transtornos Dolorosos

Os Transtornos Dolorosos eram essencialmente caracterizados pela queixa do paciente centrada em uma sensação dolorosa, segundo os seguintes critérios:

A. Existência de uma queixa centrada em dor que se torna o foco predominante da apresentação clínica, sendo suficientemente severa para indicar uma atenção clínica.

B. A dor causa sofrimento clinicamente significativo ou prejuízo no funcionamento social ou ocupacional ou em outras áreas importantes do funcionamento (incapacidade de comparecer ao emprego ou à escola, uso frequente do sistema de saúde, transformação da dor em um foco importante da vida do indivíduo, uso substancial de medicamentos e problemas de relacionamento tais como desajuste conjugal e perturbação no estilo normal de vida do indivíduo).

C. Fatores psicológicos supostamente exercem um papel significativo no início, gravidade, exacerbação ou manutenção da dor.

292   HORIZONTES MÉDICOS

D. *A dor não é intencionalmente produzida ou simulada como no transtorno factício ou na simulação.*

E. *O transtorno doloroso não é diagnosticado se a dor é melhor explicada por um transtorno do humor, de ansiedade ou psicótico, ou se a apresentação dolorosa satisfaz os critérios para Dispareunia (cópula dolorosa para a mulher).*

4. Hipocondria

A Hipocondria era uma categoria diagnóstica presente desde a primeira versão do DSM-I. Nas versões seguintes (DSM-II, DSM-III, DSM-III-R) houve apenas algumas alterações de linguagem, mas não de essência na descrição desse transtorno. A mudança mais significativa foi, a partir do DSM-III, sua inclusão como categoria secundária no grupo mais geral dos Transtornos Somatoformes. Os critérios diagnósticos do DSM-IV para a hipocondria eram os seguintes:

A. *Preocupação com temores de ter ou a ideia de ser portador de uma doença grave, com base na interpretação errônea dos próprios sinais somáticos.*

B. *Persistência da preocupação, apesar de uma avaliação e garantias médicas apropriadas.*

C. *A crença no Critério A não apresenta intensidade delirante (como no transtorno delirante, tipo somático) nem se restringe a uma preocupação circunscrita com a aparência (como no transtorno dismórfico corporal).*

D. *A preocupação causa sofrimento clinicamente significativo ou prejuízo no funcionamento social ou*

> *ocupacional ou em outras áreas importantes da vida do indivíduo.*
>
> E. *A preocupação não é melhor explicada por um transtorno de ansiedade generalizada, transtorno obsessivo-compulsivo, transtorno de pânico, episódio depressivo maior, ansiedade de separação ou outro transtorno somatoforme.*

Os critérios do DSM-IV sugeriam ainda avaliar a capacidade do paciente de se dar conta do caráter irreal de seus sintomas. A hipocondria era considerada *com insight pobre* caso na maior parte do tempo, durante o episódio agudo, o indivíduo não fosse capaz de reconhecer que a preocupação com a ideia de ter uma doença grave é excessiva ou irracional.

Como destacamos acima, no DSM-5 a categoria de hipocondria foi eliminada. Apesar da busca de convergência entre o DSM-5 e a nova versão da CID, é significativo que na última CID-11 ela foi mantida. Na CID há uma maior preocupação com a realidade clínica, que revela que os "transtornos mentais, em sua maioria, podem ser mais bem descritos por meio de dimensões de sintomas que interagem entre si", enquanto o DSM valoriza mais a perspectiva diagnóstica categorial.[47]

---

47 Como aponta Sombra Neto e colegas, "o DSM-5 disponibiliza critérios diagnósticos para categorização de transtornos individuais. A CID-11 se ampara em descrições clínicas e diretrizes diagnósticas para expressar os aspectos essenciais, que são os sintomas ou características esperados de serem identificados em todos os casos de cada transtorno. Esse enfoque busca conformação com a prática médica cotidiana na elaboração diagnóstica, permitindo flexibilidade na apreciação do clínico".
L. L. Sombra Neto, I. C. Marques, T. B. Lima, A. A. C. Moura Fé & E. M. Campos (2021). Transtorno de sintomas somáticos: histórico, aspectos clínicos e classificações contemporâneas, p. 58.

294   HORIZONTES MÉDICOS

5. Transtorno Dismórfico Corporal

Historicamente conhecido como *dismorfofobia*, o Transtorno Dismórfico Corporal era caracterizado por queixas que geralmente envolvem falhas imaginadas ou leves na face ou na cabeça (perda de cabelos, acne, rugas, cicatrizes, marcas vasculares, palidez ou rubor, inchação, assimetria ou desproporção facial, ou pelos faciais excessivos), ou ainda outras preocupações como tamanho, a forma ou algum outro aspecto do nariz, olhos, pálpebras, sobrancelhas, orelhas, boca, lábios, dentes, mandíbula, queixo, bochechas ou cabeça.[48] Qualquer outra parte do corpo poderia ser o foco de preocupação (genitais, seios, nádegas, abdômen, braços, mãos, pés, pernas, quadris, ombros, espinha, regiões corporais maiores ou tamanho geral do corpo). A preocupação poderia concentrar-se simultaneamente em diversas partes do corpo. O transtorno dismórfico corporal era descrito no DSM-IV por meio das seguintes características, que foram mantidas em sua essência no DSM-5:

> A. *Uma preocupação com um defeito na aparência. O defeito é imaginado ou, se uma ligeira anomalia física está presente, a preocupação do indivíduo é acentuadamente excessiva.*
>
> B. *A preocupação deve causar sofrimento significativo ou prejuízo no funcionamento social ou ocupacional ou em outras áreas importantes da vida do indivíduo.*
>
> C. *(Nesse quesito, o DSM-5 especifica que o indivíduo realiza comportamentos repetitivos (por exemplo,*

---

48 Cf. em *Mal-estar no corpo*, no Capítulo 4, a discussão das implicações dessas concepções do transtorno dismórfico corporal no contexto das crescentes demandas por procedimentos estéticos cirúrgicos, dermatológicos, entre outros, e seus desdobramentos clínicos.

verificações no espelho, escoriação neurótica e pedir opinião de amigos e familiares sobre o defeito) ou atos mentais (comparando a sua aparência com a dos outros).

D. *A preocupação não é melhor explicada por outro transtorno mental (p. ex., insatisfação com a forma e o tamanho do corpo na anorexia nervosa).*

6. Transtorno Somatoforme Indiferenciado

Os sintomas observáveis do Transtorno Somatoforme Indiferenciado eram semelhantes aos do Transtorno de Somatização, podendo haver um único sintoma circunscrito, como náusea, ou, com maior frequência, múltiplos sintomas físicos. As queixas somáticas crônicas e inexplicáveis frequentemente levavam a consultas médicas, geralmente num clínico geral. Os critérios diagnósticos eram os seguintes:

A. *Existência de uma ou mais queixas físicas.*

B. *As queixas mais frequentes são fadiga crônica, perda do apetite ou sintomas gastrintestinais ou geniturinários. Esses sintomas não podem ser completamente explicados por qualquer condição médica geral conhecida ou pelos efeitos diretos de uma substância (p. ex., efeitos de ferimentos, uso de substância ou efeitos colaterais de medicamentos), ou as queixas físicas ou prejuízo resultante excedem amplamente o que seria esperado a partir da história, exame físico ou achados laboratoriais.*

C. *Os sintomas devem causar sofrimento clinicamente significativo ou prejuízo no funcionamento social ou ocupacional ou em outras áreas da vida do indivíduo.*

D. *As queixas persistem por 6 meses ou mais.*

E. *Os sintomas não podem ser explicados por um outro transtorno mental (p. ex., outro transtorno somatoforme, disfunção sexual, transtorno do humor, transtorno de ansiedade, transtorno do sono ou transtorno psicótico).*

F. *Os sintomas não são intencionalmente produzidos ou simulados (como no transtorno factício ou na simulação).*

7. Transtorno de Somatização sem Outra Especificação

O Transtorno de Somatização sem Outra Especificação era incluído para a codificação de transtornos com sintomas somatoformes que não satisfaziam os critérios para qualquer um dos transtornos somatoformes.

DSM-5 – Transtorno de Sintomas Somáticos e Transtornos Relacionados

Com a nova perspectiva diagnóstica introduzida pelo DSM-5, pessoas previamente diagnosticadas com Transtorno de Somatização (DSM-IV) passaram a preencher os critérios diagnósticos para o subtipo de Transtorno de Sintomas Somáticos (DSM-5/DSM-5-TR), ou seja,

- *Os pacientes devem ter um ou mais sintomas somáticos crônicos sobre os quais são excessivamente preocupados, temerosos ou medrosos.*
- *Esses medos, e os comportamentos que dele resultam, devem causar sofrimento significativo e perturbação da vida dos pacientes.*
- *Apesar de recorrerem frequentemente aos serviços de saúde, raramente são tranquilizados por eles, muitas vezes sentindo os cuidados médicos como inadequados.*

Por sua vez, no DSM-5-TR o Transtorno de Ansiedade de Doença (derivado da categoria Hipocondria do DSM-IV) passou a ser definido de pelos seguintes critérios:

- *Pacientes com uma condição médica identificada ou não, que relatam a intensificação de suas sensações corporais.*
- *Intensa preocupação com a possibilidade de uma doença não diagnosticada.*
- *Dedicação excessiva de tempo e energia para questões relacionadas a sua saúde, muitas vezes pesquisando obsessivamente qualquer sinal ou sensação corporal.*
- *Essas reações devem causar sofrimento e perturbação significativos na vida dos pacientes.*

Refletir

Agradeço a tolerância com relação à aridez dessas últimas páginas. A superação dessa dificuldade para reconhecer as paragens dos transtornos somatoformes do DSM-IV e os de sintomas somáticos do DSM-5 é necessária para compreender dois dos principais quadros de referência que atualmente organizam o modo de percepção e a compreensão da experiência corporal dos pacientes pelos médicos.

Essa visão forja, desde seus estudos de medicina, a representação, o significado e o nexo da queixa e da sintomatologia do sujeito. A partir das categorias do DSM-IV e, desde 2013, do DSM-5, foram e continuam sendo montados projetos de pesquisa, desenvolvidos protocolos terapêuticos e compreendidas as evoluções clínicas dos pacientes. É também esse quadro de referência, presente como pano de fundo da consulta médica, que influencia seu curso, seus sucessos, suas falhas, seus efeitos paradoxais.

A neutralidade, a uniformidade e a clareza, postulados do DSM--IV e do DSM-5, implicam que as definições das categorias diagnósticas sejam predominantemente marcadas pela expressão manifesta dos sintomas e sinais clínicos, por uma lógica binária de inclusão/exclusão e pela tentativa de limitar ao máximo a consideração da subjetividade, tanto do paciente como do médico.

Não surpreende, portanto, que as descrições dos transtornos somatoformes (DSM-IV) pouco considerem os afetos entre os critérios diagnósticos. Da mesma forma, os "fatores psicológicos" e o "estresse" são apenas mencionados de maneira vaga e imprecisa, como critérios para diferenciar manifestações nas quais fatores orgânicos eventualmente poderiam ou não estar implicados no quadro sintomático.

Na prática, diante do paciente, na consulta, é patente a dificuldade de sustentar postulados homogeneizantes como esses. Mesmo em pacientes que apresentam um mesmo quadro clínico, é evidente a diversidade subjetiva implicada em sintomas aparentemente idênticos. A história pregressa e o contexto a partir do qual emergiram os sintomas e a doença também são diferentes para cada um deles. Além disso, é também notável que diferentes expressões de afeto participam das dinâmicas e manifestações sintomáticas de cada um deles.

Podem a anamnese, o diagnóstico, a propedêutica e o tratamento prescindir da compreensão do lugar da doença na história do sujeito, da idiossincrasia dos sintomas e da dimensão afetiva implícita ao processo patológico? A ótica do DSM-IV/DSM-5, não apenas nos transtornos somatoformes e transtornos de sintomas somáticos, mas em todos os outros quadros descritos nesses manuais, quase não deixa espaço para a consideração dessas dimensões da experiência do sujeito e de sua doença.

É preocupante, em especial, a negligência da dimensão afetiva de tais manifestações. Sabemos que mesmo a ausência de expressão emocional, concomitante a uma queixa, é um elemento importante para a compreensão da experiência do paciente e da etiologia de seus sintomas. Mais do que isso, frequentemente, é sobretudo por meio da experiência emocional que acompanha as queixas somáticas que muitos pacientes podem ser mobilizados para a elaboração de seu sofrimento em processos psicoterapêuticos.

Nas descrições dos transtornos somatoformes, referências vagas a "preocupações" e "temores" são encontradas apenas nas descrições da hipocondria e do transtorno dismórfico corporal. Significativamente, nenhuma referência é feita à angústia, à ansiedade, ao humor depressivo ou melancólico, ou a qualquer outro estado afetivo que, como mostra a clínica, frequentemente acompanha os sintomas

300   HORIZONTES MÉDICOS

de tais pacientes. Essa omissão é uma consequência do método de inclusão/exclusão que norteou o DSM-IV e que persistiu no DSM-5. Segundo essa lógica, a presença marcante de expressões afetivas como aquelas deve orientar o clínico ou o pesquisador para a investigação e hipóteses no terreno dos transtornos ansiosos, depressivos, distímicos, de pânico ou outros.

Fragmentar ou indiscriminar?

Percebemos assim que os pressupostos dos DSM-IV e DSM-5 promovem a fragmentação na compreensão da psicopatologia. Mais especificamente, lembremos apenas que, durante séculos, a tristeza, o humor depressivo e a desesperança foram considerados como sintomas característicos da hipocondria, tendo sido também considerados como parte dos transtornos afetivos, entre os quais a psicose maníaco-depressiva e os transtornos ciclotímicos e distímicos. Haveria uma especificidade em cada uma dessas manifestações ou estariam elas articuladas por diferentes formas idiossincráticas de cada pessoa para tentar lidar com as experiências que as desencadearam?

De maneira semelhante, os sintomas funcionais, antes característicos da histeria, foram referidos no DSM-IV em diferentes quadros, como nos transtornos conversivos e nos de somatização e também na personalidade histriônica. As neuroses foram dispersas entre os transtornos ansiosos, transtornos somatoformes e transtornos dissociativos. Os sinais da síndrome dissociativa, descrita por Bleuler, foram dispersos entre os transtornos esquizofrênicos, os transtornos paranoides e os transtornos afetivos.[49] Também aqui, cabe refletir sobre o sentido etiológico e dinâmico dessa reformulação e sobre suas implicações terapêuticas.

---

49 M. Collee & C.Quetel (1994). *Histoire des maladies mentales*, p. 120.

No DSM-5, a histeria e os próprios transtornos conversivos sofreram ainda outro importante e significativo deslizamento semântico. Na primeira versão, ao *Transtorno Conversivo* foi associado um parêntese extremamente expressivo "(transtorno de sintoma neurológico funcional)", justificado pelo fato de que são os neurologistas que atenderiam a maioria desses pacientes...[50-51] Essa mesma tendência de considerar manifestações psicológicas, julgadas como "pouco convincentes", "confiáveis" ou ainda "demonstráveis" como perturbações neurológicas é encontrada em muitas outras categorias do DSM-5. Permanecendo apenas no campo da histeria e dos fenômenos de conversão, essa leitura evidentemente nos remete aos tempos anteriores a Charcot, Libeault e Bernheim, sem mesmo necessitarmos passar por Freud, quando as causas da histeria eram buscadas nas disfunções do sistema nervoso, ignorando não apenas as descobertas desses autores, mas também todos os desenvolvimentos posteriores feitos a partir de suas hipóteses e também da psicanálise.[52]

No DSM-5, o argumento para a eliminação da hipocondria como uma categoria específica foi que esse nome seria percebido como "pejorativo", "prejudicando a eficácia da relação terapêutica"... Assim, a maioria daqueles que antes teriam recebido o diagnóstico de Hipocondria, mas que eventualmente apresentassem algum sintoma somático significativo, pelo DSM-5, deveriam receber o diagnóstico de *Transtornos de Sintoma Somático*, enquanto outros, sem sintomas somáticos, receberiam o diagnóstico de *transtorno de ansiedade de doença* (a menos que sua ansiedade com relação à saúde seja mais

---

50 S. Kamens (2014). DSM-5's Somatic Symptom Disorder: from medical enigma to psychiatric sphinx.

51 Na revisão DSM-5-TR, a própria referência ao "Transtorno Conversivo" foi simplesmente eliminada e toda a categoria passou a ser identificada como "Transtorno de Sintomas Neurológicos Funcionais".

52 Cf. *Do inconsciente ao corpo imaginário*, no Capítulo 1.

302   HORIZONTES MÉDICOS

bem explicada por um *transtorno de ansiedade primária*, como o *transtorno de ansiedade generalizada*, por exemplo).[53]

Os critérios diagnósticos dos Transtornos Somatoformes do DSM-IV insistiam na importância de descartar sintomas que seriam fruto de simulação ou de intencionalidade e, também, os eventualmente resultantes de perturbações orgânicas constatadas, do uso de substâncias ou de acidentes. Essa preocupação, compreensível do ponto de vista do diagnóstico diferencial, torna-se problemática para a compreensão da dinâmica do paciente e de suas vivências.[54] A clínica mostra que, independentemente de sua etiologia, qualquer sintoma ou queixa corporal (intencional, ocasional ou acidental) pode prestar-se a uma função psíquica correspondente a qualquer uma das manifestações dos transtornos somatoformes (dor, conversão, queixa hipocondríaca etc.). Assim, não é raro observarmos que uma doença orgânica, um ferimento causado por um acidente ou mesmo as sequelas de uma intoxicação sejam assimilados ou utilizados como parte de uma dinâmica histérica, ou que desencadeiem queixas hipocondríacas, relacionadas ou não com tais eventos.[55]

---

53 Como vimos, privilegiando a realidade clínica, a nova versão do CID-11 manteve a categoria Hipocondria.
Cf. a discussão dessa questão na apresentação da *Hipocondria*, logo acima.

54 Essa compreensão já vinha sendo compartilhada por um grande número de clínicos quanto ao DSM-IV e é também pertinente quanto à utilização do DSM-5. J. A. Bombana lembra que os quadros caracterizados como sintomas somáticos inexplicados são muito frequentes na prática médica e representam, em geral, de um quarto a metade dos atendimentos em ambos os cuidados – primários e secundários. Segundo ele, a categoria diagnóstica dos Transtornos Somatoformes revela um campo impreciso e tem sido questionada, sugerindo que modificações deverão ocorrer em termos de conceitualização, classificação diagnóstica e abordagem terapêutica.
J. A. Bombana (2006). Sintomas somáticos inexplicados clinicamente: um campo impreciso entre a psiquiatria e a clínica médica.

55 Cf. *A função econômica da hipocondria*, no Capítulo 2, e *Hipocondria, patoneurose, neurose de órgão*, no Capítulo 3.

As implicações da utilização indiscriminada das referências do DSM-IV, observada até 2013, e os novos usos feitos a partir das modificações do DSM-5 devem também ser questionadas do ponto de vista terapêutico. A experiência psicoterapêutica e mesmo o tratamento medicamentoso evidenciam o caráter dinâmico da apresentação das queixas do paciente. Os sintomas e sua representação oscilam ao sabor da vida, das consultas e das sessões do paciente, ganhando maior ou menor relevo em função do lugar que ocupam naquele momento de sua dinâmica subjetiva. Essa dimensão dinâmica, parte constituinte e inextricável da experiência de toda pessoa, não podia ser representada pelos critérios propostos pelo DSM-IV nem pelas novas formulações propostas no DSM-5. Assim, frequentemente, as queixas de base ou as do início de um tratamento podem sugerir a apresentação de um certo transtorno, enquanto, em momento posterior, a dinâmica da doença ou como fruto do processo terapêutico podem configurar aquelas mesmas queixas no contexto de transtorno distinto do primeiro diagnóstico.

O DSM-5 até mesmo buscou lidar com algumas dessas objeções, porém o resultado foi a ampliação extrema dos limites dos diagnósticos psiquiátricos. Às vésperas do lançamento dessa nova versão, Allen Frances, um dos principais psiquiatras que desenvolveram o DSM-IV, destacou que, segundo as novas definições do DSM-5, milhões de pessoas até então consideradas normais poderiam vir a ser diagnosticadas como doentes mentais, implicando tratamentos desnecessários, caros e por vezes perigosos para "pacientes", que no fundo seriam "erroneamente" diagnosticados e que não precisariam necessariamente ser medicados.[56]

A. Frances chamava a atenção para o fato de que, com o DSM-5, experiências cotidianas como dores, decepções, estresse e sofrimentos

---

56 A. Frances (2013a). *Saving normal: An insider's revolt against out-of-control psychiatric diagnosis, DSM-5, Big Pharma, and the medicalization of ordinary life.*

304 HORIZONTES MÉDICOS

existenciais correriam o risco de se tornarem categorias diagnósticas a ponto de tornar-se quase impossível para qualquer pessoa passar pela vida sem receber um diagnóstico psiquiátrico. Segundo os novos critérios, o luto necessário e útil por uma perda poderia facilmente ser diagnosticado como um transtorno depressivo maior, as birras normais da infância, geralmente passageiras, poderiam ser consideradas como um transtorno mental da infância, a ansiedade natural presente na expectativa diante de um fato importante na vida como um encontro amoroso, uma entrevista de recrutamento, uma viagem poderia ser compreendida como um transtorno de ansiedade. Um lapso ou um esquecimento pontuais em situações emocionalmente carregadas poderiam ser confundidos com alguns critérios de demência, e assim por diante. Por mais desagradáveis ou carregados de sofrimento que sejam, experiências como essas fazem parte da vida e não indicam necessariamente um distúrbio emocional ou de conduta. Frances apontava que, a cada vez que se busca definir arbitrariamente uma nova "doença", subtraímos uma grande parte da experiência "normal" de todas as pessoas, perdendo algo de nós mesmos no processo.[57]

Nessa perspectiva, a categoria dos Transtornos de Sintomas Somáticos do DSM-5 é uma das mais controversas e, desde o lançamento do DSM-5, tem sido objeto de inúmeras críticas. Em uma consulta médica, os pacientes que apresentam queixas somáticas persistentes geralmente são levados a sério, examinados, diagnosticados e tratados. Porém, uma parcela deles não apresenta nenhuma evidência clínica ou de exames que justifiquem a queixa. Segundo o DSM-IV, esses pacientes justificariam a hipótese e a investigação de uma das formas de Transtorno Somatoforme, cujas categorias

---

57 A. Frances (2013a). *Saving normal: An insider's revolt against out-of-control psychiatric diagnosis, DSM-5, Big Pharma, and the medicalization of ordinary life.*

insistiam todas na necessidade de descartar as causas orgânicas que justificariam as queixas e os sintomas ("sintomas que não podem ser explicados por uma condição médica identificável"). Essa discriminação tinha como principal objetivo assegurar que o paciente possa receber a assistência médica adequada e evitar conclusões prematuras e equivocadas de que o sofrimento do paciente estaria sendo vivido ou provocado por causas imaginárias.

Pelos novos critérios do DSM-5, mesmo com a existência de sintomas orgânicos, sinais clínicos e resultados de exames que justifiquem as queixas e a existência de uma doença orgânica, ainda é possível que a condição psiquiátrica do paciente seja questionada. Segundo o julgamento do médico, se o paciente apresentar "pensamentos desproporcionais e persistentes sobre a gravidade dos sintomas"; "nível alto e persistente de ansiedade sobre eles ou sobre sua condição de saúde em geral", ou ainda se ele "dedicar um tempo excessivo a essas preocupações e problemas de saúde", poderá também receber, além do tratamento médico necessário, uma indicação para um tratamento psiquiátrico, com a possível indicação de um tratamento psicofarmacológico. Um olhar mais profundo permitiria reconhecer, subjacente a essas dinâmicas, o funcionamento hipocondríaco[58] que também convoca uma outra escuta e uma outra compreensão para as vivências do paciente e uma outra abordagem terapêutica para lidar com elas.

Ao eliminar a condição de exceção do DSM-IV, que descartava o quadro psiquiátrico quando da existência de "condições médicas" que justificassem as queixas e sintomas dos pacientes, o DSM-5 permitiu transformar em quadro psiquiátrico experiências que

---

58 Cf. *A função econômica da hipocondria*, no Capítulo 2, e *O trabalho da hipocondria*, no Capítulo 6.

podem naturalmente resultar da doença do paciente. Como apontam Dimsdale & Creed, a estrutura conceitual do DSM-5 permite o diagnóstico de transtorno de sintoma somático, tanto diante da existência de uma condição médica geral, como uma doença orgânica bem reconhecida, como quando diante de uma síndrome funcional somática, como as síndromes do intestino irritável ou da fadiga crônica.[59]

A generalização excessiva dessa categoria leva a caracterizar como patológicas reações naturais e compreensíveis, mesmo que intensas, a doenças que apresentam risco ao bem-estar, integridade ou mesmo à vida do paciente. Passam assim a serem consideradas patológicas a angústia, a dor, a preocupação, a depressão, respostas frequentes a essas doenças, que muitas vezes sinalizam a existência de tentativas construtivas de elaboração, de defesa e, mesmo, de reorganização do paciente diante do adoecimento.

Os critérios do DSM-IV para os Transtornos de Somatização eram muito mais rigorosos: uma história pregressa de muitos dos sintomas sem explicação médica, de pacientes antes da idade de 30 anos que teriam procurado tratamento ou resultado em prejuízo psicossocial, um total de oito ou mais sintomas medicamente inexplicáveis, grupos de sintomas específicos, com pelo menos quatro dores e dois sintomas gastrintestinais. No DSM-5, a exigência de oito sintomas caiu para apenas um; e a condição de não possuírem uma "explicação médica" foi substituída por outras muito mais indulgentes e subjetivas, ou seja, "pensamentos, comportamentos e sentimentos excessivos" e percepção do clínico de uma "preocupação excessiva" com o sintoma corporal.[60]

---

59 J. Dimsdale & F. Creed (2009). The proposed diagnosis of somatic symptom disorders in DSM-V to replace somatoform disorders in DSM-IV – a preliminary report, p. 475.

60 A. Frances (2012). Mislabeling medical illness as mental disorder.

Em função disso, A. Frances alertava para o grande risco de que os Transtornos de Sintomas Somáticos do DSM-5 produzissem dois grandes problemas: 1. incentivar conclusões rápidas e errôneas de que os sintomas físicos de alguém estão "todos na cabeça", e 2. tachar como transtornos mentais reações que são apenas as reações emocionais normais e compreensíveis de pessoas em resposta a uma doença orgânica.[61]

O autor indicava ainda que, segundo o DSM-5, o Transtorno de Sintomas Somáticos seria diagnosticado em 15% dos pacientes com câncer ou doença cardíaca, 26% dos com síndrome do intestino irritável ou fibromialgia, e em 7% por cento das pessoas saudáveis.[62] Esse diagnóstico poderia assim levar à negligência, à piora ou ao agravamento de queixas e quadros somáticos, a prescrições errôneas ou desnecessárias de psicotrópicos com seus efeitos colaterais, além de outras implicações como estigmas sociais e profissionais, problemas com seguros de saúde e outros.

Segundo ele, por sua natureza, os limites entre as doenças médica e psiquiátrica são inerentemente difíceis de serem precisados, em especial porque muitos transtornos psiquiátricos apresentam também uma sintomatologia somática proeminente, muitas vezes confundida com doença médica, como nos ataques de pânico.[63]

Descontente com os rumos tomados pelo grupo que preparou o DSM-5, e diante de todas as tentativas infrutíferas para conseguir uma modificação de pontos problemáticos fundamentais dos critérios diagnósticos dos transtornos de sintomas somáticos por ele assinalados, A. Frances revelava publicamente seu sentimento de impotência e sua decepção:

---

61 A. Frances (2012). Mislabeling medical illness as mental disorder.
62 A. Frances (2013b). The new somatic symptom disorder in DSM-5 risks mislabeling many people as mentally ill.
63 A. Frances (2012). Mislabeling medical illness as mental disorder.

[Com o DSM-5] a Associação Psiquiátrica Americana provou-se incompetente para produzir um sistema de diagnóstico seguro e cientificamente sólido. O diagnóstico psiquiátrico tornou-se importante demais na vida das pessoas para ser deixado nas mãos de uma organização profissional pequena e isolada. É hora de uma mudança... Meu coração está com todos aqueles que serão erroneamente classificados com este diagnóstico ilegítimo. E eu me arrependo e peço desculpas por minha incapacidade de ser mais eficaz.[64]

Confinar?

Como vimos, em nome do diagnóstico diferencial, é visível o empobrecimento já promovido pelo DSM-IV nas concepções de hipocondria, e gritante o significado da pura e simples eliminação dessa categoria no DSM-5. No DSM-IV, ao definir como primeiro critério diagnóstico o caráter "errôneo" da percepção e da interpretação do paciente "de seus próprios sinais somáticos", os autores tinham em mente, evidentemente, os critérios de avaliação e de diagnóstico médicos das queixas do paciente. Aos olhos do médico, as queixas e as preocupações seriam descabidas, mas, como mostra a clínica desses pacientes, para estes não só elas são pertinentes e verdadeiras como têm uma função organizadora de sua existência e de seu cotidiano.

Uma vez considerados "errôneos", os sintomas, as queixas e as doenças imaginárias passam a ser objeto de um embate entre o médico e o paciente pelo restabelecimento da "verdade" sobre a saúde deste último. Convocam-se os exames complementares, reúnem-se

---

64 A. Frances (2013c). Bad News: DSM 5 refuses to correct somatic symptom disorder. Medical illness will be mislabeled mental disorder.

as evidências clínicas, solicita-se a opinião de outros colegas para convencer o paciente do infundado de suas inquietações. *Reassurance...* Diante da reticência do paciente, de sua incredulidade mesmo diante da mais respeitável massa de evidências, diante da manutenção de seu apego a seu queixume, o paciente acabava correspondendo ao segundo critério diagnóstico do DSM-IV, "persistência da preocupação apesar de uma avaliação e garantias médicas apropriadas".

No DSM-5 essa insistência do paciente é deslocada, transformando-se e se transvertendo em ansiedade relacionada a sintomas somáticos, perdendo assim sua especificidade enquanto modalidade representativa e dinâmica, ligada a experiências corporais. O foco do tratamento passa a ser a ansiedade e não mais a vivência corporal, uma ansiedade mais "facilmente" passível de tratamento com a utilização de ansiolíticos, mais do que pela escuta e pela relação terapêutica.

Até onde pode seguir esse confronto? Na escalada sintomática, fruto de um sofrimento que não é escutado, prossegue o paciente sua peregrinação por outros médicos e serviços, tendo frequentemente como experiência a repetição da mesma dinâmica já experimentada por ele anteriormente: constatação pelo médico dos "erros" do paciente quanto a seus sintomas e desencadeamento de uma cruzada pela revelação da "verdade" sobre sua condição. Dessa repetição, muitas vezes, intensificam-se dores, queixas, sofrimentos em busca de uma escuta que os reconheça, legitime, acolha.

Algumas vezes, fruto das repetidas decepções, outras, expressão de uma fragilidade maior das dinâmicas do paciente, essa escalada alcança as raias do delírio. Nas psicoses, nas melancolias graves, na paranoia, quantas vezes não é o corpo chamado a responder, na linha de frente, à ameaça de desintegração, à perda, aos inimigos imaginários? Nesse caso, porém, segundo a lógica do DSM-IV (levada ao extremo pelo DSM-5), a hipocondria é convidada a abandonar a cena, cedendo seu lugar a personagens supostamente

310 HORIZONTES MÉDICOS

mais importantes, mesmo que eles implorem o corpo como forma de existirem. É assim que o terceiro critério diagnóstico do DSM-IV descartava a hipocondria caso a queixa se apresentasse "com intensidade delirante", quando ela deveria ser considerada "um transtorno delirante tipo somático", ou ainda quando a "preocupação com o corpo é circunscrita à aparência", quando, então, tratar-se-ia de um "transtorno dismórfico corporal". Da mesma forma, pelo quinto critério do DSM-IV, quando no contexto dos "transtornos de ansiedade generalizada, do obsessivo-compulsivo, do transtorno de pânico, do episódio depressivo maior, da ansiedade de separação ou de outro transtorno somatoforme" a hipocondria também deveria ofuscar-se.

No DSM-5, uma escalada de outra natureza, pautada por uma certa lógica médica, conduz a hipocondria, bem como sua história e suas representações, ao completo ostracismo.

Relegada aos aposentos mais modestos da imponente mansão classificatória do DSM-IV, a hipocondria já recebia, então, poucas visitas. Expulsa da reforma promovida pelo DSM-5 nessa morada, a hipocondria está provavelmente condenada ao completo esquecimento. Pouco lembrada, pouco convidada ao convívio com entidades nosográficas mais exuberantes, mais prestigiosas, ela já era efetivamente afastada das representações e do raciocínio clínico do médico. Como apontava Hare, no final do século XX, poucos médicos diagnosticavam a hipocondria, considerando-a sobretudo uma síndrome de pessoas idosas. Porém, segundo ele, muitas das manifestações da hipocondria, já descritas nos séculos XVIII e XIX, são ainda hoje extremamente frequentes, não sendo difícil reconhecê-las em nossos pacientes. Porém, desde então, essas manifestações passaram muitas vezes a serem interpretadas como parte de transtornos afetivos, ou ainda tratadas como queixas de uma doença real.[65]

---

65 E. Hare (1991). The history of "nervous disorders" from 1600 to 1840, and a comparison with modern views, p. 44.

Todos esses elementos apontam para as dificuldades resultantes do alinhamento incondicional e do uso indiscriminado dos postulados presentes no DSM-IV e radicalizados pelo DSM-5 que, em grande medida, impregnam a prática médica, bem além da psiquiatria. É compreensível a necessidade de um instrumento padronizado para o diagnóstico e para as estatísticas de saúde mental. Porém, é importante considerar o risco da transposição automática de critérios estatísticos e formais utilizados para a construção das categorias dos DSM para o contexto clínico e terapêutico.

Clinicar?

O DSM foi concebido com o objetivo de também se tornar um instrumento útil para a clínica. Porém, é importante lembrar que a clínica aqui considerada é sobretudo uma clínica psicofarmacológica. As categorias diagnósticas do DSM são utilizadas nos protocolos de pesquisa em psiquiatria, em particular nos testes de substâncias com fins terapêuticos. Nessa perspectiva, novos medicamentos são criados e testados no tratamento de síndromes definidas segundo os diagnósticos DSM. Uma vez sua eficácia comprovada, é compreensível que o médico se empenhe em diagnosticar o paciente da forma mais precisa possível para escolher o medicamento mais adequado para seu quadro sintomático. Forma-se assim um círculo vicioso: a eficácia de uma substância torna-se um critério de validação das categorias diagnósticas do DSM, enquanto a utilização dos diagnósticos do DSM passa a ser condição para a prescrição adequada daquela molécula.

Esse funcionamento se autoalimenta, em circuito fechado, impedindo inclusive o questionamento desse modo de proceder. Baseado em referências etiológicas, dinâmicas e clínicas muito diferentes daquelas utilizadas pelas correntes psicodinâmicas, as categorias do DSM-IV/DSM-5 acabam por promover a exclusão, da relação

312 HORIZONTES MÉDICOS

terapêutica, de grande parte da experiência subjetiva do paciente, principalmente a experiência libidinal, afetiva, transferencial e, inclusive, hipocondríaca.

Entretanto, com a observação atenta das descrições de todas as síndromes que compõem os Transtornos Somatoformes (DSM-IV) e os Transtornos de Sintomas Somáticos (DSM-5), é incontestável a presença transbordante das dinâmicas hipocondríacas, como descritas nos capítulos precedentes. Muito além da hipocondria (DSM-IV) ou dos transtornos de ansiedade de doença (DSM-5), é perceptível, nas subcategorias desses transtornos, que é o investimento hipocondríaco (principalmente narcísico) dos sintomas (dor, sintomas orgânicos, perturbação da imagem corporal, e, de certa forma, até mesmo nos sintomas conversivos) que sustenta por longo tempo queixas que nem sempre se originam ou se apoiam em algum substrato concreto no corpo do sujeito ou em alguma perturbação observável do ponto de vista médico. É também esse mesmo investimento hipocondríaco que sustenta a infindável peregrinação desses pacientes por médicos e serviços de saúde e o número impressionante de intervenções desnecessárias a que eles são submetidos, apesar dos diagnósticos e contra todas as evidências e decepções propiciadas por eles.

Uma vez mais, percebemos a importância de considerar, no tratamento dos pacientes, as fontes e as funções metapsicológicas da hipocondria, a familiaridade de sua dinâmica com o sonho e com o luto, seu papel na estruturação da experiência corporal, perceptiva e sensorial, bem como no desenvolvimento psicossomático e na estruturação das relações de objeto. Cabe também lembrar o interesse de compreender a hipocondria como uma experiência que implica o outro, construindo assim um novo olhar sobre a demanda dos pacientes, em particular daqueles que apresentam uma queixa orgânica, abrindo perspectivas para compreender os avatares transferenciais e contratransferenciais da relação terapêutica.

É certo que essas hipóteses são construídas a partir de posições epitestemológicas e clínicas (de observação e de escuta) bastante diferentes das que sustentam o projeto do DSM. Este último se pauta por um certo enfoque da atividade científica e administrativa. Tanspô-lo indiscriminadamente para o contexto clínico ameaça encobrir e dificultar a compreensão da dimensão hipocondríaca da experiência dos pacientes que apresentam queixas centradas em manifestações somáticas.

A negligência dessa dimensão é um dos fatores determinantes dos impasses terapêuticos e dos aparentes paradoxos do encontro do médico com seus pacientes, descritos no início deste capítulo. Esse descuido é também em grande medida responsável pela escalada sintomática dos pacientes e pela verdadeira guerra muitas vezes empreendida pelos médicos contra ela, incompreensível para muitos. Mais do que isso, muitas vezes, a surdez ao sofrimento implícito a esse movimento vertiginoso acaba por produzir novas e extremas manifestações psicopatológicas centradas nos sintomas somáticos.

Simular?

Aos 8 anos, Jennifer Bush já era uma menina famosa. Loira, de olhos azuis, aparência típica de uma criança da classe média branca norte-americana, ela fora escolhida, entre centenas de candidatas, para estampar, em meados dos anos 1990, os cartazes da campanha da então primeira-dama Hillary Clinton em favor da reforma do sistema de saúde norte-americano. Uma menina linda, de rosto delicado, cuja imagem buscava transmitir o bem-estar, a saúde e a esperança que o governo norte-americano dizia pretender estender a todos os seus cidadãos.

Kathleen Bush, sua mãe, era considerada exemplar. Sempre presente ao lado de Jennifer, na escola, em casa, durante as desgastantes aparições públicas e ensaios fotográficos dos quais sua filha precisava participar. Solícita, Kathleen era apreciada e admirada pelos assessores de imprensa, pelos jornalistas, pelos professores e por toda a sua vizinhança. Acompanhada por Kathleen, o rosto, a imagem, a vida de Jennifer pareciam destinados ao mesmo sucesso de outras tantas histórias de crianças maravilhosas que os Estados Unidos sabem produzir... ou destruir.

Um telefonema foi suficiente.

Num típico dia ensolarado da Flórida, o xerife de Fort Lauderdale foi alertado de que nem tudo era deslumbrante no lar da família Bush. Sem muito esforço, sua investigação revelou que, ao longo de sua vida, Jennifer fora submetida pela mãe a uma série de regimes alimentares e tratamentos que resultaram em nada menos que duzentas hospitalizações e quarenta cirurgias. Esses procedimentos tiveram como consequência a remoção de sua vesícula biliar, de seu apêndice e parte de seus intestinos. Mais do que isso, as sindicâncias médicas, instauradas após as denúncias, concluíram que todas aquelas intervenções foram absolutamente desnecessárias, tendo apenas sido realizadas *em função da insistência da mãe* junto aos médicos.[66]

---

66 Brownlee, S. (1996). Mother love betrayed.
A mãe foi julgada por esses comportamentos abusivos e condenada a cinco anos de prisão e proibida de se aproximar da filha após sua libertação. Jennifer foi colocada sob os cuidados de uma família adotiva até o final de sua adolescência. Convida à reflexão o fato que, vinte anos depois, mãe e filha se reaproximaram e Jennifer passou a afirmar que a mãe "nunca havia abusado dela". D. R. Bartlette (2020). Kathy Bush: Munchausen by proxy mom.

Já em 1951, Richard Asher descreveu um grupo de pacientes que apresentavam sintomas físicos intencionalmente produzidos ou simulados visando sistematicamente assumir o papel de doente.[67] Esses pacientes fabricavam seus sintomas por meio dos mais diversos procedimentos (ingestão de substâncias, automutilação etc.), com o único propósito de receber atendimento médico. O caráter impressionante dos sintomas e a precisão das histórias clínicas convenciam os médicos e os serviços hospitalares de sua veracidade. Uma vez "curados", esses pacientes peregrinavam de um hospital a outro, reproduzindo a mesma situação um grande número de vezes. Algumas vezes, em cada internação ou consulta, eles inventavam outros nomes e biografias fantasiosas. A maior parte dos médicos não descobria a farsa montada por esses pacientes, o que fazia que eles, quando descobertos, revelassem ter realizado um número impressionante (muitas vezes trinta ou quarenta) de intervenções médicas e, inclusive, cirúrgicas. Asher denominou esse quadro *síndrome de Münchausen*, em homenagem ao famoso barão fabulador alemão.[68] Desde sua caracterização, o número de pacientes diagnosticados cresceu de modo exponencial.

Em 1977, Roy Meadow descreveu uma variante desta manifestação, denominada *síndrome de Münchausen por procuração*, na qual mães simulavam quadros clínicos de seus filhos induzindo sintomas

---

67 R. Asher (1951). Munchusen's syndrome.

68 Desde a Idade Média, existia na Europa e, especialmente na Alemanha, uma tradição de histórias maravilhosas e absurdas redigidas por monges com o objetivo de alegrar os retiros e as peregrinações. *As aventuras do Barão de Munchausen*, publicadas por volta de 1785, se inserem nessa tradição. Os cavalos são amarrados aos campanários das igrejas, cavalgam-se balas de canhão em plena trajetória, as façanhas mais fantásticas são relatadas como se tivessem sido vividas pelo contador.

R. E. Raspe (1785). *As aventuras do Barão de Munchausen*.

G. Fenélon (1998). *Le syndrome de Münchausen*, p. 11.

T. P. Duffy (1992). The Red Baron.

316 HORIZONTES MÉDICOS

reais desses quadros (vômitos, hematúria, sangramentos, febre etc.).[69] Nas formas leves, as mães simplesmente inventam sintomas para seus filhos, obrigando médicos a tratamentos e intervenções desnecessárias. Nas formas graves, as mães inoculam vírus, induzem vômitos e diarreias, produzem ou simulam hemorragias nas crianças. Cerca de 10% dos casos são fatais. Tanto nos adultos que simulam seus sintomas como nas crianças que são manipuladas por seus pais, as consequências são as mesmas: um número imenso de intervenções médicas, de manipulações e mutilações corporais.

Quando questionados a respeito de Kathleen Bush, todos os médicos que trataram de Jennifer se surpreenderam. Também eles haviam considerado Kathleen extremamente dedicada, presente e atenciosa em todas as consultas e tratamentos de sua filha. Com efeito, os médicos são praticamente unânimes em descrever as mães que apresentam a *síndrome de Münchausen por procuração* como "extremamente solícitas" com eles e com seus filhos, com excelente conhecimento da medicina, seguras e bastante presentes durante o tratamento, a ponto de serem consideradas "mães exemplares". Geralmente, eles demoram muito tempo para descobrir que foram cúmplices da violência das mães contra seus filhos. O aumento da incidência desses comportamentos maternos e a dificuldade dos médicos de o reconhecerem levaram muitos serviços de pediatria a ocultarem câmeras de vídeo nos quartos dos pacientes como recurso para detectá-los.

Segundo a classificação do DSM-IV, essas duas variantes da síndrome de Münchausen fazem parte dos *Transtornos Factícios*. Elas se distinguem dos transtornos somatoformes por terem como característica a simulação, a mentira e a intencionalidade de provocar ou simular sintomas, em seu próprio corpo ou no corpo de

---

69 R. Meadow (1977). Münchausen syndrome by proxy: The hinterland of child abuse.

outras pessoas. G. Fenélon recenseou relatos de caso de uma ampla gama de doenças, como crises hemorrágicas, epilepsia, cefaleias, miastenias, amnésia, cólicas renais, dores abdominais e quadros de abdômen agudo, asma, lúpus eritematoso, Aids, estados psicóticos agudos, angina pectoris, infarto do miocárdio, entre outras, posteriormente reconhecidas como factícias sob a forma da síndrome de Münchausen.[70]

G. A. Hunter e A. B. Kennard descrevem ainda uma forma extrema dessas manifestações, a *mania operativa*. Nesse quadro, os pacientes se apresentam literalmente "obcecados" por suas dores e as limitações que elas lhes impõem, induzindo os médicos a utilizarem medidas cirúrgicas radicais, inclusive a amputação dos membros dolorosos, para aliviá-los.[71] Apesar de, talvez, mais exuberantes em nossos dias, as dinâmicas factícias, mesmo em suas formas mais extremas, já haviam sido percebidas há mais de um século por inúmeros médicos, entre eles Charcot. Em 1890, referindo-se às coxalgias (dores nas coxas) histéricas, ele aponta para a "mania operativa passiva" de alguns doentes, e os resultados desastrosos do encontro desses pacientes com médicos afetados de um funcionamento complementar: "Compreende-se facilmente que quando esses doentes [com mania operativa passiva] encontram-se, para sua infelicidade, em presença de cirurgiões afetados de uma mania análoga mas ativa, as operações mais fantásticas possam resultar [desse encontro]".[72]

Moldando as representações do corpo, oferecendo imagens para sua existência, transgredindo a ordem da fisiologia e da anatomia, subvertendo o funcionamento de órgãos e sistemas vitais, a histeria,

---

70 G. Fenélon (1998). *Le syndrome de Münchausen*, p. 35.
71 G. A. Hunter & A. B. Kennard (1982). Mania operativa: An uncommon, unrecognized cause of limb amputation.
72 J. M. Charcot (1890). *Leçons sur les maladies du système nerveux*, citado por G. Fenélon (1998), *Le syndrome de Münchausen*, p. 15.

os fenômenos psicossomáticos de expressão orgânica e a hipocondria sempre ofereceram ao sujeito, desde o início de sua existência, recursos para lançar ao outro o apelo para o alívio de seu sofrimento, muitas vezes indizível. O aumento da frequência e a intensificação dos fenômenos factícios sugere a crescente dificuldade para essas dinâmicas cumprirem essa função nos tempos em que vivemos.

A automutilação, os comportamentos autodestrutivos, a indução da agressão pelo outro do próprio corpo ou do corpo de seu semelhante, inclusive do próprio filho, apresentam-se atualmente como fenômenos cada vez mais frequentes na sociedade ocidental.

Podemos considerar que a crescente impossibilidade de escuta e de representação da experiência hipocondríaca pela medicina e pela cultura bem como a limitação dos recursos do corpo erógeno e da fantasia como tentativas de expressão do sofrimento venham cada vez mais conduzindo esse sofrimento a buscar no ato, nos comportamentos de risco, na mutilação intencional e concreta do corpo, na oferenda desse corpo em sacrifício – para o outro, para o médico, para a câmera de TV – ou, no extremo, na morte, a tentativa última de fazer ouvir sua dor.

6. Desafios

"Eram todos incompetentes."

"Não" – ele tinha certeza – "nunca mais voltaria ali". "Humilhado", "esquecido", "desrespeitado" eram apenas alguns dos incontáveis adjetivos que Jean utilizava para expressar sua decepção com o médico que consultara em um famoso serviço de gastroenterologia da cidade. Uma decepção tanto maior pelo fato de ele haver depositado (mais uma vez...) toda a sua esperança no renome daquele hospital, depois de uma série de consultas e exames inconclusivos em vários outros serviços especializados.

Seu estômago queimava, seu apetite lhe escapava, ir ao banheiro tornara-se um gesto angustiante diante dos veredictos que, a cada vez, seus dejetos emitiam sobre suas entranhas. As sensações de sua língua seca, da sudorese e das noites de insônia, acalantadas apenas pelos borborismos, que as noites silenciosas amplificavam, pareciam nada significar para os médicos que consultara. Noites insuportáveis, solitárias, nas quais ele travava uma luta inglória contra suas lembranças. O que fizera de seus 38 anos?

320 DESAFIOS

Em meio à escuridão dessas noites, às vezes, de repente, saltava diante de Jean, um bem-sucedido executivo de uma multinacional, um ágil moleque que se divertia nos meses de junho pulando os muros da vizinhança em busca das ameixas, abricós e pêssegos que surgiam com a aproximação do verão. Seu mundo, então, parecia imenso, povoado de uma multidão de paisagens, cores, amigos e odores típicos do sul da França. Ofuscados pela luz de julho, seus olhos brilhavam cada vez mais na medida em que se aproximavam as tão esperadas férias de verão.

Não fora apenas a luz da Provença que se eclipsara de sua vida. Ainda no escuro do quarto, Jean a cada vez baixava os braços diante de sua incapacidade de afastar outras imagens, essas, traiçoeiras. Não podia ele ficar apenas com seus amigos de escola, com seus cúmplices de brincadeiras à beira-mar? Não podia ele pensar em suas conquistas profissionais que fizeram que alcançasse um cargo invejável para alguém de sua idade? Uma fisgada no abdômen testemunhava sua impotência. Sucediam-se as imagens de alegres passeios de carro com seus pais e seus dois irmãos mais novos, as visitas de seus tios em Bordeaux, as adegas, com seu cheiro acre e o frescor do ar de seu ambiente.

Muitas vezes fizera aquela viagem, menos uma. Escolhera ficar com seus amigos, que planejaram um passeio pelas montanhas da redondeza. Um passeio cujo encantamento foi bruscamente quebrado quando, ao retornar, foi comunicado pela mãe de Sylvain que seus pais haviam tido um acidente na estrada. Apenas isso. Era a hora do Sol poente.

Não era um sonho. Eram puras lembranças. Milhares de vezes, durante aqueles 23 anos elas se infiltraram em suas longas noites. Sensações vivas, imagens presentes, reais. Seguiam sempre o mesmo curso, interrompiam-se no mesmo ponto. Congelavam. Mesmo quando ele queria prosseguir, a sensação de secura na boca obrigava-o a levantar-se para beber água, sua bexiga impunha sua presença obrigando-o a urinar, ou, então, ele passava a ruminar sobre aquela queimação no estômago, que "certamente não deveria prenunciar nada de bom".

Durante 23 anos, poucas vezes conseguira lembrar do enterro de sua mãe. As imagens que guardava dela eram sobretudo de fotografias que, com o tempo, cada vez menos ele contemplara, assim como nunca mais voltara às montanhas da Provença.

Desde o acidente, a vida em sua casa, com seu pai e seus irmãos, passou a organizar-se por uma série de rituais que fazia que tudo "funcionasse": as compras, a limpeza, a alimentação – quase tudo era assumido por eles, com pouca ajuda de fora. Tudo era pautado por regras que faziam que a ordem se mantivesse na casa e que todos fossem muito bem-sucedidos em seus estudos e profissões. Regras explícitas, cuidadosamente enumeradas num quadro de avisos. Regras implícitas, jamais mencionadas, mas, como as demais, minuciosamente respeitadas. Entre elas, nunca aludir àquela última viagem a Bordeaux, nem às montanhas da Provença.

"Por sinal", foi logo após o acidente que se mudaram para a região parisiense. Também "por sinal" – surpreso, lembrou-se ele, numa sessão após quase um ano de análise – foi pouco tempo depois da mudança que começara a sentir as sensações abdominais. Meses depois, Jean, com 16 anos, fez sua primeira consulta num serviço de gastroenterologia, em função de uma suspeita de gastrite, que foi imediatamente descartada pelo médico. Da primeira vez, o diagnóstico o aliviara, e, por alguns meses, nada sentira. Porém, pouco tempo depois, as mesmas dores voltaram, gradativamente se estendendo em preocupações com sua respiração, com seu hálito, com a sua suposta palidez, com os gases intestinais, inaugurando seu périplo entre as especialidades médicas.

No início, os médicos espantavam-se. Quase se divertiam, ao ver alguém tão jovem tão preocupado com sintomas, que, segundo eles, "se existiam, nunca indicaram a presença de qualquer doença". Muitas vezes, cautelosos, obtinham sempre a confirmação de numerosos exames complementares que "deveriam provar" a Jean que não havia realmente nenhum motivo para se preocupar. Algumas vezes, esperando que os medicamentos fossem mais eloquentes do que eles conseguiam ser, prescreviam um ou outro remédio sintomático que, em alguns casos, realmente conseguiram por um tempo tranquilizar Jean, até que suas sensações reaparecessem novamente.

Por mais de vinte anos, Jean permaneceu nessa ciranda cada vez mais frenética. Num certo momento, chegou a considerar "cuidar ele mesmo de seu caso", estudando medicina. "Sem saber por quê", pensou que não suportaria os estágios cirúrgicos e os plantões no Pronto Atendimento... Resignou-se a ser "só paciente"... Resignação que – no contato com os médicos, com a inocuidade de seus tratamentos e com ele cada vez menos paciente – transformou-se lentamente em contrariedade, ressentimento, mágoa, amargura. Do ódio ainda não suspeitava.

Foi "sem ódio", portanto, que ele chegou à análise. Nunca considerara a necessidade de uma psicoterapia. Tão reais eram suas sensações corporais, seus incômodos, seus sintomas que sempre julgara que apenas os médicos poderiam trazer-lhe a solução. Dos médicos nunca ouvira a sugestão de um trabalho psicoterapêutico. De seus colegas executivos, pragmáticos, muito menos. Estes, inclusive, tentavam tranquilizá-lo, entre envergonhados e orgulhosos de suas pontes de safena, de suas calvícies prematuras, de suas úlceras e de suas altas taxas de colesterol, explicando-lhe que muitas vezes "eram essas as provas de seus sucessos profissionais precoces"... Nenhum deles nunca estivera nas montanhas da Provença...

Também na análise Jean recusava-se a ali retornar. Na verdade, durante muito tempo, nunca contou os detalhes de sua vida, quase que se limitando a seus dados biográficos, a alguns elementos de seu cotidiano, e, naturalmente, à descrição minuciosa de suas sensações corporais. Mencionava sempre "sua família", e durante algumas sessões pairou a ambiguidade sobre o destino de sua mãe. Demorou muito, também, para falar de suas noites.

No início, suplicava-me a explicação mágica que daria sentido àquela fantasmagoria sensorial, que apenas ele parecia enxergar. Revoltava-se comigo e com os médicos, queixava-se de *nossa* insensibilidade, de *nosso* pouco caso, de *nossa* negligência. Não lhe custou muito alinhar-me, sem sutilezas, com todos aqueles "charlatões". Bastava-lhe uma consulta médica, uma desavença (cada vez mais frequente) a respeito de um exame, de um procedimento, para que ele desfiasse seu rosário de revoltas e injúrias contra "aqueles médicos que nada sabiam".

"Eram todos incompetentes." Após cada decepção em consultórios e hospitais, ele sempre tinha certeza: "nunca mais voltaria ali".

Eu já não sabia quantas vezes ouvira essas frases. Depois de dois anos de tratamento, quando o véu de suas queixas corporais já permitia que as imagens solitárias de suas noites fossem compartilhadas no espaço da sessão, quando se tornou possível abrandar a vigilância permanente dos sinais de seu corpo, quando ele já descobrira, numa exposição de pintura, um gosto particular pelas telas de Gauguin, Van Gogh e Matisse, sem suspeitar que fora atraído por suas cores, num lampejo, aquelas frases me soaram diferentes.

"Talvez agora, depois de tantos anos, você já possa considerar, Jean, a possibilidade de voltar às montanhas da Provença"... Um profundo silêncio fez que as lágrimas de Jean brotassem ruidosas.

324 DESAFIOS

Em seguida, ele iniciou um longo relato, que se estendeu por vários meses. O relato nunca feito, da espera angustiante por notícias incertas, por seu pai e por seus irmãos, após o acidente. Da mãe de Sylvain abraçando-o todo o tempo, do remorso de não ter ido para Bordeaux com sua família, do velório, do enterro, da profunda tristeza e do vazio que o acompanharam durante meses naquela casa que lhe parecia cada dia mais sombria. Nunca pensara de quem fora a responsabilidade pelo acidente. "Incompetência?", pensamos, juntos.

Gritos, sussurros e silêncios

Por que demorou tanto tempo?

Essa fatídica pergunta, que frequentemente emerge depois que diante de nós se revela o que, então, nos parece óbvio, também me ocorreu quando Jean pôde completar os buracos de sua história.

Dois anos foram necessários para que, naquele dia, em meio à sessão, se cristalizasse entre ele e mim as imagens azuladas da Provença. Até então, suas sessões oscilavam, quase uniformes e previsíveis, entre seus queixumes, suas dores, seus sintomas, suas consultas médicas, salpicadas aqui e ali com relatos de sua vida profissional e de sua pobre e praticamente reclusa vida social. O tédio muitas vezes era nosso maior companheiro e apenas a revolta parecia revitalizar nossos encontros. Tão intensos eram seus protestos contra os "maus-tratos médicos", tão impregnante era sua argumentação em favor de seus sintomas, tão presente era aquela regra implícita que ele importara de seu convívio familiar que também eu sucumbira, durante dois anos, ao interdito de visitar a Provença.

Quando a viagem tornou-se possível, uma dor profunda brotou das entranhas de Jean. Uma dor de outro tipo. Já não era a queimação no estômago, que gradativamente foi se apaziguando, assim como diminuíram as sensações de secura na boca, suas preocupações com sua pele e com todo o funcionamento de seu corpo. Doía a Jean a sensação da casa vazia, do acordar na solidão de seu quarto, de imaginar não ter ninguém a lhe esperar após as *happy hours* com seus colegas de trabalho. Doía a Jean uma saudade que esquecera, do abraço da mãe de Sylvain, "o último abraço que realmente sentira", contrastando com a angústia que tinha dentro de si enquanto esperava a chegada do caixão de sua mãe. Passaram a ser dolorosas para Jean as esperas entre uma sessão e outra e as imagens, agora sonhos, que passaram a povoar suas noites, dormidas, desde nossa "visita" à Provença, sem tranquilizantes.

Jean seguiu sua viagem e, apesar da tentação de acompanhá-lo, é chegado o momento de retomar a nossa. De nosso percurso comum, algumas questões ainda nos intrigam. Como compreender a premência e a persistência das queixas corporais de Jean e de tantos outros pacientes? Por que essas queixas nunca se concretizaram em um sintoma orgânico? O que ocorre na clínica das manifestações hipocondríacas?

A perda e suas representações

Muitas vezes, diante do sofrimento e da perda, entre o vazio e a palavra, o corpo se vê convocado. Diante do outro, do médico, do terapeuta, nos pequenos e grandes sinais do corpo, na exuberância e na timidez de suas formas, no silêncio e na eloquência de suas expressões, escamoteiam-se as marcas da existência humana. Inscrevem-se ali os prazeres, os encontros felizes e gratificantes, mas também as dores, as perdas, as separações, mais difíceis de serem compartilhadas. Entre o real e o imaginário, inclina-se muitas vezes o corpo à exigência de conter o sofrimento indizível, de suportar

326 DESAFIOS

a dor impossível de ser representada. A hipocondria é apenas um dos recursos do humano para lidar com as dores de sua existência.

Segundo Pierre Fédida, a hipocondria seria uma modalidade de reação à perda narcísica, equivalente ao luto, que se manifesta através da representação corporal.[1] Retomando as hipóteses de Freud sobre as relações entre a hipocondria e o sonho,[2] ele sugere que a hipocondria se constitui como um verdadeiro paradigma para uma leitura metapsicológica do somático, que deve ter como referências o sonho e o luto:

> *O sonho é uma teoria somática por excelência e o hipocondríaco é o teorizador privilegiado dessa teoria. [A hipocondria é capaz de] designar a verdade do somático sob a dupla relação que ela mantém, estruturalmente, com a melancolia e com a paranoia.*[3]

Por meio dessa perspectiva, Fédida resgata a proximidade entre a hipocondria e a melancolia, sugerindo que existe uma equivalência entre a queixa somática e a queixa melancólica. Nos dois casos pode-se perceber a função do *ausente* (o objeto, o médico, o terapeuta, o analista...) no alucinatório da palavra. Na queixa somática é possível perceber um trabalho melancólico do luto sobre o "objeto-ausente-tendo-abandonado". A queixa somática é, de certa forma, a "expressão alucinatória dessa palavra".[4]

---

1 P. Fédida (1972). L'hypocondrie du rêve.

2 Cf. *Hipocondria e funcionamento onírico*, no Capítulo 2.

3 P. Fédida (1978). La question de la théorie somatique dans la psychanalyse, p. 627. Cf. *Projeção, paranoia e hipocondria*, no Capítulo 2

4 Essa hipótese de Fédida sugere que a queixa hipocondríaca enquanto "alucinação" corporal poderia decorrer da precariedade e/ou de falhas dos recursos representativos e do mundo objetal que comprometeriam a função psíquica da alucinação.

Tanto na hipocondria como na melancolia observa-se o empobrecimento do ego, a baixa autoestima, a identificação com o objeto perdido e a impossibilidade do trabalho de luto. Porém, enquanto na melancolia o objeto perdido encontra-se fundido ao ego por uma identificação narcísica, na hipocondria, esse objeto perdido encontra-se fundido com as partes corporais. Fédida caracteriza a hipocondria como uma *melancolia do órgão*: "o hipocondríaco é assombrado por seu próprio cadáver na medida em que este vem revelar, não tanto a morte, mas a dor associada à modificação (imaginária) do órgão".[5]

Entre o luto e a melancolia, a hipocondria se apresenta como *um dos recursos* do sujeito para lidar com a perda e com a ameaça de desorganização que ela comporta. Cabe então interrogar as condições de estruturação desse recurso. Como o paradigma hipocondríaco se constitui e se situa no contexto do desenvolvimento do ser humano? Em que condições ele se vê convocado?

Função materna e experiência hipocondríaca

No início da vida, o encontro inaugural entre o bebê e a mãe, ou aquele que o acolhe, é marcado pelas mais desesperadoras sensações corporais: a passagem do útero para o mundo e o contato com a realidade desconhecida e ameaçadora de um ambiente frio e ruidoso, incerto quanto às condições de sobrevivência para o recém-nascido. Porém esse encontro é também marcado pelo reconhecimento da existência de alguém que, mesmo nessa realidade hostil, torna possível a vida, o prazer pela satisfação das necessidades e a tranquilidade pelo acolhimento. Dessa forma, tanto no bebê como na mãe, mesclam-se o prazer e o desejo de vida com vivências de decepção e de perda,

---

5 P. Fédida (1995). L'hypocondriaque médecin, p. 117.

328 DESAFIOS

muitas vezes podendo também instaurar-se, ao lado do desejo de viver, a depressão, a melancolia, a doença.

Em meio à turbulência de suas sensações corporais, o recém-nascido é confrontado à dependência de um outro ser que possa, inicialmente, garantir sua sobrevivência. Essa experiência de *desamparo* marca os momentos iniciais da existência do sujeito e também seu encontro com seu semelhante. O desamparo, experiência angustiante,[6] desorganizada e desorganizadora, revela ao sujeito que o outro, que pode lhe propiciar satisfação e prazer, é também capaz de abandoná-lo à experiência de destruição e, no limite, da morte.

Entre a ambivalência e a contradição, entre o sofrimento e a satisfação, a mãe é convocada a uma função de organizadora de comportamentos e de funções do lactente, de mediadora e de *intérprete* dessas experiências.[7] Ela é convidada a assumir, por um certo tempo, funções que o bebê ainda não é capaz de garantir por si mesmo, em razão de seu estado de desenvolvimento. À mãe cabe não apenas proteger a criança da fragilidade e satisfazer suas necessidades vitais, como também propiciar o investimento afetivo e libidinal daquele ser, permitindo dessa forma a significação e a nomeação de experiências que ele ainda não é capaz de realizar por si mesmo. Por meio desses processos, aquele que cuida da criança, e não apenas a mãe, atribui significação e tranquiliza a criança com relação ao tumulto de excitações e de experiências que ela vive em seu corpo, uma função denominada por Freud de *paraexcitações.*[8]

---

6 S. Freud (1926). Inibições, sintoma e ansiedade, *E.S.B.*, XX.
"A angústia se revela como produto do desamparo psíquico do bebê, que é... uma variante de seu desamparo biológico" (p. 253).
7 P. Aulagnier (1978). *A violência da interpretação.*
8 S. Freud (1895e). Projeto de uma psicologia científica, *E.S.B.*, I.
S. Freud (1920). Além do princípio do prazer, *E.S.B.*, XVII.

São essas as características da *função materna*, que visa promover o desenvolvimento e o equilíbrio da economia psicossomática do bebê.[9]

P. Aulagnier ressalta a função essencial do corpo como mediador do jogo relacional entre duas psiquês e entre a psiquê e o mundo.[10] Por meio de sua função organizadora, a mãe, ou outra pessoa que exerça essa função, propicia inicialmente a mediação entre o corpo da criança – suas sensações e percepções –, o mundo e os demais seres humanos. Graças a essa mediação, a criança adquire um conhecimento de seu corpo, de suas necessidades, de suas pulsões, de seus afetos. É essa mediação que organiza o contato da criança com sua capacidade de amar e de destruir, de vincular-se ao outro ou isolar-se dele, de suportar ou promover o prazer e o sofrimento.

Mais especificamente, a qualidade da presença do objeto materno é também responsável pela constituição do *núcleo masoquista erógeno primário*, a partir do qual se realiza a ligação entre as pulsões de vida e de morte,[11] bem como dos recursos psicossomáticos do sujeito. Como aponta Freud, com vistas à preservação da vida, as pulsões de vida e de morte encontram-se mescladas.[12] As tendências libidinais ficam assim marcadas pelas forças desagregadoras e destrutivas da pulsão de morte, e a destrutividade impregnada pelas forças libidinais de ligação e integração características da pulsão de vida.

---

9 L. Kreisler (1992). *A nova criança da desordem psicossomática.*

10 P. Aulagnier (1985). Naissance d'un corps, origine d'une histoire, p. 99.

11 B. Rosenberg (1991). *Masochisme mortifère et masochisme gardien de la vie.*
O núcleo masoquista primário torna suportável a vivência do desamparo, as primeiras experiências de desprazer e de sofrimento. A possibilidade de libidinalização dessas vivências é condição essencial para a constituição da organização psíquica primitiva, da coexcitação sexual e da experiência de continuidade dentro da fragmentação do próprio indivíduo e entre o indivíduo e seus semelhantes. Nessas condições, o masoquismo, investimento erógeno da experiência dolorosa, constitui-se como *promotor e guardião da vida.*

12 S. Freud (1924). O problema econômico do masoquismo, *E.S.B.,* XIX.

330 DESAFIOS

São essas as forças determinantes do desenvolvimento psicossomático. Ao lado de tendências ao desenvolvimento de funções cada vez mais complexas, organizadas e hierarquizadas, observamos a presença de forças pulsionais desorganizadoras e regressivas. Segundo P. Marty, o objetivo do desenvolvimento humano é sobretudo assegurar o equilíbrio de um organismo permanentemente solicitado por estímulos internos e externos.[13] Os recursos psíquicos (mentais) são aqueles que podem propiciar as formas mais elaboradas de lidar com esses estímulos, protegendo os recursos do organismo. Porém, ainda visando à preservação da vida, movimentos regressivos podem ser mobilizados com vistas a conter dinâmicas de destruição e de desorganização. A doença, orgânica ou psíquica, é parte dos meios do indivíduo para regular sua homeostase, suas relações com o meio e com os outros humanos.[14]

Intermediados e organizados pela qualidade da presença do objeto materno, estruturam-se os recursos do corpo e do psiquismo para lidar com as exigências necessárias à sobrevivência do sujeito, e também a constituição de sua experiência corporal. Como aponta Michel Fain, a presença da mãe propicia à criança a experiência do *silêncio do corpo*, uma percepção contínua de impressões tranquilizadoras.[15] O silêncio tranquilizador do corpo, experimentado ao longo da vida, é herdeiro do ambiente suficientemente bom[16] da infância

---

13 P. Marty (1976). *Les mouvements individuels de vie et de mort*, p. 116.

14 P. Marty (1990). *A psicossomática do adulto*.

R. M. Volich (2000/2022). *Psicossomática, de Hipócrates à psicanálise*.

Diante da emergência permanente de excitações internas e externas o organismo conta essencialmente com três vias possíveis para descarregá-las: *a via orgânica, a ação* e *o pensamento*, que, nesta ordem, representam o grau hierárquico progressivo da evolução dos recursos do indivíduo para responder aos estímulos, internos ou externos, aos quais é submetido.

Cf. *O corpo entre a organização e as desorganizações*, no Capítulo 4.

15 M. Fain (1990). A propos de l'hypocondrie, p. 253.

16 D. W. Winnicott (1949). A mente e sua relação com o psique-soma.

que, em silêncio e carinhosamente, assegura um bem-estar à criança sem prejudicar seu potencial de desenvolvimento. A insuficiência do investimento materno e a má qualidade do paraexcitações introjetado pelo bebê perturbam a representação e o sentimento do corpo próprio. Porém, é importante considerar que o excesso de investimento materno também perturba essas vivências. Ao longo da vida, a intensidade e as características de algumas experiências do sujeito vêm muitas vezes perturbar o equilíbrio e a calma na relação com o corpo, por algum tempo preservados.

O silêncio do corpo é, porém, uma experiência fugaz, quase mítica. Assim como é impossível que a mãe esteja sempre presente (sendo mesmo recomendável que possa se ausentar...), a representação de sua presença tranquilizadora é em muitos momentos ofuscada pela emergência dos estímulos, oriundos do corpo, ou mesmo da realidade exterior. Segundo M. Fain, "a sensação hipocondríaca seria uma reação à percepção de uma falha [nas] percepções tranquilizadoras, uma reação que visa combater a angústia ligada à percepção de uma falta". Nesse sentido, o investimento narcísico hipocondríaco de partes do corpo desempenha uma função econômica, no limite da representação, de ligação das excitações perturbadoras e ameaçadoras para o equilíbrio do sujeito.

Ao longo do desenvolvimento, a experiência hipocondríaca se constitui a partir dos primeiros investimentos da mãe no corpo do bebê e também dos investimentos autoeróticos da criança em seu próprio corpo. Esses investimentos, pelo outro e por si mesmo, são tentativas de lidar com o desprazer e com a tensão dolorosa resultante da emergência e do acúmulo de estímulos (internos ou externos) no organismo. Como aponta M. Aisenstein, esses processos (de natureza masoquista) revelam a necessidade para o sujeito de um mínimo de investimento hipocondríaco para a existência de qualquer

332 DESAFIOS

organização psíquica.[17] Assim, o investimento hipocondríaco pode se constituir, temporariamente, como um recurso transicional de ligação das excitações que permite substituir a função paraexcitante do objeto ou a falha do paraexcitações do próprio sujeito.

Hipocondria, entre o silêncio e a cacofonia do corpo

As dinâmicas hipocondríacas participam, portanto, do conjunto de processos responsáveis pela regulação do equilíbrio psicossomático. Entre a doença orgânica manifesta e os processos psicopatológicos, a hipocondria ocupa um lugar intermediário, onde o sofrimento, apesar de referido ao corpo, manifesta-se por meio de uma representação imaginária desse corpo.

Maria Helena Fernandes aponta para a diversidade das manifestações corporais observadas na clínica que variam desde a negação de sinais somáticos evidentes, fenômeno da ordem da recusa da realidade (*Verleugnung*), até a ausência completa de qualquer sinal somático (não necessariamente patológico), fenômeno que propõe denominar de *silêncio dos órgãos*.[18] Por sua vez, M. Aisenstein indica que muitos pacientes com doenças orgânicas graves não manifestam angústias hipocondríacas, enquanto em outros pacientes é possível observar manifestações hipocondríacas precedendo desorganizações somáticas.[19]

O que determina a possibilidade de utilizar, ou não, o recurso hipocondríaco para lidar com o sofrimento ou, de maneira mais ampla, para representar a experiência corporal? As observações dessas autoras sugerem que, enquanto solução econômica para

---

17 M. Aisenstein (1995). Entre psyché et soma: l'hypocondrie, p. 93.
18 M. H. Fernandes (1999a). A hipocondria do sonho e o silêncio dos órgãos: o corpo na clínica psicanalítica.
19 M. Aisenstein (1995). Entre psyché et soma: l'hypocondrie, p. 95.

lidar com as excitações do aparelho psicossomático, a hipocondria pode ocupar uma posição intermediária entre as doenças orgânicas e as manifestações psicopatológicas. Podemos também considerar que as dinâmicas hipocondríacas se constituem como uma forma particular de investimento e de apropriação da experiência corporal que busca se contrapor ao abandono e ao desamparo que aliena o sujeito de seu corpo.

O *silêncio dos órgãos*, referido por M. H. Fernandes, é de natureza bastante distinta do *silêncio do corpo*, descrito por M. Fain. Enquanto o *silêncio do corpo* resulta da introjeção da capacidade de apaziguamento materna por meio da constituição de seu objeto interno, o *silêncio dos órgãos* indica uma falha na possibilidade de percepção e de representação dos sinais corporais, devido à precariedade dos recursos internos de apaziguamento, de percepção e de representação dos sinais provenientes do corpo. Segundo M. H. Fernandes, *o silêncio dos órgãos* designaria, do ponto de vista do desenvolvimento, um momento anterior ao da recusa da realidade de sinais somáticos existentes.

> *No silêncio dos órgãos, o corpo é colocado em silêncio, não faz nenhum barulho, não "fala"; na recusa da realidade, o corpo "fala" mas não é escutado, testemunhando, assim, de uma espécie de surdez em relação aos sinais que se mostram.*[20]

M. H. Fernandes sugere compreender o silêncio dos órgãos como uma falha dos investimentos maternos que não propiciariam à criança a descoberta da dimensão erógena do corpo, ficando a experiência corporal referida ao nível da necessidade, anterior ao autoerotismo.

---

20 M. H. Fernandes (1999a). A hipocondria do sonho e o silêncio dos órgãos: o corpo na clínica psicanalítica, p. 49.

334 DESAFIOS

O *silêncio dos órgãos* evidencia uma "falência da erogeneidade e, por consequência, da autopercepção", o que corresponderia, na verdade, à impossibilidade de constituição da experiência hipocondríaca: "[Na] hipocondria [existe] um investimento libidinal [do corpo], enquanto que o silêncio dos órgãos parece denunciar um fenômeno de anestesia do corpo libidinal".[21]

O trabalho da hipocondria

Segundo M. Aisenstein e A. Gibeault, em sua função econômica de preservação do equilíbrio psicossomático, a manifestação hipocondríaca organiza um ponto de equilíbrio, relativamente estável, que interrompe uma regressão catastrófica ou uma desorganização progressiva que poderia resultar em uma doença orgânica real.[22] Participam desses processos as dinâmicas relacionadas ao masoquismo primário. A angústia hipocondríaca corresponde a uma insuficiência do investimento do desprazer, a uma falha no núcleo masoquista primário (guardião da vida), uma falha que determina a fragilidade representativa, restando como recurso extremo o investimento do corpo. O fenômeno hipocondríaco seria equivalente a uma intricação pulsional por meio do núcleo masoquista primário, fenômeno que visa proteger de uma desorganização psicossomática. Por sua vez, A. Fine considera que a solução hipocondríaca emergiria nos momentos em que o corpo perde o contato ou não mais consegue se sentir protegido por um objeto (interno ou externo) capaz de preservar a intricação entre Eros e Thanatos.[23]

---

21 M. H. Fernandes (1999a). A hipocondria do sonho e o silêncio dos órgãos: o corpo na clínica psicanalítica, p. 49.

22 M. Aisenstein & A. Gibeault (1991). The work of hypochondria (A contribution to the study of specificity of hypochondria, in particular in relation to hysterical conversion and organic disease).

23 A. Fine (1995). Figures psychanalytiques de l'hypocondrie, p. 70.

Segundo G. Pragier, as manifestações hipocondríacas resultam da precariedade dos limites do ego. Fragilizado em seu limite interno, o ego não tem recursos suficientes para elaborar e ligar a excitação somática. A hipocondria implicaria não o corpo, mas sua representação como interior, o que supõe, como aponta o autor, "a regressão do sujeito a um momento anterior à diferenciação entre o ego e o objeto, onde se instauram a instalação dos limites". Nesse sentido, na hipocondria, a negação da perda de objeto perturba as capacidades do ego de viabilizar destinos psíquicos para algumas sensações somáticas. Por outro lado, o ego se mostra capaz de:

> *...evitar a despersonalização estabelecendo uma representação psíquica para essas excitações: a lesão de um órgão preciso ou uma doença geral grave. O órgão hipocondríaco é assim convocado pelo ego para uma expressão deslocada do sofrimento que limita a desorganização.*[24]

É importante considerar a especificidade das angústias hipocondríacas. Segundo Fédida, são angústias muito regressivas que indicam a incapacidade do sujeito de fazer uso da alucinação negativa no sonho ou na transferência.[25] M. Aisenstein sugere que essas angústias resultam das tentativas de preservar um sistema defensivo mental como solução transitória para elaborar a falha de um masoquismo objetal, revelando o duplo aspecto somatopsíquico dessa noção que faz referência ao interno.[26] Por sua vez, A. Gibeault considera que as angústias hipocondríacas correspondem a um sinal de alarme de um perigo que ameaça a esfera narcísica, principalmente no que diz respeito ao investimento do corpo próprio.[27] Esse sinal de alarme

---

24 G. Pragier (1995). Enjeux métapsychologiques de l'hypocondrie, pp. 75 e 84.
25 P. Fédida (1995). L'hypocondriaque médecin, p. 132.
26 M. Aisenstein (1995). Entre psyché et soma: l'hypocondrie, p. 97.
27 A. Gibeault (1995). La solution hypocondriaque, p. 110.

336 DESAFIOS

visa promover, mesmo que de modo precário, a busca de um objeto, e, dessa forma, o trabalho psíquico de significação.

Por meio da dinâmica hipocondríaca organiza-se um trabalho (ainda) psíquico de ligação da excitação e de sinalização por intermédio da angústia decorrente de uma ameaça existente na esfera narcísica. Porém, essa angústia e as representações que a ela se ligam ficam restritas à esfera corporal, desvinculadas de representações de objetos internos, empobrecidas enquanto repertório de representações. Segundo A. Gibeault, o valor dinâmico do processo hipocondríaco consiste no fato de permitir, ao mesmo tempo, o desinvestimento dos objetos (externos e internos) e a manutenção de um mínimo de investimento objetal (identificado ao corpo). Trata-se, em princípio, de uma solução temporária que, em parte, preserva a possibilidade de um reinvestimento objetal.[28] No entanto, essa estratégia temporária pode ser intensificada e tornar-se crônica quando da impossibilidade de reorganização por meio de maneiras mais estruturadas para equilibrar a economia psicossomática do sujeito.

Revela-se assim o risco dessa forma de tentar proteger o sujeito contra a desorganização. A hipocondria representa uma hipervalorização de um corpo empobrecido em seus recursos para encontrar objetos de satisfação pulsional e recursos representativos de ligação libidinal. Mesmo quando necessário, como forma de lidar com os conflitos e as sobrecargas de investimentos, o retraimento narcísico característico da hipocondria representa uma sobrecarga libidinal para a fonte pulsional e, dessa maneira, constitui-se como fonte de desprazer. Tendo em vista a precariedade dos recursos projetivos e introjetivos para lidar com a sobrecarga de investimentos narcísicos, é limitada a possibilidade de lidar com o acúmulo da libido narcísica graças ao investimento objetal. A consequência é a cristalização do sofrimento hipocondríaco, ou ainda o fracasso da dinâmica hipocondríaca em

---

28 A. Gibeault (1995). La solution hypocondriaque, pp. 104 e 111.

conter o movimento regressivo e a desorganização psicossomática, com a possibilidade de manifestação, nesse caso, de doenças orgânicas.

Estados confusionais e descompensação somática

H. Rosenfeld vislumbra de uma outra perspectiva essa função das dinâmicas hipocondríacas como defesas contra a desorganização. Como vimos, ele já apontava para a função defensiva da hipocondria contra condições paranoides ou esquizofrênicas agudas.[29] Ele assinala também a existência de uma dimensão etiológica comum entre a hipocondria e as doenças psicossomáticas, representada pelos estados e ansiedades confusionais infantis primitivos combinados aos processos de clivagem.[30] Esses estados podem ser compreendidos a partir do reconhecimento dos núcleos psicóticos enraizados em partes do corpo, formados por conflitos e traumas precoces relacionados à organização parental, principalmente materna. Quando as pulsões de destruição não podem ser acolhidas ou reconhecidas pelas pessoas do ambiente e pelo próprio sujeito, elas sofrem uma clivagem precoce e são conservadas como "monstros perigosos e destrutivos". A permanência da clivagem dos objetos dificulta a superação dos estados confusionais e a constituição das experiências depressivas, que poderiam favorecer a reparação dos objetos externos e internos.

Nas doenças hipocondríacas e psicossomáticas as ansiedades confusionais são expelidas para dentro do corpo... Os impulsos onipotentes sádico-orais excessivos, principalmente a inveja, também parecem insuportáveis ao ego primitivo, o que origina a divisão. Na hipocondria, o sadismo oral e seus derivados finais são em parte

---

29 Cf. *Hipocondria, defesas e impasses terapêuticos*, no Capítulo 3.
30 H. Rosenfeld (1964). A psicopatologia da hipocondria, p. 212.

338 DESAFIOS

expelidos, e parece que o ego projeta a parte expelido nos objetos externos e tudo é imediatamente introjetado no corpo e órgãos do corpo.[31]

Nessas condições, nos estados hipocondríacos, depois da projeção das ansiedades ou dos delírios, o conteúdo da ansiedade mental ainda continua retido no corpo ou nos órgãos do corpo. Por sua vez, nas doenças psicossomáticas frequentemente a ansiedade apresenta-se sem conteúdo, uma característica também descrita por P. Marty e seus colegas quando criaram os conceitos de *pensamento operatório,*[32] *depressão essencial,*[33] *desorganização progressiva*[34] e outros. Assim, apresentando esse importante elemento diferencial entre essas manifestações, Rosenfeld conclui que "a divisão da esfera mental e física não seria tão completa na hipocondria como nas doenças psicossomáticas". Segundo ele, nos pacientes hipocondríacos e nos psicossomáticos observa-se a utilização da idealização como defesa pela mobilização de um ego ideal onipotente ou pela organização de um falso self.[35]

---

31 H. Rosenfeld (1964). A psicopatologia da hipocondria, p. 213.

32 P. Marty & M. M'Uzan (1963). La pensée opératoire.

33 P. Marty (1968). La dépression essentielle.

34 A desorganização progressiva resulta de eventuais precariedades do desenvolvimento do sujeito conjugadas com experiências traumáticas. Marcada pela pulsão de morte, ela provoca o desaparecimento da hierarquia funcional das instâncias e dinâmicas psicossomáticas, provocando um movimento contraevolutivo que perturba inicialmente o funcionamento psíquico, e gradualmente desencadeia descargas automáticas e impulsivas pelo comportamento e, no extremo, desorganiza funções orgânicas.
P. Marty (1976). *Les mouvements individuels de vie et de mort.*

35 P. Marty também aponta para os efeitos desorganizadores do ego ideal como fator perturbador do desenvolvimento e do equilíbrio da economia psicossomática, contribuindo para os estados de inorganização e de desorganização progressiva.
P. Marty (1990) *A psicossomática do adulto.*
P. Marty (1976). *Les mouvements individuels de vie et de mort.*
Cf. *As marcas dos ideais*, no Capítulo 4.

Apesar de rejeitar o termo "psicossomática",[36] P. Fédida propõe, a partir da metapsicologia da hipocondria e do sonho, reconhecer o somático como um lugar do processo de elaboração de uma perda. Segundo ele, a ideia de uma *depressão somática* se impõe à observação clínica, convidando a pensar a depressão como um "fenômeno essencialmente somático, cujas expressões evolutivas exigem ser conhecidas através de uma observação precisa e rigorosa das funções vitais em sua articulação com a história interna da vida do sujeito e com a evolução econômica de seus investimentos inconscientes".[37]

O movimento de reorganização da economia libidinal perturbada por meio do corpo pode manifestar-se por meio de episódios de *descompensação somática*, termo que Fédida prefere a somatização. Esses episódios correspondem a

> *uma reorganização narcísica depressiva fortemente erotizada pelos sofrimentos e dores orgânicas e economicamente protegida pelo egoísmo somático do doente. Este permanece atento apenas a seu estado somático interno, a seus órgãos, às prescrições médicas... ele parece confiar a sua evolução somática o cuidado de resolver seus impasses conflituais bem como o perigo de destruição psíquica ligado aos estragos do para-excitações... o somático se torna uma defesa depressiva contra uma angústia destruidora que ameaça o sujeito de aniquilamento...*

---

36 Por considerar que ele compreende a legitimação de duas entidades distintas – psique e soma –, distinção que, justamente, a teoria deve investigar.

37 P. Fédida (1978). La question de la théorie somatique dans la psychanalyse, p. 644.

340 DESAFIOS

> *ele funciona como uma reconstituição descompensatória de um para-excitações.*[38]

A defesa somática depressiva visa à conservação tópica do objeto perdido (o ausente) pela regressão (doença) somática – e isso numa economia em que a morte precisaria ser simbolizada. A depressão somática seria, então, uma máscara defensiva das angústias paranoides internas e interiores ao corpo (perseguições hipocondríacas). Na depressão somática, o somático é conotativo do vazio psíquico – pensamento vazio, cabeça vazia[39] – que se compreende como uma *hipocondria negativa do órgão*. Assim, encontramo-nos diante do fracasso do *trabalho da hipocondria*. É como se o somático fosse ressignificado pelos objetos psíquicos subjetivos aparentemente perdidos.

Segundo Fédida, essa perspectiva permite compreender por que, nos hospitais, a morte muitas vezes intervém brutalmente em pacientes "incapazes de somatizar seu estado somático", ou seja, aquelas mortes que sobrevêm a pacientes considerados curados e cujos tratamentos são considerados bem-sucedidos pelos médicos. "Nesses casos, tudo se passa como se o trabalho de luto somático tivesse sido brutalmente interrompido pela cura médica do paciente."[40]

Os estados hipocondríacos e suas nuances

Buscando promover o equilíbrio psicossomático, as dinâmicas hipocondríacas podem, portanto, manifestar-se associadas a diversos

---

38 P. Fédida (1978). La question de la théorie somatique dans la psychanalyse, p. 645.

39 Poderíamos também considerar outras manifestações dessa natureza como o falso *self* (Winnicott), a depressão essencial (Marty), ou ainda o comportamento vazio (L. Kreisler).

40 P. Fédida (1978). La question de la théorie somatique dans la psychanalyse, p. 646.

quadros da patologia, além do quadro hipocondríaco propriamente dito. Essas manifestações são mais evidentes no caso de doenças orgânicas, mas é importante também observá-las em outros quadros psicopatológicos. A emergência de queixas e dinâmicas hipocondríacas nesses quadros pode ser um sinalizador da insuficiência da dinâmica psicopatológica para lidar com conflitos e tensões pulsionais experimentados pelo sujeito. Em muitos quadros da psicopatologia, o corpo se presta como suporte à formação sintomática, sem configurar um quadro hipocondríaco propriamente dito. Como reconhecer as diferenças entre os estados hipocondríacos associados às manifestações psicopatológicas e, de maneira mais ampla, àqueles presentes em outras dimensões do espectro psicossomático?

Como vimos, o discurso hipocondríaco caracteriza-se por uma predominância das *representações de palavras* sobre as *representações de coisas*.[41] Segundo A. Gibeault, trata-se de uma *linguagem sobre o corpo* que se apresenta como proteção contra uma intrusão possível do objeto. Por meio dessa barreira de proteção o discurso hipocondríaco pode permitir o reinvestimento das representações de coisa (do corpo e dos objetos). Quando bem-sucedida, essa estratégia permite a diminuição da intensidade das dinâmicas hipocondríacas, que se tornam mais discretas, passando a se manifestar principalmente através das funções oníricas. Na histeria, ao contrário, a *linguagem do corpo* supõe desde o início o investimento de representações de coisa, o que implica a existência de uma certa organização da analidade, que permite à criança ter a experiência de suas sensações como internas. Nos processos de somatização, encontramo-nos diante de uma *não linguagem do corpo*.[42] Por sua vez, J. Oury salienta que "a histérica, mesmo em suas formas extremas de conversão, oferece à visão a forma do corpo, a pele, o envelope, enquanto que o hipocondríaco oferece à escuta aquilo que se passa sob a pele,

---

41 Cf. *O inconsciente, do corpo à palavra*, no Capítulo 2.

42 A. Gibeault (1995). La solution hypocondriaque, p. 110.

342 DESAFIOS

sob o envelope corporal".[43] G. Pragier aponta para as dinâmicas subjacentes a essas manifestações:

> *No paciente histérico, o objeto permanece investido segundo um modo edipiano e as representações de coisa são ricas... no paciente hipocondríaco as representações de palavra – pobres e estereotipadas – são muito investidas, na ausência de representações de coisa disponíveis. A carência de triangulação é manifesta. O fracasso da triangulação poderia explicar a profundidade da regressão narcísica a um momento anterior à distinção entre corpo e psiquê.[44]*

P. Fédida assinala que a proximidade entre a hipocondria e a neurose obsessiva constitui-se graças ao *pensamento hermético* adquirido pelo doente de uma experiência autoerótica de seu corpo quando da retirada e da estase da libido objetal. Esse modo de investimento resulta sobretudo de um modo específico de autoerotismo, a "obsessionalização" depressiva das angústias maternas. Assim, a hipocondria compartilha com a neurose obsessiva um destino semelhante. "A hipocondria é uma teoria somática do pensamento constituído em órgão psíquico de autoconservação."[45] Na hipocondria, o pensamento não pode ser concebido como pensamento. Fédida sugere, nesse sentido, que o hipocondríaco seria "um teórico do órgão psíquico de pensamento a serviço de uma justificativa da autoconservação, como se dessa forma fosse pressentida a ameaça que representa o psíquico como força de desorganização do corpo".

---

43 J. Oury (1998). *Hypocondrie*, p. 209.
44 G. Pragier (1995). Enjeux métapsychologiques de l'hypocondrie, p. 77.
45 P. Fédida (1995). L'hypocondriaque médecin, p. 117.

M. Aisenstein revela a dificuldade muitas vezes encontrada para distinguir a queixa hipocondríaca das angústias dos pacientes nosofóbicos. Segundo ela, na hipocondria existe uma insistência no relato das sensações e no esforço do paciente em persuadir seu interlocutor, enquanto, na nosofobia, o medo aparece em primeiro plano. Nos processos hipocondríacos, os pacientes não dizem ter medo de ter uma doença, mas sim que sentem os sinais dessa doença, apresentando as evidências que indicariam sua presença e tomando providências para preveni-la ou tratá-la.[46]

Como vimos, H. Rosenfeld ressalta a importância do diagnóstico diferencial entre a *entidade mórbida hipocondria*, uma psicose crônica de mau prognóstico, e os *estados hipocondríacos* que podem ser encontrados na histeria, na neurose obsessiva, nos quadros depressivos, na neurastenia, na esquizofrenia e também nos estágios iniciais da psicose orgânica.[47] A. Jeanneau toma como referência a relação ao objeto para distinguir os estados hipocondríacos e psicóticos. Nos estados hipocondríacos o objeto é acusado de faltar, de ser indiferente, de ser ausente, enquanto nos estados psicóticos o sujeito se sente permanentemente perseguido e importunado pelo objeto.[48] Evidenciam-se dessa forma as dinâmicas subjacentes às diferenças entre a hipocondria e a paranoia: a perturbação dos recursos projetivos e de introjeção faz que a destrutividade e as ameaças internas, impossíveis de serem enviadas para o exterior, sejam ligadas a partes corporais.

Lembrando que na melancolia o ego torna-se o suporte da incorporação do objeto perdido, enquanto na hipocondria é o corpo que se presta como suporte desse objeto, G. Pragier acrescenta que "[na

---

46 M. Aisenstein (1995). Entre psyché et soma: l'hypocondrie, p. 96.
47 H. Rosenfeld (1964). A psicopatologia da hipocondria, p. 205.
   Cf. *Hipocondria, defesas e impasses terapêuticos*, no Capítulo 3.
48 A. Jeanneau (1990). L'hypocondrie ou la mentalisation impossible, citado por
   A. Gibeault (1995). La solution hypocondriaque, p. 104.

344   DESAFIOS

hipocondria] o objeto perdido é negado pela alucinação negativa, enquanto que o corpo vem ocupar regressivamente o lugar deixado livre por esse objeto".[49] Essa distinção desaparece em manifestações como a síndrome de Cotard, que combina esses dois quadros: o mau objeto encontra-se introjetado tanto no psiquismo quanto no corpo.

Nessa perspectiva, P. Fédida considera que a hipocondria seria uma modalidade de defesa contra a ameaça melancólica de decomposição. Na melancolia, é possível falar de uma "cadaverização" do psíquico, característica do luto canibal. O sintoma hipocondríaco surge muitas vezes em momentos em que o tratamento se aproxima de uma morte que nenhuma lembrança consegue resgatar. Enquanto no luto se impõe ao sujeito a necessidade de preparar um lugar para o morto, em alguns casos o processo do luto pode desencadear angústias terríveis de decomposição pela morte do morto. Na hipocondria, o psíquico tem como função "conservar o morto" (identificação do morto ao órgão) negando a morte, de reanimar constantemente o morto guardando assim a potência tutelar do psíquico, evitando a "cadaverização" do psíquico equivalente da decomposição. É assim que a hipocondria se constitui como um pivô entre a paranoia e a melancolia, tendo como função "fazer um órgão [corporal] assumir a função melancólica de um luto e fazer o autocratismo psíquico desenvolver mecanismos de natureza projetiva".[50]

A clínica à escuta do corpo

Durante dois anos brincamos de esconde-esconde.

Antes de poder resgatar a dolorosa história de sua adolescência, Jean oferecia-me, entremeados por sua revolta e por sua irritação, a lista de seus padecimentos, seu repertório de atividades, às vezes,

---

49 G. Pragier (1995). Enjeux métapsychologiques de l'hypocondrie, p. 89.
50 P. Fédida (1995). L'hypocondriaque médecin, p. 117 e 134.

sua galeria de troféus profissionais. Ardilosos esconderijos de sua história na Provença. Quase nunca o encontrava. Irregular em sua presença nas sessões, algumas vezes agitado, frequentemente ele se perguntava o sentido de sua presença naquele lugar. Afinal, que poderia eu, analista, fazer por suas dores, pelas sensações estranhas de seu corpo, por suas noites maldormidas? O que poderia eu oferecer que a prestigiosa lista de médicos que consultara já não tivesse oferecido? Desafios...

Tomado pela modorra de seu queixume, pela monotonia de seu tom de voz, impressionado com a veemência de suas mãos se contorcendo diante de mim na poltrona, muitas vezes quase me deixei hipnotizar por suas palavras. A repetição dos relatos, nos quais apenas mudavam os nomes e os lugares, a minúcia dos detalhes, sua provocação persistente me davam a impressão, em alguns momentos, de que realmente eu pouco tinha a fazer ali. Por que insistíamos?

As sessões com Jean eram extenuantes. O tempo demorava a passar. Os silêncios eram mais ensurdecedores do que as palavras. E minhas dores? Um dia, uma tensão no pescoço, de outra feita uma sequência de calafrios, noutra sessão, uma crise de espirros. Frequentemente, um aperto no estômago. Em princípio, eram apenas palavras, histórias conhecidas ou inéditas, mas todas pareciam impregnar não apenas meus ouvidos, mas também meus olhos, minha pele, todo meu corpo. Por que não procurar nele Jean?

Corpo a corpo

Guardamos dentro de nós as marcas mais precoces de nossos encontros um com o outro. Como lembra Ivanise Fontes, sensações registradas filo e ontogeneticamente na história do sujeito podem reaparecer na transferência com o analista, quando o paciente encontra o espaço apropriado à repetição das cenas mais primitivas.

346 DESAFIOS

Essas experiências não podem ser rememoradas pela linguagem, pelo discurso do paciente nem por meio da associação livre por terem sido impressas em um registro sensorial (corporal) anterior ao desenvolvimento dos recursos de representação do sujeito.[51] Mesmo mais tarde, ao longo da vida, muitas vezes, a precariedade do desenvolvimento desses recursos também restringe a inscrição de vivências do sujeito nesse nível corporal. Mesmo não sendo veiculadas pela linguagem, essas marcas aparecem na transferência sob a forma de sensações, evocadas por detalhes da aparência física do analista, por elementos do enquadre, por qualquer estímulo de natureza sensorial (visual, auditivo, olfativo, gustativo, táctil). Segundo ela, é possível observar na transferência o retorno de impressões sensíveis traumáticas, não resolvidas, por meio do que ela denomina *memória corporal*. A memória corporal é uma via através da qual o corpo se presta como "suporte carnal de uma lembrança que deve ser o fiador de uma continuidade histórica".

Não apenas o paciente, mas também o analista e todo aquele que cuida é solicitado por esses registros primitivos, assim como a mãe é convocada, muitas vezes corporalmente, a responder às manifestações impossíveis de serem verbalizadas pelo bebê. Para muitos pacientes, a precariedade de seus recursos faz que as manifestações corporais sejam uma via quase exclusiva de manifestação de suas experiências, sendo que o corpo do analista (mas também do médico e outros profissionais) é convidado a responder segundo esse mesmo registro. Assim como I. Fontes, Maria Helena Fernandes aponta para a importância dos remanejamentos da elaboração da contratransferência e da transferência para a compreensão dessas manifestações corporais, bem como do atravessamento do processo analítico pelos eventos

---

51 I. A. Fontes (2000). *La mémoire corporelle et le transfert*, p. 1.

somáticos.[52] Ambas salientam que essa necessidade é cada vez mais frequente em nossa clínica.

Por meio dessas formas de expressão, não estaríamos constatando o cumprimento da "profecia" freudiana, de que a hipocondria constituir-se-ia como um paradigma moderno para a expressão do sofrimento humano?[53]

Segundo I. Fontes:

> *Doentes deste fim de século, apresentando as "novas doenças da alma" (J. Kristeva), mostram uma dificuldade crescente de ligar o corpo à palavra. Esses pacientes, que nos impõem impasses técnicos, exigem do analista uma intervenção em que as palavras encontrem maior capacidade sensorial.[54]*

Por sua vez, M. H. Fernandes aponta que "o contato com os pacientes somáticos rapidamente ensina que a expressão verbal e metafórica frequentemente utiliza o corpo como imagem, solicitando do analista um olhar e uma escuta capaz de figurar essa imagem e descrevê-la em palavra".[55]

I. Fontes sublinha a importância de resgatar a dimensão corporal da transferência para a compreensão e para a elaboração de tais manifestações.

---

52 M. H. Fernandes (1999a). A hipocondria do sonho e o silêncio dos órgãos: o corpo na clínica psicanalítica.

53 Cf. *Visões freudianas*, no Capítulo 2.

54 I. Fontes (1999). Psicanálise do sensível: a dimensão corporal da transferência, p. 69.

55 M. H. Fernandes (1999a). A hipocondria do sonho e o silêncio dos órgãos: o corpo na clínica psicanalítica, p. 51.

348 DESAFIOS

Quando a linguagem ignora de quem ela é herdeira, sua origem sensorial, surgem discursos vazios. Esse elo que falta é que adoece o sujeito. É então necessário o trabalho de restituir a vitalidade da linguagem. Dessa forma, a via analítica tem mão dupla: nomear as sensações e, por outro lado, dar corpo à linguagem.[56]

É apenas aparente o paradoxo revelado por essas autoras. Por um lado, o corpo prestando-se de modo cada vez mais impressionante para a manifestação do sofrimento. Por outro lado, uma alienação significativa da experiência sensorial e do conhecimento do próprio corpo, que chega a ser completamente ignorado, não apenas na experiência psicanalítica, mas também em diferentes dimensões da vida do sujeito, na educação, nas práticas da saúde e, mesmo, na vida cotidiana.

A medicina sofre especialmente os efeitos desses impasses. Os consultórios médicos e os hospitais transbordam de pacientes para cujas queixas não é possível encontrar um diagnóstico ou um substrato orgânico. Esses pacientes, que representam, segundo os clínicos, cerca de 40% a 50% daqueles que consultam os serviços de clínica médica, são muitas vezes fonte de uma profunda irritação para os médicos.[57] Esses mesmos pacientes relatam em contrapartida uma imensa frustração e mesmo uma certa angústia e sentimentos

---

56 I. Fontes (1999). Psicanálise do sensível: a dimensão corporal da transferência, p. 69.

57 Como aponta J. A. Bombana, esses pacientes são responsáveis por um número desproporcionalmente alto de consultas médicas, gerando excessivos gastos no sistema de saúde. Segundo Z. J. Lipowski (1988), A. J. Barsky e G. L. Klerman (1983), por ele citados, até 50% dos custos de ambulatórios médicos podem ser atribuídos a eles.

J. A. Bombana (2006). Sintomas somáticos inexplicados clinicamente: um campo impreciso entre a psiquiatria e a clínica médica.

depressivos após os encontros com aqueles médicos. Geralmente, muitos deles reiniciam seu périplo junto a outros serviços e a outros médicos, esperando uma solução para "seu caso". Um cirurgião do Hospital Universitário da USP afirma que oito em cada dez indicações cirúrgicas poderiam ser questionadas se não comportavam, no fundo, fatores psicológicos cuja abordagem adequada poderia evitar algumas dessas intervenções.

Como vimos, cirurgiões plásticos e dermatologistas são cada vez mais solicitados a modelar corpos cuja forma nunca satisfaz aqueles que os habitam.[58] Eles se surpreendem com a insatisfação, em geral de mulheres, com próteses, *liftings* e lipoaspirações consideradas perfeitas e esculturais por seus colegas. Deparam-se com clientes cada vez mais jovens, às vezes com 13 ou 14 anos, solicitando a modificação de alguma parte do seu corpo, sendo que alguns aquiescem a esse pedido.[59] Segundo dados da Associação Brasileira de Redes de Farmácias e Drogarias, no ano 2000, existiam no Brasil 54 mil farmácias, enquanto o número de livrarias não chegava a 2 mil. Segundo a mesma associação, em 2022, esse número chegou a 84 mil farmácias.[60] Enquanto isso, uma pesquisa do IBGE de 2019 apontava uma queda do número de livrarias, em 2001 presentes em 42,7% nos municípios brasileiros, para uma presença de 17,7% em 2018.[61] De cada três remédios comprados, dois são adquiridos sem receita médica, representando um consumo médio de oito caixinhas de remédio *para cada brasileiro*, um consumo considerado "baixo",

---

58 L. A. Conrado (2009). Transtorno dismórfico corporal em dermatologia: diagnóstico, epidemiologia e aspectos clínicos.

59 Cf. a discussão aprofundada dessas manifestações em *O corpo, entre o trauma e os ideais* (Capítulo 4).

60 Abrafarma (2023). Abrafarma em números.

61 *Folha de S.Paulo* (2019). Apenas 17,7% das cidades brasileiras têm livrarias, aponta estudo do IBGE.

350 DESAFIOS

se comparado ao dos Estados Unidos (dezoito caixinhas per capita/ ano) ou da França (vinte caixinhas).[62]

Na clínica médica e, em certa medida, também na psicanálise todos esses fenômenos revelam-se como consequências da surdez às manifestações corporais do sofrimento e da pouca consideração tanto das representações e vivências do corpo imaginário pelo sujeito como da dimensão hipocondríaca nas formas de manifestação do sofrimento humano.

A resistência e a queixa hipocondríaca

Conhecemos a clássica posição freudiana que sustenta que em função de seu caráter narcísico, e da consequente precariedade da transferência, a análise dos pacientes hipocondríacos não devia ser considerada, a menos que os sintomas hipocondríacos estivessem associados a outras manifestações psiconeuróticas que propiciassem o investimento de objetos exterior e, portanto, do analista. Essa posição predominou por muito tempo na psicanálise, a exemplo da reticência à indicação de um processo analítico no caso das psicoses, das neuroses atuais e dos doentes funcionais, mais tarde descritos como "psicossomáticos".[63]

Porém, muitos autores, inclusive contemporâneos de Freud, relatavam a emergência de manifestações hipocondríacas no curso

---

62 Em 2000, o setor farmacêutico movimentou US$ 7,5 bilhões. O faturamento das farmácias e drogarias aumentou 73% nos últimos dez anos. Dados de 2022 da Interfarma indicam que em 2022 o faturamento da indústria farmacêutica acumulava avanço de 62% nos últimos cinco anos, saltando de R$ 90,5 bilhões em vendas para a marca inédita de R$ 146,7 bilhões.
A. C. Nagao (2023). Faturamento da indústria farmacêutica cresce 62% em cinco anos.
63 Cf. *As psiconeuroses e as neuroses atuais*, no Capítulo 2.
S. Freud (1916-1917a). Conferências introdutórias à psicanálise, *E.S.B.*, XV.

de análises clássicas. Em 1925, Ferenczi apontava que essas manifestações podem surgir como resistência ao tratamento. Segundo ele, muitas vezes, a análise de questões ligadas à analidade e ao erotismo uretral, especialmente dos hábitos retentivos e expulsivos, provocam esse tipo de resistência. Ele descreve também inúmeras fantasias relacionadas aos intestinos e queixas de dores de cabeça, de perda de apetite, de incapacidade de pensar e de constipações que tinham por função "barrar o acesso ao erotismo e à angústia anais, ambos recalcados".[64] Em 1928, Ruth Mack-Brunswick compreendia a angústia hipocondríaca do Homem dos Lobos referente a seu nariz como uma negação da história transferencial do paciente com Freud.[65] Mais recentemente, Rosenfeld apontou os efeitos da análise das manifestações hipocondríacas sobre a dinâmica transferencial e, em particular, sobre a reação terapêutica negativa.[66]

A dimensão narcísica das dinâmicas hipocondríacas e a limitação dos recursos regressivos e representativos desses pacientes constituem sem dúvida obstáculos ao trabalho psicanalítico segundo um enquadre clássico. Porém, como descrevo em outra publicação, o remanejamento do enquadre psicoterapêutico e a disponibilidade em se trabalhar segundo um registro menos regressivo propicia aberturas para a compreensão e a elaboração de muitas vivências e manifestações de caráter mais primitivo, sensoriais, motoras e aquém da representação, inclusive das queixas hipocondríacas.[67]

---

64 S. Ferenczi (1925). Psychanalyse des habitudes sexuelles, p. 326.

65 R. M. Brunswick (1928). Supplément à l'"Extrait de l'histoire d'une névrose infantile de Freud", p. 270.

66 H. Rosenfeld (1984). Hypochondria, somatic delusion and body scheme in psychoanalytic practice, p. 33.
Cf. *Transferência e hipocondria*, no Capítulo 3.

67 Cf. A clínica das desorganizações. In R. M. Volich (2000/2022). *Psicossomática, de Hipócrates à psicanálise*.

352 DESAFIOS

De modo semelhante, no contexto médico, a compreensão da função e das dinâmicas das queixas hipocondríacas pode propiciar um melhor entendimento do quadro clínico do paciente e a superação dos impasses terapêuticos, frequentemente observados naqueles que apresentam tais queixas. Mais do que isso, a consideração dessas dinâmicas pode permitir ao médico oferecer uma escuta que propicie ao paciente um acolhimento e uma compreensão que favorece uma melhor aderência ao processo terapêutico e aos tratamentos.

Na transferência, as manifestações hipocondríacas confrontam o analista e também o médico com a sensação de não ter ninguém diante de si. A queixa hipocondríaca parece dirigir-se a um destinatário interno, um destinatário que parece "idealmente estável em sua autoridade", como descreve P. Fédida. Ninguém parece capaz de ocupar o lugar desse destinatário, como mostram as repetidas histórias de grandes esperanças e decepções vividas pelos pacientes com cada um e a cada novo médico que procura. A sanção do sofrimento incessante parece ser paradoxalmente considerada como a proteção mais segura contra a verdadeira doença, identificável à morte. O interlocutor e destinatário exclusivo da queixa é o próprio órgão, objeto dessa queixa. Assim, a hipocondria se constitui segundo um regime autocrático, como uma "estranha formação paradoxal na qual o órgão é dotado de um poder de incitação ao psíquico de formação de uma visão e de uma linguagem destinado a ele mesmo".[68]

Dessa forma, segundo P. Fédida, a queixa hipocondríaca se constitui como uma manifestação da existência em negativo de um objeto transferencial idealizado.[69] Esse objeto teria um papel de vigilância protetora contra as angústias de decomposição. A auto-observação do corpo é a manifestação mais evidente dessa vigilância. Todo enfraquecimento da vigilância desse pensamento somático

---

68 P. Fédida (1995). L'hypocondriaque médecin, pp. 121-122.
69 P. Fédida (1995). L'hypocondriaque médecin, p. 117.

(atribuindo, por exemplo, a um outro exterior – o médico? – esse papel) aumenta a ameaça melancólica de decomposição.

É nesse registro que o corpo do analista, do médico, de qualquer interlocutor é solicitado. A queixa hipocondríaca se configura como *um sonho impossível*, mas que busca, apesar disso, um corpo para ser sonhado. A hipocondria revela-se, então, como a expressão de uma grave perturbação da relação especular ao outro. Com esses pacientes, a função especular do corpo ocupa um lugar especial. O paciente se dirige ao corpo do analista, do clínico, como se esse corpo pudesse receber os reflexos produzidos pela queixa somática, como se pudesse conservar esses reflexos como traços de inscrição, e também como se o corpo do analista pudesse reconstituir um sonho em um sono que protegesse o paciente de seus tormentos.[70]

Assim, ao mesmo tempo que ignora a presença do analista, do clínico, o hipocondríaco busca o corpo de cada um deles para que seu próprio corpo possa ser especularizado. A queixa somática parece ser uma expressão da negação dessa presença. Essa negação tem por função fazer fracassar toda ação do psíquico sobre o sofrimento do qual a queixa testemunha. Dessa forma, a dinâmica hipocondríaca esteriliza a alteridade e o processo psíquico que são, justamente, dois fatores que poderiam romper o isolamento e o funcionamento do paciente em circuito fechado do sofrimento. A negação da presença do outro tem como corolário uma impossibilidade de alucinação negativa da presença na pessoa do analista ou de qualquer pessoa que se disponha a tratar ou a ajudar o paciente.[71]

Segundo Fédida, o fracasso da prática médica em lidar com a queixa hipocondríaca deve ser compreendido como fruto da:

---

70 P. Fédida (1995). L'hypocondriaque médecin, p. 132.
71 P. Fédida (1995). L'hypocondriaque médecin, p. 133.

354 DESAFIOS

> *Incapacidade de responder à demanda desta queixa que é antes de mais nada endereçada (frequentemente sob um modo homossexual) ao corpo do médico enquanto portador da esperança de receber a angústia de decomposição do doente e de refletir através de sinais a integridade dos órgãos.*[72]

Inspirado pelo texto de Freud sobre o Inconsciente, Fédida sugere que a escuta analítica, em qualquer caso, mas em particular do hipocondríaco, é sempre uma *escuta da linguagem do sonho*, o que deve nos alertar a não nos tornarmos prisioneiros da queixa do doente. Ouvir essa queixa em seu sentido manifesto, literal, implica cair na armadilha do sintoma, tornando-se "vítima de uma sedução negativa pela representação sábia do órgão não modificado do qual se queixa o paciente".[73] A armadilha da sedução negativa é ainda mais perigosa quando o próprio paciente é médico.

O paradigma hipocondríaco da clínica

As dores de Jean e as minhas dores.

Então... era de pega-dor que brincávamos... Com intrigantes enigmas, ele me atiçava. Para desvendá-los era-me solicitado não mais ouvir, mas sentir. Sua história não se escondia em seu relato. Tampouco em seus sintomas, tão minuciosamente descritos para os médicos, e também para mim. Aos poucos, fui percebendo meu cansaço, meus calafrios, meus espirros, a tensão em meu pescoço, o aperto em meu estômago... Sensações que surgiam *em mim* nos momentos em que Jean, em silêncio, no relato das lembranças de

---

72 P. Fédida (1995). L'hypocondriaque médecin, p. 118.
73 P. Fédida (1995). L'hypocondriaque médecin, p. 128.

suas noites, ou de acontecimentos que surpreendiam sua minuciosa rotina, pudera aproximar-se das lembranças insuportáveis da morte de sua mãe.

Surgiram quando, por exemplo, ele me relatou uma decepção amorosa, ou, ainda, quando descreveu sua despedida de seu pai, ao partir para um estágio de um ano no exterior. Relatos contidos, ponderados, como sempre, mas que *nele* provocaram, logo em seguida, "uma forte dor abdominal", levando-o a consultar seu médico, e, *em mim*, uma das crises de espirros. Vivências recorrentes ao longo do tempo de análise que, também aos poucos, ganharam contorno, rostos e nomes. Descobri depois que foram eles que me inspiraram quando evoquei a possibilidade de que ele talvez pudesse, finalmente, voltar à Provença.

Era um daqueles dias cinzentos, típicos do inverno parisiense. Na semana anterior, Jean havia me contado, entusiasmado, sua visita à exposição de Gauguin, Van Gogh e Matisse. Ele o fizera com uma amiga, Marie, que há algum tempo vinha olhando com mais atenção. "Apaixonado?" "Talvez..." A companhia dessa amiga o alegrava, parecia sentir-se bem ao seu lado, chegava a telefonar-lhe durante a semana, interessava-se por sua vida. Para Jean, tudo isso era raro, excepcional. "Não sei se posso animar-me", dissera-me um dia. Naquela sessão, Jean atrasou-se, sentou-se em silêncio. Seu rosto sombrio parecia combinar com a luz do exterior. Minhas mãos ficaram frias, e, mais uma vez, aqueles calafrios...

Jean encontrara Marie no fim de semana. Durante um jantar animado, Marie mencionou, sem estender-se no assunto, que sua empresa sugerira que ela assumisse um cargo importante em uma filial na Inglaterra. Jean dissera que, ao saber da notícia, ficara "contente com a conquista de sua amiga". Despediram-se. A noite que se seguiu foi terrível. Novamente as lembranças, a agitação, as dores, a secura na boca. "Tivera uma recaída?", pensou. O dia seguinte foi ainda pior: dores mais intensas fizeram que ele consultasse um serviço de Pronto Atendimento de um importante hospital. Foi o próprio chefe do Serviço que o atendeu. Anamnese, exames, radiografias, todo o conhecido ritual e... nada. O médico lhe disse que "nada podia fazer por ele". Jean insistiu, ponderou, tentou uma última cartada: "e se tentassem uma colonoscopia?". Ainda respeitoso, mas já irritado, o médico retrucou: "meu senhor, eu não estou aqui para jogar fora o dinheiro dos contribuintes..."

"Incompetentes", disse-me. "Todos incompetentes." Ele sabia que não voltaria mais ali. Durante alguns minutos prosseguiu suas imprecações contra o médico e seu serviço. Eu o ouvia, em meio aos ensinamentos de meus calafrios. Eles preservavam a presença de Marie, ao lado do médico que Jean insultava. Contra que decepção amorosa Jean se revoltava? Por que, em suas lembranças noturnas, ele não conseguia despedir-se de sua mãe? Ainda não? "Talvez agora, depois de tantos anos, você já possa considerar, Jean, a possibilidade de voltar às montanhas da Provença...", ouvi-me dizer, surpreso comigo mesmo.

Ouvir com o corpo.

Tal é o desafio que nos lança a hipocondria e as manifestações somáticas do sofrimento. Não que a neurose, a psicose, as perversões não produzam, elas também, reações no corpo daquele que escuta: a contração da angústia, o nojo que revira as entranhas, o medo que faz que, algumas vezes, nos agarremos a nossas poltronas.

Porém, nas psiconeuroses o analista, o médico, o terapeuta fazem parte da cena montada pelo paciente, participam da trama, do sonho, da fantasia. A eles o paciente concede o direito de intervir, atuar e, mesmo se resiste, muitas vezes aceita o novo enredo que nesse encontro se revela. Nas manifestações hipocondríacas e nas doenças orgânicas o paciente vive seu drama, solitário, recusando incluir quem quer que seja em sua cena empobrecida. Seu corpo é o único personagem dos monólogos que buscam revelar suas entranhas. São elas que o interessam, assim como, do outro, são também apenas as entranhas que parecem interessar. É a elas que, sem saber, ele se dirige. E elas respondem, quase sempre desconfortáveis em ter que conversar nesse registro. Pobre e primitivo, sem dúvida. Que diferença da exuberância da histeria, da engenhosidade da neurose obsessiva, dos planos maquiavélicos ruminados pelos paranoicos, dos mundos fantásticos da psicose. A hipocondria nos oferece o tédio, a monotonia, o queixume e o corpo. E os órgãos. E as dores. Suas dores. Também nossas dores.

Curiosa forma de conversar. Demandar com um corpo que só consegue reconhecer a resposta do corpo. Seu próprio corpo ou o corpo do outro. Aceitamos esse diálogo? Por quanto tempo conseguimos sustentá-lo?

São experiências como essas que conduzem P. Fédida, inspirado por Ferenczi, a sugerir que a dinâmica hipocondríaca se constitui como um verdadeiro paradigma da clínica dos pacientes somáticos. Ao observar seus órgãos, sua vida somática, o hipocondríaco é capaz de inspirar a "arte de uma clínica analítica dos estados do corpo do outro... A hipocondria [constituir-se-ia] como um modelo fantástico de uma clínica psicanalítica das afecções somáticas engendradas pelas paixões da alma". Segundo esse paradigma, o psíquico se configura como o instrumento hipocondríaco da percepção dos estados mutantes do corpo do outro. Nesse sentido, "a psicanálise é um método da reciprocidade mútua que dispõe do corpo do analista – inevitavelmente hipocondríaco – como instrumento catóptrico [que reflete] do conhecimento de si mesmo".[74] Esse mesmo paradigma

---

74 P. Fédida (1995). L'hypocondriaque médecin, p. 119.

358 DESAFIOS

pode inspirar a clínica na medicina, ao permitir que o médico reconheça seu próprio corpo como instrumento de compreensão dos processos corporais de seus pacientes.

Segundo o modelo da criança que deve se "psiquicisar" em presença da violência monstruosa do adulto e que adquire dessa forma uma verdadeira clínica psicanalítica das paixões mórbidas das quais ele é a vítima, o adulto deve se tornar pela análise uma espécie de médico de si mesmo, aproveitando sua "falha" (no sentido de Balint) para aumentar a competência do psíquico sobre o somático. Não é a transferência uma via privilegiada para a aquisição dessa competência?

... O "verdadeiro" médico (se não o bom médico) seria aquele que disporia da arte de conhecer o monstruoso pela projeção em partes de sua própria saúde. Seria essa a inteligência do órgão, imaginar sua deformação e tornar essa deformação mimética da cura. Não seria o verdadeiro médico aquele que pode ver teratomicamente o órgão, e cujos gestos terapêuticos se inspiram de uma tal visão?[75]

---

75 P. Fédida (1995). L'hypocondriaque médecin, pp. 114-115.

O teratoma é um tumor benigno ou maligno constituído de tecidos diferentes, nenhum deles originário da área em que se manifesta. Fédida lembra que é essa a metáfora utilizada por Ferenczi para nomear o falso *self*. O teratoma seria uma formação patogênica, mas eventualmente preservadora, um gêmeo. O falso *self* seria então definido como um *self* intragemelar deformado.

Razões e despedidas

Às vésperas de concluir estas páginas, percorria com os originais deste livro o corredor do hospital em que trabalhava, quando um colega, curioso com o título visível na capa, interpelou-me: "Como você pode perder tempo escrevendo sobre um assunto tão chato?"

Surpreendi-me com o tom e com as palavras desse médico, geralmente ponderado e atencioso com seus pacientes. Imediatamente, senti a proximidade de Jean e das paisagens da Provença. Lembrei-me de outros pacientes, de suas queixas ranhetas e persistentes, de seus olhares prisioneiros de seus corpos, de sua veneração por suas caixinhas de remédios e por seus calhamaços de exames. Lembrei-me do companheirismo de Lena, do olhar de Fédida buscando no teto sua inspiração. Imaginei os professores e os colegas daquele médico: o que pudera aprender com eles? Lembrei-me do anfiteatro da Salpêtrière, tão distante daquele corredor. Lembrei-me de Freud, revelando as características hipocondríacas de nossos tempos e convidando a respeitar as razões do hipocondríaco...

Findava a jornada que percorremos juntos. Despedia-me dos muitos companheiros que aceitaram o convite para que a empreendêssemos. Os comentários daquele médico e as lembranças que eles evocaram tornaram ainda mais intensas as imagens que deram sentido a essa travessia incerta do labirinto da hipocondria.

Imagens reveladoras da importância de reconhecer a capacidade mimética e migratória da hipocondria e de suas dinâmicas, que não se restringem a um quadro nosográfico, mas que, sobretudo, se constituem como uma modalidade particular de representação que participa de nossas experiências cotidianas e estrutura diferentes modos de subjetivação.

Observar a hipocondria a partir da perspectiva da representação permite um outro olhar sobre a demanda dos pacientes, mesmo aqueles que apresentam uma doença "bem configurada", como dizem alguns profissionais...

Considerar que a dimensão hipocondríaca de *toda queixa* é, sobretudo, uma tentativa, mesmo que primitiva, de comunicação e de representação é uma possibilidade de resgate pela medicina da essência do sofrimento humano.

Apesar de sua dimensão narcísica, a dinâmica hipocondríaca é uma *experiência* que implica o outro. É a partir do paradigma da relação entre dois corpos, o da mãe e o do bebê, que se organiza o desenvolvimento da criança e seu funcionamento psicossomático.

Os impasses da alma convocam desafios do corpo.

O hipocondríaco tem razão ao recorrer às imagens do corpo, que manifestaram seu apelo ao outro como forma de sobrevivência, quando todos os recursos que tem à sua disposição se mostram ineficazes para protegê-lo em sua existência ameaçada, ou da dor que não encontra outro meio de expressão.

As dinâmicas hipocondríacas participam da regulação do equilíbrio psicossomático. Elas são *ainda* uma tentativa de controle da desorganização da economia libidinal, uma tentativa de organizar, no limite psíquico, um trabalho de ligação de representações por meio do corpo, em razão da precariedade dos recursos do sujeito para lidar com as ameaças a sua integridade. A hipocondria se constitui assim como um recurso corporal de ligação antitraumático não conversivo.

A hipocondria se configura também como uma modalidade de reação à perda narcísica, equivalente ao luto, que se manifesta por meio da representação corporal. Entre o luto e a melancolia, a hipocondria se apresenta como um dos recursos do sujeito para lidar com a perda e com a ameaça de desorganização que ela comporta. Dessa forma, ela é igualmente uma defesa contra o desinvestimento pelo objeto.

O retraimento narcísico nela observado pode se constituir como uma reação diante da ameaça de abandono ou do abandono real pelo outro. Essa reação corresponde à experiência do bebê diante do risco ou da realidade de abandono pela mãe, quando só lhe resta seu próprio corpo, que deve ser "vigiado" e investido de modo a impedir que ele também "o abandone". Nessa perspectiva, é interessante considerar que o órgão hipocondríaco pode, de certa forma, corresponder a uma falha ou a uma perversão de um recurso transicional, no sentido de Winnicott.

O hipocondríaco tem razão. Como Schreber a seu pai – médico e especialista em métodos ortopédicos de educação –, ele opõe à ordem da semiologia o caos de seus órgãos andarilhos, que se recusam a uma mortífera submissão.

O hipocondríaco tem razão. Ele apresenta ao outro seu desprazer que desespera, para melhor usufruir de seu gozo.

O hipocondríaco tem razão. Ele suplica ao médico a droga milagrosa que o alivie, prestes a sabotá-la quando lhe é prescrita.

O hipocondríaco tem razão. Ele se apresenta, humilde e servil, à investigação médica, para melhor infiltrar-se nela e subvertê-la.

O hipocondríaco tem razão. Ele denuncia o engodo dos que urgem em responder à cacofonia de seus sintomas, sem oferecer sequer um olhar a seu silêncio tão gritante.

O hipocondríaco tem razão. Por mais que ele irrite, frustre e engane aqueles que buscam compreendê-lo, ele sofre.

Referências[1]

Abrafarma (2023). *Abrafarma em números.* https://drive.google.com/file/d/1zmFk9VCybeqi-A4Lqf9ba1cZphZ8Zpnb/view.

Afina Menina (2021). *Mercado fitness no Brasil.* https://afinamenina.com.br/2021/07/20/mercado-fitness-brasil-e-o-segundo-pais-com-maior-numero-de-academias/.

Aisenstein, M. (1995). Entre psyché et soma: L'hypocondrie. In *L'hypocondrie: Monographies de la Revue Française de Psychanalyse.* PUF.

Aisenstein, M., & Gibeault, A. (1991). The work of hypochondria (A contribution to the study of specificity of hypochondria, in particular in relation to hysterical conversion and organic disease). *International Journal of Psyco-Analysis, 72*(4), 669-681.

---

1 Nesta bibliografia constam as referências completas das obras citadas no livro. Para facilitar a leitura, os trabalhos citados ao longo do texto constam na mesma página em nota de rodapé, com uma referência abreviada ao nome do autor, data, título e, para as citações, número da página. Nesta lista, como nas notas do texto, o ano entre parênteses após o nome do autor refere-se (quando possível) à data da primeira publicação original.

REFERÊNCIAS

Aisenstein, M. (2019). *Dor e pensamento. Psicossomática contemporânea*. Dublinense.

Almeida, A. F. M. G. (2019). O eu e a face operada. *Trama, Revista de Psicossomática Psicanalítica*, 1. https://www.sedes.org.br/Departamentos/Revistas/psicossomatica_psicanalitica/index.php?apg=artigo_view&ida=14&ori=edicao&id_edicao=1.

Almeida, M. S. C., Sousa Filho, L. F., Rabello, P. M., & Santiago, B. M. (2020). Classificação Internacional das Doenças – 11ª revisão: da concepção à implementação. *Revista de Saúde Pública*, (54).

American Psychiatric Association. (1994). *Diagnostic and statistical manual of mental disorders – DSM-IV*.

American Psychiatric Association. (2013). *Diagnostic and statistical manual of mental disorders, 5th edition: DSM-5*.

American Psychiatric Association. (2023). *Manual diagnóstico e estatístico de transtornos mentais – DSM-5-TR*. Artmed.

Andrade, L., Walters, E. E., Gentil, V., & Laurenti, R. (2002). Prevalence of ICD-10 mental disorders in a catchment area in the city of Sao Paulo, Brazil. *Social Psychiatry and Psychiatric Epidemiology*, *37*(7), 316-325.

Anzieu, D. (1985). *O eu-pele*. Casa do Psicólogo, 1988.

Anzieu, D. (1988). *L'auto-analyse de Freud et la découverte de la psychanalyse*. PUF.

Asher, R. (1951). Munchusen's syndrome. *Lancet*, *1*, 339-341.

Assunção, S. S. M. (2002) Dismorfia muscular. *Brazilian Journal of Psychiatry*, *24*(3). https://doi.org/10.1590/S1516-44462002000700018.

Aulagnier, P. (1978). *A violência da interpretação*. Imago, 1978.

Aulagnier, P. (1985). Naissance d'un corps, origine d'une histoire. In *Rencontres Psychanalytiques d'Aix en Provence: 4éme Rencontre. Corps et histoire.* Les Belles Lettres.

Ayache, L. (1992). *Hippocrate.* P.U.F.

Baglivi G. (1696). *De praxi medica ad priscam observandi rationem revocanda libri dvo.* Fredericum Haring.

Blackmore, R. (1725). *A treatise of the spleen and vapours or, hypochondriacal and hysterical affections. with three discourses on the nature and cure of the cholick, melancholy, and palsies.* J. Pemberton.

Barsky, A. J., & Klerman, G. L. (1983). Overview: Hypochondriasis, bodily complaints and somatic styles. *American Journal of Psychiatry, 140*(3), 273-283.

Bartlette, D. R. (2020). Kathy Bush: Munchausen by proxy mom. https://delanirbartlette.medium.com/kathy-bush-munchausens-by-proxy-mom-f8d3aad79606.

Bassette, F. (2017). Quando malhar vira um vício (e um problema). https://saude.abril.com.br/fitness/vicio-por-malhar.

Beauchesne, H. (1989). *História da psicopatologia.* Martins Fontes.

Bentejac, J. (1993). Présentation/représentation de malades. *Revue de Médecine Psychosomatique, 33,* 51-60.

Berlinck, M. T. (2000). *Psicopatologia fundamental.* Escuta.

Bombana, J. A. (2006). Sintomas somáticos inexplicados clinicamente: um campo impreciso entre a psiquiatria e a clínica médica. *Jornal Brasileiro de Psiquiatria, 55*(4). https://doi.org/10.1590/S0047-20852006000400007.

Bools, C. (1996). Factitious illness by proxy: Munchausen syndrome by proxy. *British Journal of Psychiatry*, *169*(3), 268-275.

Brabant, E., Falzeder, E. (Eds.). (1992). *Sigmund Freud-S. Ferenczi: correspondance, v. 1 (1908-1914).* Calmann-Lévy.

Braunschweig, D., & Fain, M. (1975). *La nuit, le jour: essai psychanalytique sur le fonctionnement mental.* PUF.

Browne, R. (1729). *Medicina Musica: or, a mechanical essay on the effects of singing, musick, and dancing, on human bodies. revis'd and corrected. to which is annex'd a new essay on the nature and cure of the spleen and vapours.* J. Cooke.

Brownlee, S. (1996). Mother love betrayed. *US News & World Report*, *120*(17), 59.

Brunswick, R. M. (1928). Supplément à l'"Extrait de l'histoire d'une névrose infantile de Freud". In M. Gardiner, *L'homme aux loups par ses psychanalystes et par lui-même.* Gallimard, 1981.

Campana, A. N. B, Ferreira, L., & Tavares, M. C. G. C. F. (2012). Associações e diferenças entre homens e mulheres na aceitação de cirurgia plástica estética no Brasil. *Revista Brasileira de Cirurgia Plástica*, *27*(1). https://doi.org/10.1590/S1983-51752012000100018

Catraca Livre (2023). Plásticas: 9 famosos se arrependem e falam abertamente sobre isso. https://catracalivre.com.br/entretenimento/cirurgia-plastica-errada/.

Cazeto, S. J. (2001). *A constituição do inconsciente em práticas clínicas na França do século XIX.* Escuta.

Charney, D. S., Barlow, D. H., Botteron, K., Cohen, J. D., Goldman, D., Gur, R. E., Lin, K.-M., López, J. F., Meador-Woodruff, J. H., Moldin, S. O., Nestler, E. J., Watson, S. J., & Zalcman, S. J. (2002). Neuroscience research agenda to guide development of a pathophysiologically based classification system. In D. J. Kupfer, B. F. Michaelk & D. A. Regier (Eds.). *A research agenda for DSM-V* (pp. 31-83). American Psychiatric Association.

Coelho, F. D., Carvalho, P. H. B., Paes, S. T., & Ferreira, M. E. C. (2017). Cirurgia plástica estética e (in)satisfação corporal: uma visão atual. *Revista Brasileira de Cirurgia Plástica*, *32*(1), 135-140. http://www.rbcp.org.br/details/1824/pt-BR/cirurgia-plastica-estetica-e--in--satisfacao-corporal--uma-visao-atual.

Coelho, F. D., Carvalho, P. H. B., Paes, S. T., Hudsson, T. A., & Ferreira, M. E. C. (2017). Transtorno dismórfico corporal, insatisfação corporal e influência sociocultural em mulheres frequentadoras de academias de ginástica que realizaram cirurgia plástica estética. *Revista Portuguesa de Ciências do Desporto*, 161-171.

Collée, M., & Quétel, C. (1994). *Histoire des maladies mentales.* PUF.

Conrado, L. A. (2009) Transtorno dismórfico corporal em dermatologia: diagnóstico, epidemiologia e aspectos clínicos. *Anais Brasileiros de Dermatologia*, *84*(6), 569-581.

Cotard, J. (1880). Do delírio hipocondríaco em uma forma grave da melancolia ansiosa, *Revista Latinoamericana de Psicopatologia Fundamental*, *I*(4), 151-155, 1998.

Cotard, J. (1882). Do delírio de negações, *Revista Latinoamericana de Psicopatologia Fundamental*, *I*(4), 156-177, 1998.

Cotard, J. (1891). *Études sur les maladies cérébrales et mentales.* Baillière.

Coughlin, J. W., Schreyer, C. C., Sarwer, D. B., Heinberg, L. J., Redgrave, G. W., & Guarda, A. S. (2012). Cosmetic surgery in inpatients with eating disorders: attitudes and experience. *Body Image, 9*(1), 180-183. http://dx.doi.org/10.1016/j.bodyim.2011.10.007

Cortázar J. (1963). *O jogo da amarelinha*. Civilização Brasileira, 1984.

Crockett, R. J., Pruzinsky, T., & Persing, J. A. (2007). The influence of plastic surgery "reality TV" on cosmetic surgery patient expectations and decision making. *Plastic and Reconstructive Surgery, 120*(1), 316-324. 10.1097/01.prs.0000264339.67451.71

Cromberg, R. U. (2000). *Paranoia*. Casa do Psicólogo. (Coleção Clínica Psicanalítica).

Cullen W. (1776). *First lines of the practice of physic* (Vol. 2). 1808.

Cullen W. (1785). *Institutions de médecine pratique*. P. J. Duplain.

Davies, M., & Wallbridge, D. (1992). *Winnicott, introduction à son œuvre*. P.U.F.

Dejours, C. (1989a). *Recherches psychanalytiques sur le corps*. Payot.

Dejours, C. (1989b). *Repressão e subversão em psicossomática: investigações psicanalíticas sobre o corpo*. Jorge Zahar, 1991.

Dejours, C. (2001). *Le corps d'abor: corps biologique, corps érotique et sens moral*. Payot.

Dejours, C. (2019). *Psicossomática e teoria do corpo*. Blucher.

Delmas, F.-A. (1931). Les rapports de l'hypocondrie et de la constitution paranoïaque. *Annales de Médecine et Psychologie, 82*(2).

Descartes, R. (1637). *Discurso sobre o método*. Hemus, [s. d.].

Descartes, R. (1649). *As paixões da alma*. Martins Fontes, 1998.

Diatkine, R. (1981). Les problèmes du corps: avant propos. *Revue Française de Psychiatrie, 45*(2).

Dimsdale, J., & Creed, F. (2009). The proposed diagnosis of somatic symptom disorders in DSM-V to replace somatoform disorders in DSM-IV – a preliminary report. *Journal of Psychosomatic Research*, 66, 473-476.

Donovan, J. L., & Blake, D. R. (2000). Qualitative study of interpretation of reassurance among patients attnding rheumatology clinics "just a touch of arthritis, doctor?" *British Medical Journal*, 320, 541-544.

Dubois, E. F. (1933). *Histoire philosophique de hypocondrie et de l'hystérie*. De Deville Cavellin.

Duffy, T. P. (1992). The Red Baron. *New England Journal of Medecine*, 327(6), 408-411.

Dufur, J. F. (1770). Essai sur les opérations de l'entendement humain et sur les maladies qui les dérangent. In M. Collée & C. Quétel, *Histoire des maladies mentales*. PUF, 1994.

Encyclopédie Hachette (1999). Hachette Livre.

Esquirol, J. E. (1805). *Des passions considérées comme causes, symptômes et moyens curatifs de l'aliénation mentale*. Didot Jeune.

Esquirol, J. E. (1838). *Des maladies mentales considérées sous le rapport médical, hygiénique et médico-légal*. J. B. Bailliére.

Ey, H., Bernard, P., & Brisset, Ch. (1978). *Manuel de psychiatrie*. Masson.

Fain, M. (1971). Prélude à la vie fantasmatique. *Revue Française de Psychanalyse*, 35, 291-364.

Fain, M. (1990). A propos de l'hypocondrie. In F. Duparc, *La censure de l'amante et autres préludes à l'oeuvre de Michel Fain*. Delachaux et Niestlé, 1999.

370 REFERÊNCIAS

Fain, M. & Kreisler, L. (1970). Discussion sur la genèse des fonctions représentatives. *Revue Française de Psychanalyse, 34,* 285-306.

Federn, P. (1928). Le moi comme sujet et objet dans le narcissisme. In *La psychologie du moi et les psychoses.* PUF, 1979.

Fédida, P. (1971). L'anatomie dans la psychanalyse. *Nouvelle Revue de Psychanalyse, 3,* 109.

Fédida, P. (1972). L'hypocondrie du rêve. *Nouvelle Revue de Psychanalyse, 5,* 225-238.

Fédida, P. (1977). *Corps du vide et espace de séance.* Jean-Pierre Delarge.

Fédida, P. (1978). La question de la théorie somatique dans la psychanalyse. *Psychanalyse à l'Université, 3*(12), 621-648.

Fédida, P. (1992a). D'une psychopathologie générale à une psychopathologie fondamentale. Note sur la notion de paradigme. In P. Fédida, *Crise et contre-transfert.* PUF.

Fédida, P. (1992b). L'angoisse dans le contre-transfert ou l'inquiétante étrangeté du transfert. In P. Fédida, *Crise et contre-transfert.* PUF.

Fédida, P. (1993). Un organe psychique hypocondriaque: traitement psychique autocratique. In *L'hypocondrie: Monographies de la Revue Française de Psychanalyse.* PUF.

Fédida, P. (1995). L'hypocondriaque médecin. In *L'hypocondrie: Monographies de la Revue Française de Psychanalyse.* PUF.

Fenélon, G. (1998). *Le syndrome de Münchausen.* PUF.

Ferenczi S. (1909). Transferência e introjeção. In S. Ferenczi, *Psicanálise 1: Obras Completas* (Vol. 1, pp. 77-108). Martins Fontes, 1991.

Ferenczi, S. (1917). Lês pathonévroses. In S. Ferenczi. (1968). *Psychanalyse II: Oeuvres Complètes.* Payot.

Ferenczi, S. (1919). Psychanalyse d'un cas d'hypocondrie hystérique. In S. Ferenczi, *Psychanalyse III: Oeuvres Complètes*. Payot, 1968.

Ferenczi, S. (1922). La psychanalyse et les troubles mentaux de la paralysie générale. In S. Ferenczi, *Psychanalyse III: Oeuvres Complètes*. Payot, 1968.

Ferenczi, S. (1925). Psychanalyse des habitudes sexuelles. In S. Ferenczi, *Psychanalyse III: Oeuvres Complètes*. Payot, 1968.

Ferenczi, S. (1926). As neuroses de órgão e seu tratamento. In S. Ferenczi, *Psicanálise 3: Obras Completas* (Vol. 3, pp. 377-382). Martins Fontes, 1991.

Ferenczi, S. (1928). A elasticidade da técnica psicanalítica. In S. Ferenczi, *Psicanálise 4: Obras Completas*. Martins Fontes, 1991.

Ferenczi, S. (1931). Analyses d'enfants avec des adultes. In S. Ferenczi, *Psychanalyse IV: Oeuvres Complètes*. Payot, 1968.

Ferenczi, S. (1933a). Confusão de língua entre os adultos e a criança. In S. Ferenczi, *Psicanálise 4: Obras Completas*. Martins Fontes, 1991.

Ferenczi, S. (1933b). Présentation abrégée de la psychanalyse. In S. Ferenczi, *Psychanalyse IV: Oeuvres Complètes*. Payot, 1968.

Fernandes, M. H. (1999a). A hipocondria do sonho e o silêncio dos órgãos: o corpo na clínica psicanalítica. *Percurso*, *23*, 43-52.

Fernandes, M. H. (1999b). *L'hypocondrie du rêve et le silence des organes: une clinique psychanalytique du corps*. Presses Universitaires du Septentrion.

Fernandes, M. H. (2000). Uma clínica psicanalítica do corpo: auto-erotismo e feminilidade. *Estudos de Psicanálise*, *23*, 7-21.

Fernandes, M. H. (2001). As formas corporais do sofrimento: a imagem da hipocondria. *Revista Latinoamericana de Psicopatologia Fundamental*, *4*(4).

Fernandes, M. H. (2003a). *Corpo*. Casa do Psicólogo. (Coleção Clínica Psicanalítica).

Fernandes, M. H. (2003b). As formas corporais do sofrimento: a imagem da hipocondria na clínica psicanalítica contemporânea. In R. M. Volich, F. C. Ferraz & W. Ranña (Orgs.), *Psicossoma III: interfaces da psicossomática*. Casa do Psicólogo.

Ferraz, F. C. (1997). Das neuroses atuais à psicossomática. In F. C. Ferraz & R. M. Volich (Orgs.), *Psicossoma I: psicossomática e psicanálise*. Casa do Psicólogo.

Ferreira, A. B. H. (1999). *Dicionário Aurélio Século XXI*. Nova Fronteira.

FIA. (2021). Mercado fitness: evolução, desafios e tendências para 2023. FIA Bussiness School. https://fia.com.br/blog/mercado-fitness/.

Fine, A. (1995). Figures psychanalytiques de l'hypocondrie. In *L'hypocondrie: Monographies de la Revue Française de Psychanalyse*. PUF.

Finger, C. (2003). Brazilian beauty. *Lancet, 362*(9395), 1.560. DOI: 10.1016/S0140-6736(03)14789-7.

Fitzpatrick, R., & Hopkins, A. (1981). Referrals to neurologist for headaches not due to structural disease. *Journal of Neurology, Neurosurgery and Psychiatry, 44*, 1.061-1.067.

Folha de S.Paulo. (2019). Apenas 17,7% das cidades brasileiras têm livrarias, aponta estudo do IBGE. https://www1.folha.uol.com.br/ilustrada/2019/12/apenas-177-das-cidades-brasileiras-tem-livrarias-aponta-estudo-do-ibge.shtml.

Follin, S., & Azoulay, J. (1961). Les altérations de la conscience de soi. *Encyclopédie Médico-Chirurgicale Psychiatrie, 11*.

Fontes, I. (1999). Psicanálise do sensível: a dimensão corporal da transferência. *Revista Latinoamericana de Psicopatologia Fundamental, 2*(1), 64-70.

Fontes, I. (2000). *La mémoire corporelle et le transfert.* Presses Universitaires du Septentrion.

Fontes, I. (2002). *Memória corporal e transferência: fundamentos para uma psicanálise do sensível.* Via Lettera.

Fortes, S., Villano, L. A. B., & Lopes, C. S. (2008). Nosological profile and prevalence of common mental disorders of patients seen at the Family Health Program (FHP) units in Petrópolis, *Revista Brasileira de Psiquiatria, 30*(1), 32-37.

Foucault, M. (1972). *História da loucura.* Perspectiva, 1978.

Frances, A. (2012). Mislabeling medical illness as mental disorder. *Psychology Today.* https://www.psychologytoday.com/intl/blog/dsm5-in-distress/201212/mislabeling-medical-illness--mental-disorder.

Frances, A. (2013a). *Saving normal: An insider's revolt against out-of-control psychiatric diagnosis, DSM-5, Big Pharma, and the medicalization of ordinary life.* William Morrow.

Frances, A. (2013b) The new somatic symptom disorder in DSM-5 risks mislabeling many people as mentally ill. *BMJ,* 346, f1.580.

Frances, A. (2013c) Bad news: DSM 5 refuses to correct somatic symptom disorder. Medical illness will be mislabeled mental disorder. *Psychology Today* [online]. https://www.psychologytoday.com/intl/blog/dsm5-in-distress/201301/bad-news-dsm--5-refuses-correct-somatic-symptom-disorder.

Francis, R. C. (2011). *Epigenetics: How environment shapes our genes.* W. Norton & Company.

374 REFERÊNCIAS

Freud, A. (1952). The role of bodily illness in the mental life of children. *The Psychoanalytic Study of the Child*, 7, 69-81.

Freud, S., & Breuer, J. (1895). Estudos sobre a histeria. In S. Freud, *Edição Standard Brasileira das Obras Psicológicas Completas de Sigmund Freud²* (Vol. II). Imago, 1980.

Freud, S. (1886). Relatório sobre meus estudos em Paris e Berlim. In S. Freud, *Edição Standard Brasileira das Obras Psicológicas Completas de Sigmund Freud* (Vol. I). Imago, 1980.

Freud, S. (1891). *Sobre a concepção das afasias: um estudo crítico.* Autêntica, 2013.

Freud, S. (1893a). Algumas considerações para um estudo comparativo das paralisias motoras orgânicas e histéricas. In S. Freud, *Edição Standard Brasileira das Obras Psicológicas Completas de Sigmund Freud* (Vol. I). Imago, 1980.

Freud, S. (1893b). Carta a Fliess de 08/02/1893. In J. M. Masson (Ed.), *A correspondência completa de Sigmund Freud para Wilhelm Fliess* (1887-1904). Imago, 1986.

Freud, S. (1893c). Carta a Fliess de 06/10/1893. In J. M. Masson (Ed.), *A correspondência completa de Sigmund Freud para Wilhelm Fliess* (1887-1904). Imago, 1986.

Freud, S. (1893d). Rascunho B. A etiologia das neuroses (08/02/1893). In J. M. Masson (Ed.), *A correspondência completa de Sigmund Freud para Wilhelm Fliess* (1887-1904). Imago, 1986.

Freud, S. (1894a). Carta a Fliess de 22/06/1894. In J. M. Masson (Ed.), *A correspondência completa de Sigmund Freud para Wilhelm Fliess* (1887-1904). Imago, 1986.

---

2 Ao longo do texto, para maior facilidade, a referência à *Edição Standard Brasileira das Obras Psicológicas Completas de Sigmund Freud* é abreviada como *E.S.B.* (Edição Standard Brasileira), seguida do número do volume da coleção.

Freud, S. (1894b). Carta a Fliess de 29/08/1894. In J. M. Masson (Ed.), *A correspondência completa de Sigmund Freud para Wilhelm Fliess* (1887-1904). Imago, 1986.

Freud, S. (1894b). As neuropsiconeuroses de defesa. In D. Freud, *Edição Standard Brasileira das Obras Psicológicas Completas de Sigmund Freud* (Vol. III). Imago, 1980.

Freud, S. (1895a). Carta a Fliess de 20/04/1895. In J. M. Masson (Ed.), *A correspondência completa de Sigmund Freud para Wilhelm Fliess* (1887-1904). Imago, 1986.

Freud, S. (1895b). As origens da psicanálise (1950). In S. Freud, *Edição Standard Brasileira das Obras Psicológicas Completas de Sigmund Freud* (Vol. I). Imago, 1980.

Freud, S. (1895c). Rascunho H. Paranoia (24/01/1895). In J. M. Masson (Ed.), *A correspondência completa de Sigmund Freud para Wilhelm Fliess* (1887-1904). Imago, 1986.

Freud, S. (1895d). Sobre os fundamentos para destacar da neurastenia uma síndrome específica intitulada de "neurose de angústia". In S. Freud, *Edição Standard Brasileira das Obras Psicológicas Completas de Sigmund Freud* (Vol. III). Imago, 1980.

Freud, S. (1895e). Projeto de uma psicologia científica. In S. Freud, *Edição Standard Brasileira das Obras Psicológicas Completas de Sigmund Freud* (Vol. I). Imago, 1980.

Freud, S. (1895f). Carta a Fliess de 04/03/1895. In J. M. Masson (Ed.), *A correspondência completa de Sigmund Freud para Wilhelm Fliess* (1887-1904). Imago, 1986.

Freud, S. (1895g). Carta a Fliess de 08/03/1895. In J. M. Masson (Ed.), *A correspondência completa de Sigmund Freud para Wilhelm Fliess* (1887-1904). Imago, 1986.

376 REFERÊNCIAS

Freud, S. (1895g). Carta a Fliess de 08/03/1895. In J. M. Masson (Ed.), *A correspondência completa de Sigmund Freud para Wilhelm Fliess* (1887-1904). Imago, 1986.

Freud, S. (1895h). Carta a Fliess de 11/04/1895. In J. M. Masson (Ed.), *A correspondência completa de Sigmund Freud para Wilhelm Fliess* (1887-1904). Imago, 1986.

Freud, S. (1896a). Rascunho K. As neuroses de defesa (01/01/1896). In J. M. Masson (Ed.), *A correspondência completa de Sigmund Freud para Wilhelm Fliess* (1887-1904). Imago, 1986.

Freud, S. (1896b). A hereditariedade e a etiologia das neuroses. In S. Freud, *Edição Standard Brasileira das Obras Psicológicas Completas de Sigmund Freud* (Vol. III). Imago, 1980.

Freud, S. (1896c). Observações adicionais sobre as neuropsicoses de defesa. In S. Freud, *Edição Standard Brasileira das Obras Psicológicas Completas de Sigmund Freud* (Vol. III). Imago, 1980.

Freud, S. (1896d). Obsessões e fobias: seu mecanismo psíquico e sua etiologia. In S. Freud, *Edição Standard Brasileira das Obras Psicológicas Completas de Sigmund Freud* (Vol. III). Imago, 1980.

Freud, S. (1896e). Carta a Fliess de 01/01/1896. In J. M. Masson (Ed.), *A correspondência completa de Sigmund Freud para Wilhelm Fliess* (1887-1904). Imago, 1986.

Freud, S. (1897). Carta n. 61 a W. Fliess (2 de maio de 1897). In S. Freud, *Edição Standard Brasileira das Obras Psicológicas Completas de Sigmund Freud* (Vol. I). Imago, 1980.

Freud, S. (1898). A sexualidade na etiologia das neuroses. In S. Freud, *Edição Standard Brasileira das Obras Psicológicas Completas de Sigmund Freud* (Vol. III). Imago, 1980.

Freud, S. (1900a). Carta a Fliess de 12/06/1900. In J. M. Masson (Ed.), *A correspondência completa de Sigmund Freud para Wilhelm Fliess* (1887-1904). Imago, 1986.

Freud, S. (1900b). A interpretação dos sonhos. In S. Freud, *Edição Standard Brasileira das Obras Psicológicas Completas de Sigmund Freud* (Vol. IV e V). Imago, 1980.

Freud, S. (1901). Sobre a psicopatologia da vida cotidiana. In S. Freud, *Edição Standard Brasileira das Obras Psicológicas Completas de Sigmund Freud* (Vol. VI). Imago, 1980.

Freud, S. (1905a). Fragmento da análise de um caso de histeria. In S. Freud, *Edição Standard Brasileira das Obras Psicológicas Completas de Sigmund Freud* (Vol. VII). Imago, 1980.

Freud, S. (1905b). Três ensaios sobre a teoria da sexualidade. In S. Freud, *Edição Standard Brasileira das Obras Psicológicas Completas de Sigmund Freud* (Vol. V). Imago, 1980.

Freud, S. (1909). Notas sobre um caso de neurose obsessiva. In S. Freud, *Edição Standard Brasileira das Obras Psicológicas Completas de Sigmund Freud* (Vol. X). Imago, 1980.

Freud, S. (1910a). A concepção psicanalítica da perturbação psicogênica da visão. In S. Freud, *Edição Standard Brasileira das Obras Psicológicas Completas de Sigmund Freud* (Vol. XI). Imago, 1980.

Freud, S. (1910b). Leonardo da Vinci e uma lembrança da sua infância. In S. Freud, *Edição Standard Brasileira das Obras Psicológicas Completas de Sigmund Freud* (Vol XI). Imago, 1980.

Freud, S. (1911a). Formulações sobre os dois princípios do funcionamento mental. In S. Freud, *Edição Standard Brasileira das Obras Psicológicas Completas de Sigmund Freud* (Vol. XII). Imago, 1980.

378 REFERÊNCIAS

Freud, S. (1911b). Notas psicanalíticas sobre um relato autobiográfico de um caso de paranoia (*dementia paranoides*). In S. Freud, *Edição Standard Brasileira das Obras Psicológicas Completas de Sigmund Freud* (Vol. XII). Imago, 1980.

Freud, S. (1914). Sobre o narcisismo: uma introdução. In S. Freud, *Edição Standard Brasileira das Obras Psicológicas Completas de Sigmund Freud* (Vol. XIV). Imago, 1980.

Freud, S. (1915a). O instinto e suas vicissitudes. In S. Freud, *Edição Standard Brasileira das Obras Psicológicas Completas de Sigmund Freud* (Vol. XIV). Imago, 1980.

Freud, S. (1915b). O inconsciente. In S. Freud, *Edição Standard Brasileira das Obras Psicológicas Completas de Sigmund Freud* (Vol. XIV). Imago, 1980.

Freud, S. (1915c). Repressão. In S. Freud, *Edição Standard Brasileira das Obras Psicológicas Completas de Sigmund Freud* (Vol. XIV). Imago, 1980.

Freud, S. (1916-1917a). Conferências introdutórias à psicanálise. In S. Freud, *Edição Standard Brasileira das Obras Psicológicas Completas de Sigmund Freud* (Vol. XV). Imago, 1980.

Freud, S. (1916-1917b). Conferência XXII: algumas ideias sobre desenvolvimento e regressão – etiologia. Conferências introdutórias à psicanálise. In S. Freud, *Edição Standard Brasileira das Obras Psicológicas Completas de Sigmund Freud* (Vol. XVI). Imago, 1980.

Freud, S. (1916-1917c). Conferência XXIV: o estado neurótico comum. Conferências introdutórias à psicanálise. In S. Freud, *Edição Standard Brasileira das Obras Psicológicas Completas de Sigmund Freud* (Vol. XVI). Imago, 1980.

Freud, S. (1916-1917d), Conferência XXVI: a teoria da libido e o narcisismo. Conferências introdutórias à psicanálise. In S. Freud, *Edição Standard Brasileira das Obras Psicológicas Completas de Sigmund Freud* (Vol. XVI). Imago, 1980.

Freud, S. (1917a). Luto e melancolia. In S. Freud, *Edição Standard Brasileira das Obras Psicológicas Completas de Sigmund Freud* (Vol. XIV). Imago, 1980.

Freud, S. (1917b). Suplemento metapsicológico à teoria dos sonhos. In S. Freud, *Edição Standard Brasileira das Obras Psicológicas Completas de Sigmund Freud* (Vol. XIV). Imago, 1980.

Freud, S. (1919a). Introdução à psicanálise das neuroses de guerra. In S. Freud, *Edição Standard Brasileira das Obras Psicológicas Completas de Sigmund Freud* (Vol. XVII). Imago, 1980.

Freud, S. (1919b). O estranho. In S. Freud, *Edição Standard Brasileira das Obras Psicológicas Completas de Sigmund Freud* (Vol. XIX). Imago, 1980.

Freud, S. (1920). Além do princípio do prazer. In S. Freud, *Edição Standard Brasileira das Obras Psicológicas Completas de Sigmund Freud* (Vol. XVII). Imago, 1980.

Freud, S. (1921). Psicologia de grupo e análise do ego. In S. Freud, *Edição Standard Brasileira das Obras Psicológicas Completas de Sigmund Freud* (Vol. XVIII). Imago, 1980.

Freud, S. (1923a). Uma neurose demoníaca do século XVII. In S. Freud, *Edição Standard Brasileira das Obras Psicológicas Completas de Sigmund Freud* (Vol. XIX). Imago, 1980.

Freud, S. (1923b). O ego e o id. In S. Freud, *Edição Standard Brasileira das Obras Psicológicas Completas de Sigmund Freud* (Vol. XIX). Imago, 1980.

380 REFERÊNCIAS

Freud, S. (1924). O problema econômico do masoquismo. In S. Freud, *Edição Standard Brasileira das Obras Psicológicas Completas de Sigmund Freud* (Vol. XIX). Imago, 1980.

Freud, S. (1925a). Um estudo autobiográfico. In S. Freud, *Edição Standard Brasileira das Obras Psicológicas Completas de Sigmund Freud* (Vol. XX). Imago, 1980.

Freud, S. (1925b). A negação. In S. Freud, *Edição Standard Brasileira das Obras Psicológicas Completas de Sigmund Freud* (Vol. XIX). Imago, 1980.

Freud, S. (1926). Inibições, sintoma e ansiedade. In S. Freud, *Edição Standard Brasileira das Obras Psicológicas Completas de Sigmund Freud* (Vol. XX). Imago, 1980.

Freud, S., & Jung, C. G. (1975). *Correspondance*, Vol. 1 (1906-1909), Vol. 2 (1910-1914). Gallimard.

Furetiere A. (1690). *Dictionnaire Universel* (3 Vol.). Slatkine Reprints, junho de 2015.

Ganhito, N. C. P. (2001). *Distúrbios do sono*. Casa do Psicólogo. (Coleção Clínica Psicanalítica).

Garcia, M. (2022). Mamas, rinoplastia e lipo: Brasil está entre países que mais fazem cirurgias plásticas. *G1*. https://g1.globo.com/saude/noticia/2022/07/03/mamas-rinoplastia-e-lipo-brasil-esta-entre-paises-que-mais-fazem-cirurgias-plasticas-veja-lista-e-ranking.ghtml.

Gardiner, M. (1981). *L'Homme aux loups par ses psychanalystes et par lui-même*. Gallimard.

Gasparin, G. (2014) Número de academias no país sobe mais de 3 vezes em 6 anos. *G1*. https://g1.globo.com/economia/pme/noticia/2014/01/numero-de-academias-no-pais-sobe-mais-de-3-vezes-em-6-anos.html.

Gay, P. (1991). *Freud, uma vida para nosso tempo*. Companhia das Letras.

Gibeault, A. (1995). La solution hypocondriaque. In *L'hypocondrie: Monographies de la Revue Française de Psychanalyse*. PUF.

Green, A. (1966-1967). O narcisismo primário: estrutura ou estado. In A. Green (1980), *Narcisismo de vida, narcisismo de morte*. Escuta, 1988.

Green, A. (1980). *Narcisismo de vida, narcisismo de morte*. Escuta, 1988.

Griesinger, W. (1845). *Pathologie und Therapie der psychischen Krankheiten* ("Pathology and treatment of mental diseases"). Krabbe.

Guedeney, C., & Weisbrodt, C. (1995). Histoire de l'hypocondrie. In *L'hypocondrie: Monographies de la Revue Française de Psychanalyse*. PUF.

Guggenheim, F. G., & Smith, G. R. (1995). Somatoform disorders. In H. I. Kaplan & B. J. Sadock, *Compreensive textbook of psychiatry*. Williams & Wilkins.

Gurfinkel, D. (1997). Regressão e psicossomática: nas bordas do sonhar. In F. C. Ferraz & R. M. Volich (Orgs.), *Psicossoma I: psicossomática e psicanálise*. Casa do Psicólogo.

Gurfinkel, D. (2001). *Do sonho ao trauma: psicossoma e adições*. Casa do Psicólogo.

Hare, E. (1991). The history of "nervous disorders" from 1600 to 1840, and a comparison with modern views. *British Journal of Psychiatry, 159*, 37-45.

Hedman, E., Axelsson, E., Andersson, E., Lekander, M., & Ljótsson, B. (2016). Exposure-based cognitive-behavioural therapy via the internet and as bibliotherapy for somatic symptom disorder and illness anxiety disorder: Randomised controlled trial. *British Journal of Psychiatry, 209*(5), 407-413.

Heimann, P. (1952). Preliminary notes on some defence mecanisms in paranoid states. *International Journal of Psycho-Analysis, 33*.

Hesnard, A. (1929). Le mécanisme psychanalytique de la psychonévrose hypocondriaque. In *L'hypocondrie: Monographies de la Revue Française de Psychanalyse*. PUF, 1995.

Hoffman F. (1733). *Medicina rationalis systematica*. Officina Rengeriana.

Human Genome Project. https://en.wikipedia.org/wiki/Human_Genome_Project.

Hunter, G. A., & Kennard, A. B. (1982). Mania operativa: An uncommon, unrecognised cause of limb amputation. *Canadian Journal of Surgery, 25*(1), 92-93.

ISAPS International Society of Aesthetic Plastic Surgery (2010). International survey on aesthetic cosmetic procedures 2010. [Internet]. ISAPS; 2010. http://www.isaps.org/uploads/news_pdf/BIENIAL_GLOBAL_SURVEY_press_release_Latin%20American%20Portuguese.pdf.

ISAPS. International Society of Aesthetic Plastic Surgery. (2021). International survey on aesthetic cosmetic procedures 2020. https://www.isaps.org/media/evbbfapi/isaps-global-survey_2020.pdf.

Israel, L. (1968). *Le médecin face au malade*. Dessart & Mardaga.

Israel, L. (1995). *A histérica, o sexo e o médico*. Escuta.

Jaspers, K. (1913). *Psicopatologia geral*. Atheneu, 1985.

Jeanneau, A. (1990). L'hypocondrie ou la mentalisation impossible. *Cahiers du Centre de Psychanalyse et de Psychothérapie, 21*, 83-100.

Jones, E. (1953). *Life and work of Sigmund Freud*. Penguin, 1977.

Jones, R. M. (1995). Factitius disorders. In H. I. Kaplan & B. J. Sadock, *Compreensive textbook of psychiatry*. Williams & Wilkins.

Kamens, S. (2014). DSM-5's somatic symptom disorder: From medical enigma to psychiatric sphinx. http://dxsummit.org/archives/712.

Kelly, N. (2019). Vício em exercícios físicos: como o esporte pode se tornar uma obsessão nada saudável. *BBC News*. https://www.bbc.com/portuguese/geral-50721518.

Klein, M. (1932). *Psicanálise da criança*. Mestre Jou, 1969.

Klein, M. (1934). Uma contribuição à psicogênese dos estados maníaco-depressivos. In M. Klein, *Contribuições à psicanálise (pp. 355-390)*. Mestre Jou, 1981.

Klein, M. (1952). Algumas conclusões teóricas sobre a vida emocional do bebê. In M. Klein, P. Heimann, S. Isaacs & J. Rivière (Orgs.), *Os progressos da psicanálise*. Zahar, 1978.

Klein, M. (1993). O desenvolvimento inicial da consciência a criança. In M. Klein, *Contribuições à Psicanálise*. Mestre Jou, 1981.

Kormann, A. (2004). Meninas turbinadas. *Folha de S.Paulo*. https://www1.folha.uol.com.br/fsp/folhatee/fm0208200407.htm.

Kraepelin, E. (1899). *Introduction à la psychiatrie clinique*. Navarin, 1984.

Krauss, A. (1859). Der Sinn im Wahnsinn. *Allgemeine Zeitschrift für Psychiatrie, 15*, 222-281.

Kreisler, L., Fain, M., & Soulé, M. (1974). *A criança e seu corpo*. Zahar, 1981.

Kreisler, L. (1992). *A nova criança da desordem psicossomática*. Casa do Psicólogo, 1999.

Lacan, J. (1949). O estádio do espelho com formador da função do Eu. In J. Lacan, *Escritos*, Perspectiva, 1992.

Lambrou, C., Veale, D., & Wilson, G. (2012). Appearance concerns comparisons among persons with body dysmorphic disorder and nonclinical controls with and without aesthetic training. *Body Image*, *9*(1), 86-92. http://dx.doi.org/10.1016/j.bodyim.2011.08.001.

Laplanche, J. (1989). *Traduire Freud*. PUF.

Laplanche, J., & Pontalis, J.-B. (1977). *Vocabulário da psicanálise*. Moraes.

Lepois, C. (1618). *Selectiorum observationum et consiliorum de praetervisis hactenus morbis afectibusque praeter naturam ab aqua seu serosa colluvie et diluvie ortis liber sing.*

Les premiers psychanalystes (1976). *Minutes (I) de la Société Psychanalytique de Vienne (du 10/10/1906 au 03/06/1908)*. Gallimard.

Les premiers psychanalystes (1983). *Minutes (IV) de la Société Psychanalytique de Vienne (du 03/01/1912-12/05/1915)*. Gallimard.

Lietaud, J. (1759). *Précis de la médecine pratique contenant l'histoire des maladies, dans un ordre tiré de leur siège; avec des observations et remarques critiques sur les points les plus intéressants*. Vincent.

Lipowski, Z. J. (1988) Somatization: The concept and its clinical application. *American Journal of Psychiatry*, *145*, 1.358-1.368.

Lourenço, M. (2021). Cresce em mais de 140% o número de procedimentos estéticos em jovens. *Jornal da USP*, Ribeirão Preto. https://jornal.usp.br/atualidades/cresceu-mais-de-140-o-numero-de-procedimentos-esteticos-em-jovens-nos-ultimos-dez-anos/#:~:text=O%20Brasil%20%C3%A9%20l%C3%ADder%20mundial,at%C3%A9%2018%20anos%20de%20idade.

Luisa, I. Atenção à insatisfação mesmo após a plástica. *Veja Saúde.* https://saude.abril.com.br/mente-saudavel/atencao-a-insatis-facao-mesmo-apos-a-plastica.

Macalpine, I., & Hunter, R. A. (1954). Contribution à l'étude de la schizophrénie, de l'hypocondrie et du symptôme psychosomatique. Observations on the psychoanalytic théory of psychosis. *British Medical Psychology.*

Mack-Brunswick, R. (1928). Supplément à l'Extrait d'une névrose infantile de Freud. In *L'Homme aux loups par ses psychanalystes et par lui-même.* Gallimard, 1981.

Maffesoli, M. (1998). *O tempo das tribos: o declínio do individualismo nas sociedades de massa.* Forense Universitária.

Malcolm, J. (1986). *Vater, lieber Vater... Aus dem Sigmund-Freud--Archiv.* Ullstein.

Malcolm, J. (1992). *Tempête aux Archives Freud.* PUF.

Marcus, A., Ammermann, C., Klein, M., & Schmidt, M. H. (1995). Münchausen syndrome by proxy and factitious illness: Symptomatology, parent-child interaction, and psychopathology of the parents. *European Child and Adolescent Psychiatry, 4*(4), 229-236.

Marneros, A. (2008). Psychiatry's 200th birthday. *British Journal of Psychiatry, 193*(1), 1-3. DOI:10.1192/bjp.bp.108.051367.

Marty, P. (1952). Les difficultés narcissiques de l'observateur devant le problème psychosomatique. *Revue Française Psychanalyse, 16*(3).

Marty, P. (1968). La dépression essentielle. *Revue Française Psychanalyse, 32*(3), 595-598.

Marty, P. (1976). *Les mouvements individuels de vie et de mort.* Payot.

386 REFERÊNCIAS

Marty, P. (1990). *A psicossomática do adulto*. Artes Médicas, 1994.

Marty, P., & de M'Uzan, M. (1963). La pensée opératoire. *Revue Française de Psychanalyse, 27*, 345-356.

Marty, P., de M'Uzan, M., & David, C. (1963). *L'investigation psychosomatique*. PUF.

Masson, J. M. (Ed.). (1986). *A correspondência completa de Sigmund Freud para Wilhelm Fliess* (1887-1904). Imago.

Maury, A. (1865). *Le sommeil et les rêves*. Didier.

Mayou, R. (1976). The nature of bodily symptoms. *British Journal of Psychiatry, 129*, 55-60.

Mayou, R., Kirmayer, L. J., Simon, G., Kroenke, K., & Sharpe, M. (2005). Somatoform disorders: Time for a new approach in DSM-V. *American Journal of Psychiatry, 162*, 847-855.

McDonald, I. G., Daly, J., Jelinek, V. M., Panetta, F., & Gutman, J. M. (1996). Opening the Pandora's box: The unpredictability of reassurance by a normal test result. *British Medical Journal, 313*, 329-332.

McDougall, J. (1974). The psychosoma and the psychoanalytic process. *International Revue of Psychoanalysis, 1*, 437-459.

McDougall, J. (1981). Corps et métaphore. *Nouvelle Revue de Psychanalyse, 23*, 57-81.

Meadow, R. (1977). Münchausen syndrome by proxy: The hinterland of child abuse. *Lancet, 2*, 343-345.

Meltzer, D. (1964). The differentiation between somatic delusions from hypochondria. *International Journal of Psychoanalysis, 45*(2-3), 246-250.

Merot, P. (1980). L'hypocondriaque: de la douleur morale à la souffrance imaginaire. *Psychanalyse à l'Université, 5*(19), 467-486.

Molière. (1673). *O doente imaginário*. Editora 34, 2018.

Moran, M. (2013). Somatic chapter drops centrality of unexplained medical symptoms. *Psychiatric News from the American Psychiatric Association.* http://psychnews.psychiatryonline.org/newsArticle.aspx?articleid=1659603. DOI: 10.1176/appi.pn.2013.3a26.

Morel, B. A. (1852). *Etudes cliniques: traité théorique et pratique des maladies mentales.* Grimblot.

Morel, B. A. (1857). *Traité des dégénérescences.* Arno Press.

Nagao, A. C. (2023). Faturamento da indústria farmacêutica cresce 62% em cinco anos. https://panoramafarmaceutico.com.br/faturamento-da-industria-farmaceutica/.

OMS (2008). *Classificação Estatística Internacional de Doenças e Problemas Relacionados com a Saúde. CID-10.* Edusp.

Oury, J. (1998). Hypocondrie. In P. Kaufmann (Ed.), *L'apport freudien: éléments pour une encyclopédie de la psychanalyse.* Larousse.

Paim, I. (1993). *História da psicopatologia.* E.P.U.

Pereira, M. E. C. (1998). Formulando uma Psicopatologia Fundamental. *Revista Latino Americana de Psicopatologia Fundamental, 1*(1), 60-76.

Perrier, F. (1972). Hypocondrie et éreuthophobie. In F. Perrier, *Les corps malades du signifiant.* InterEditions, 1982.

Perrier, F. (1993). Perrier sur l'hypocondrie. *Topique "François Perrier",* hors-série.

Pope, H. G., Katz, D. L., & Hudson, J. I. (1993). Anorexia nervosa and "reverse anorexia" among 108 male bodybuilders. *Comprehensive Psychiatry, 34*(6), 406-409.

388 REFERÊNCIAS

Pope, H. G. P., Phillips, K. A., & Olivardia, R. (2000). *O complexo de Adônis: a obsessão masculina pelo corpo*. (S. Teixeira Trad). Campus.

Postel, J. (Ed.). (1993). *Dictionnaire de Psychiatrie et de Psychopathologie Clinique*. Larousse.

Pragier, G. (1995). Enjeux métapsychologiques de l'hypocondrie. In *L'hypocondrie: Monographies de la Revue Française de Psychanalyse*. PUF.

Radestock, P. (1879). *Schlaf und Traum: Eine physiologisch-psychologische Untersuchung*. Breitkopft und Härtel.

Raspe, R. E. (1785). *As aventuras do Barão de Munchausen*. Iluminuras, 2010.

Regier, D. A., Narrow, W. E., Kuhl, E. A., & Kupfer, D. J. (2011). *The conceptual evolution of DSM-5*. American Psychiatric Publishing.

Roazen, P. (1978). *Freud e seus discípulos*. Cultrix.

Romão Ferreira, F. (2011) Cirurgias estéticas, discurso médico e saúde. *Ciência e Saúde Coletiva, 16*(5). https://doi.org/10.1590/S1413-81232011000500006.

Rosenberg, B. (1991). *Masochisme mortifère, Masochisme gardien de la vie*. PUF.

Rosenberg, D. A. (1987). Web of deceit: A literature review of Münchausen syndrome by proxy. *Child-Abuse and Neglect, 11*(4), 547-563.

Rosenfeld, H. A. (1964). A psicopatologia da hipocondria. In Rosenfeld, H. A. (1968). *Os estados psicóticos*. Zahar.

Rosenfeld, H. A. (1984). Hypochondria, somatic delusion and body scheme in psychoanalityc practice. *The International Journal of Psychoanalysis, 65*(4), 377-388.

Rosenfeld, H. A. (1987a). Une approche psychanalytique du traitement de la psychose. In H. A. Rosenfeld, *Impasse et interprétation*. PUF, 1990.

Rosenfeld, H. A. (1987b). La structure de caractère narcissique omnipotente: un cas d'hypochondrie chronique. In H. A. Rosenfeld, *Impasse et interprétation*. PUF, 1990.

Sami-Ali, M. (1995). *Pensar o somático: imaginário e patologia*. Casa do Psicólogo.

Sami-Ali, M. (1990). *Le corps, l'espace et le temps*. Dunod.

Sante, A. B., & Pasian, S. R. (2011). Imagem corporal e características de personalidade de mulheres solicitantes de cirurgia plástica estética. *Psicologia: Reflexão e Crítica, 24*(3).

de Sauvages, F. B. (1763). *Nosologia methodica sistens morburum classes*. De Tournes.

Schilder, P. (1923). *A imagem do corpo*. Martins Fontes, 1981.

Schopenhauer, A. (1862). *Versuch über Geistersehn und was damit zusammenhängt: Parerga und Paralipomena*. A.W. Hayn.

Schreber, D. P. (1903). *Mémoires d'un névropathe*. Seuil, 1975.

Schur, M. (1975). *La mort dans la vie de Freud*. Gallimard.

Segal, H. (1975). *Introdução à obra de Melanie Klein*. Imago.

Smadja, C. (1993). A propos des procédés autocalmants du moi. *Revue Française de Psychanalyse, 4*, 9-26.

Smadja, C. (2017). Le travail de somatisation. In F. Nayrou (Org.), *La psychosomatique* (pp. 47-68). Presses Universitaires de France.

Sombra Neto, L. L., Marques, I. C., Lima, T. B., Moura Fé, A. A. C., & Campos, E. M. (2021). Transtorno de sintomas somáticos: histórico, aspectos clínicos e classificações contemporâneas.

Diálogos Interdisciplinares em Psiquiatria e Saúde Mental, 1(1), 53-59.

Souza Góes, A. C., & Oliveira, B. V. X. (2014). Projeto Genoma Humano: um retrato da construção do conhecimento científico sob a ótica da revista *Ciência Hoje*. *Ciência & Educação, 20*(3). https://doi.org/10.1590/1516-73132014000300004.

De Souza, P. C. L. Nota do tradutor. In S. Freud (1923), O eu e o id. *Obras Completas* (Vol. 16). Companhia das Letras, 2011.

Spitta, H. (1882). *Die Schlaf und Traumzustande der Menschlichen Seele.* F. Fues.

Spivak, H., Rodin, G., & Sutherland, A. (1994). The psychology of factitious disorders: A reconsideration. *Psychosomatics, 35*(1), 25-34.

Stahl, G. E. (1708). *Theoria medica vera, de malo hypochondriaco.* Orphanotropheum.

Strumpell, A. (1883-1884). *Lehrbuch der speziellen Pathologie und Therapie der inneren Krankheiten.* Vogel.

Stukeley W. (1723). *Of the spleen: its description and history, particulary the vapors.* Royal College of Physicians.

Swain, G. (1977). *Le sujet de la folie: naissance de la psychiatrie.* Camann-Levy.

Sydenham, T. (1749). *The entire works of Dr. Thomas Sydenham, newly made into English from the originals.* Edward Cave.

Szajnberg, N. M., Moilanen, I., Kanerva, A., & Tolf, B. (1996). Munchausen-by-proxy syndrome: Countertransference as a diagnostic tool. *Bull-Menninger-Clin., 60*(2), 229-237.

Szwec, G. (1983). Les procédés autocalmants par la recherche de l'excitation: les galériens volontaires. *Revue Française de Psychosomatique, 4,* 27-52.

Szwec, G. (1993). Un état hypocondriaque de l'adolescence chez un ex-nourrisson asthmatique. In G. Szwec (Org.), *La psychosomatique de l'enfant asthmatique.* PUF.

Tausk, V. (1919). De la genèse de l'"appareil à influencer" au cours de la schizophrénie. In V. Tausk, *Oeuvres psychanalytiques.* Payot, 1975.

Thorner, H. A. (1955). Três defesas contra a perseguição interna: a ansiedade ao exame, a despersonalização e a hipocondria. In M. Klein, P. Heimann & R. E. Money-Kyrle (Orgs.), (1969). *Novas tendências na psicanálise.* Zahar.

Tissié, Ph. (1898). *Le rêve, physiologie et pathologie.* Alcan.

Uchitel, M. (2000). *Neurose traumática: uma revisão crítica do conceito de trauma.* Casa do Psicólogo. (Coleção Clínica Psicanalítica).

UOL. (2014). Número de academias aumenta 133% em 5 anos. https://economia.uol.com.br/empreendedorismo/noticias/redacao/2014/01/14/numero-de-academias-aumenta-133-em-cinco-anos.htm?cmpid=copiaecola.

Valladares, R., Moherdaui, B., Jaggi, M., & Brasil, S. (2004). Mudança radical. *Veja, 1.862,* 84-93.

Volich, R. M. (1992). *Sein réel et sein imaginaire: une approche psychosomatique des pathologies mammaires et des risques oncologiques.* (Tese de Doutorado de Psicanálise e Psicossomática). Universidade de Paris VII.

Volich, R. M. (1995). O eclipse do seio na teoria freudiana: a recusa do feminino. *Percurso, 15.*

Volich, R. M. (1996). *Repensando a prevenção do câncer de mama.* Texto inédito.

Volich, R. M. (1998). Gene real, gene imaginário: uma perspectiva fantas(má)tica da hereditariedade. *Revista Latinoamericana de Psicopatologia Fundamental, 1*(2), 137-152.

Volich, R. M. (2000). Paixões de transferência. *Revista Latinoamericana de Psicopatologia Fundamental, 3*(1).

Volich, R. M. (2000/2022). *Psicossomática, de Hipócrates à psicanálise.* 8. ed. rev. e ampl. Blucher (2022).

Volich, R. M. (2003). O eu e o outro: esboço de uma semiologia psicossomática da angústia. In R. M. Volich, F. C. Ferraz & W. Ranña (Orgs.), *Psicossoma III: interfaces da psicossomática.* Casa do Psicólogo, pp. 309-323.

Volich, R. M. (2004/2022). O cuidar e o sonhar: por uma outra visão da ação terapêutica e do ato educativo. In R. M. Volich, *Tempos de encontro: escrita, escuta, psicanálise* (pp. 455-482). Blucher, 2021.

Volich, R. M. (2005). Sofrer, gozar, idealizar. O corpo entre os traumas e os ideais. *Viver Mente&Cérebro* (pp. 28-36).

Volich, R. M. (2013). Mitologias: perspectivas clínicas dos movimentos de integração e desintegração. *Jornal de Psicanálise, 46*(85), 141-157.

Volich, R. M. (2016). Nomear, subverter, organizar: o corpo na clínica psicanalítica. *Revista Brasileira de Psicanálise, 50*(2), 47-64.

Volich, R. M. (2021). *Tempos de encontro: escrita, escuta, psicanálise.* Blucher.

Volich, R. M. (2022). Corações inquietos: Freud, Fliess e as neuroses atuais. In P. Ritter & F. C. Ferraz (Orgs.), *O grão de areia no centro da pérola: sobre as neuroses atuais* (pp. 15-74). Blucher. (Série Psicanálise Contemporânea).

Volich, R. M., Ferraz, F. C., & Arantes, M. A. A. C. (Orgs.). (1998). *Psicossoma II: psicossomática psicanalítica.* Casa do Psicólogo.

Volich, R. M., Ferraz, F. C., & Ranña W. (Orgs.). (2003). *Psicossoma III: interfaces da psicossomática.* Casa do Psicólogo.

Volich, R. M., Ferraz, F. C., & Ranña, W. (Orgs.). (2008). *Psicossoma IV: corpo, história, pensamento.* Casa do Psicólogo.

Weck, F., Richtberg, S., & Neng, J. (2014). Epidemiology of hypochondriasis and health anxiety: Comparison of different diagnostic criteria. *Current Psychiatry Research and Reviews, 10*(1), 14-23.

Whytt R. (1726). *A treatise of the spleen and vapours, or hypocondriacal and hysterical affections: with three discourses on the nature and cure of the cholick, melancholy, and palsies.*

Whytt R. (1767). *Observations on the nature, causes, and cure of those disorders which have been commonly called nervous, hypochrondiac, or hysteric.* J. Balfour.

Willis T. (1667). *Pathologiae cerebri, et nervosi generis.* Amstelodami.

Willis T. (1670). *Affectionum quæ dicuntur hystericæ et hypochondriacæ pathologia spasmodica vindicata. Accesserunt exercitationes medico-physicae duae de sanguinis accensione et de motu musculari.* Jacob Allestry.

Willis T. (1681). *Opera omnia.*

Winnicott, D. W. (1949). A mente e sua relação com o psique-soma. In D. W. Winnicott, *Textos selecionados: da pediatria à psicanálise* (pp. 409-425). Francisco Alves, 1982.

394 REFERÊNCIAS

Winnicott, D. W. (1951). Objetos transicionais e fenômenos transicionais. In D. W. Winnicott, *Textos selecionados: da pediatria à psicanálise* (pp. 389-408). Francisco Alves, 1982.

Winnicott D. W. (1958). A capacidade para estar só. In D. W. Winnicott, *O ambiente e os processos de maturação: estudos sobre a teoria do desenvolvimento emocional* (pp. 31-37). Artes Médicas, 1990.

Winnicott, D. W. (1962). Intégration du moi au cours du développement de l'enfant. In D. W. Winnicott, *Processus de maturation chez l'enfant*. Payot, 1970.

Winnicott, D. W. (1965). *O ambiente e os processos de maturação: estudos sobre a teoria do desenvolvimento emocional*. Artes Médicas, 1983.